MITURI ŞI REALITATE ÎN LUMEA DIGITALĂ

Blog, comentarii, eseuri

Vasile Baltac

Mituri și realitate în lumea digitală

Blog, comentarii, eseuri

Published by VMB

Coperta: Vasile Baltac
Tehnoredactare: Silvia Cândea

CUPRINS

DE CE O CARTE A BLOGURILOR? (ÎN LOC DE PREFAȚĂ)

Carte electronică sau tipărită - ce preferați?

O carte tipărită care să conțină o colecție de postări pe blog ar fi utilă? Cărțile electronice le înlocuiesc pe cele tipărite? Întrebări fără un răspuns simplu.

Sunt printre cei mai vechi bloggeri din România. Prima mea postare păstrată de memoria online este din martie 2007. Atunci am creat blogul Despre tehnologia informației și ... nu numai și am postat o primă intervenție Informatica și politica reprodusă și în prezentul volum.

Bloggingul era la început și la noi, dar și oriunde în lume. Celebra platformă HuffPost a fost lansată la 9 mai 2005 când mulți autori clasici, mai târziu bloggeri celebri, încă se întrebau ce este acela un blog. La noi se mai întrebau unii de ce există bloggeri în afara breslei jurnaliștilor, un cotidian central a scris despre mine că sunt blogger cu un ușor sens de ciudățenie.

După câțiva ani în anul 2012 editorii Adevarul.ro m-au invitat să postez și pe această platformă cu o audiență națională și din acel moment am trăit complet experiența de a fi blogger.

Postările mele ca autor de blog există pe net la adresele vasilebaltac.blogspot.ro și adevarul.ro/blogs/vasile.baltac și pot fi găsite și citite de oricine. Atunci de ce mi-aș propune și o carte tipărită care să conțină o colecție de postări pe blog, alături de câteva alte interviuri și puncte de vedere?

Răspunsul acoperă aspecte diferite.

Carte tipărită vs. eBook

În primul rând eu sunt de partea acelora care susțin că preferă o carte tipărită ecranului digital. Acum avem parte de patru ecrane digitale - monitorul desktopului sau laptopului, tableta, telefonul inteligent și nu de mult timp televizorul inteligent. Există tablete speciale, exemplu Kindle, care sunt proiectate special pentru cărți electronice eBook-uri. Fiecare dintre ecrane are dezavantaje reale găsite sau inventate de acela care iubește hârtia. Ai o senzație plăcută ținând cartea în mână și citind-o relaxat în cele mai felurite poziții. De curând a mai apărut un ecran, cel al ceasului inteligent, dar este așa de mic, încât măcar pentru moment nu poate fi considerat suport de cărți electronice. Personal, nu desconsider cărțile electronice, chiar am procurat destul de multe și folosesc și Kindle și Adobe Digital Editions și alte cititoare. Un eBook este foarte bun prin facilitățile de luare de notițe, căutare în text și online din text, etc. Este util în timpul călătoriilor când îl poți citi simplu pe tabletă sau telefon.

Pentru moment nu cred că formatul digital și cel tipărit trebuie pus în antiteză. Respect părerea și a celor care preferă cartea tipărită și a acelora care preferă un eBook. Sunt de acord cu autorul englez contemporan *Stephen Fry* conform căruia *Cărțile nu sunt mai amenințate de Kindle decât scările de ascensoare.* O carte bună pe care vreau să o și recitesc o am însă în format tipărit sau uneori, rar, în ambele formate.

Progresele tehnologiilor digitale au revoluționat și tipărirea. Este posibil azi să tipărești în serii mici sau chiar foarte mici. Nu a fost întotdeauna așa. Prin anii 1970 am coordonat publicarea unei cărți de succes despre calculatorul FELIX C-256. Tiraj a fost de 7000 exemplare, uriaș pentru vremea aceia. Nu a fost suficient. Când am rugat Editura Tehnică să mai tipărească un supliment de tiraj mi s-a explicat că matrițele fuseseră topite, plumbul fiind deficitar în acele vremuri. În acest an am cerut tipografiei un supliment de tiraj la o carte a mea și l-am primit în două zile!

Paradoxal deci, în loc să dispară cartea tipărită prin apariția eBook, are loc o explozie de cărți noi în format tipărit. Demonstrație simplă este o vizită într-o librărie contemporană.

Mai mult, a apărut și tipărirea la cerere. Pe Amazon poate publica oricine și cărțile autorilor mai puțin cunoscuți sunt tipărite numai când există comandă fermă.

Probleme cu căutarea

Al doilea aspect al răspunsului la întrebarea de ce o carte tipărită este corelat cu evoluția universului digital.

Postarea pe blog are avantajul ușurinței de postare. Dar are și dezavantajul că un cititor care vrea să vadă la un loc un ansamblu al postărilor unui autor pe un blog sau pe mai multe trebuie să caute, operație nu totdeauna ușoară și mai ales consumatoare de timp.

Volumul de informație digitală a crescut și crește vertiginos și motoarele de căutare, inclusiv Google, indexează numai o parte infimă din acest volum.

Un paradox este că înainte de era digitală nu găseai ușor biblioteca unde era cartea care te interesa, acum nu găsești cartea în oceanul de biblioteci virtuale.

Avantajul agregării

Un al treilea aspect al răspunsului la întrebarea de mai sus este că o carte care să adune într-un loc păreri exprimate la diverse momente de timp de un autor se poate dovedi utilă pentru cunoașterea contribuțiilor acestuia. În anii 1960-1970 când nu exista Internet și nici măcar nu visa nimeni la el, renumitul profesor și om de știință Grigore C. Moisil, un model de viață pentru mine, ținea conferințe, apărea des la televizor și publica în Contemporanul o tabletă de autor care parcă se numea Știință și umanism. Promova noua lume care abia se prefigura: lumea digitală. Îmi amintesc că am găsit cu plăcere o colecție de astfel de gânduri adunate într-o carte editată de soția dânsului Viorica Moisil.

O astfel de colecție poate fi creată online pe un site de autor sau tipărită. Varianta online va suferi de lipsa de vizibilitate amintită, dar are meritul că adună la un loc o sinteză a unor puncte de vedere. Varianta tipărită are și ea dezavantajul că în România de azi avem multe cărți și puțini cititori. Suferință pe care o au și cărțile online.

Cine citeşte?

În România avem Internet rapid. Penetrarea este de peste 95% şi ca populaţie şi ca suprafaţă a ţării. Numai că acestea sunt cifre frumoase care reflectă o posibilitate, nu o realitate. Statisticile oficiale arată că 38%% din populaţia ţării nu a accesat niciodată accesează Internet şi din categoria de vârstă de 55-74 ani procentul se ridică la 74%. Ar rezulta că pentru cei peste 55 ani soluţia ar fi cartea tipărită. La prima vedere. Probabil cei 26% vârstnici care accesează Internet sunt şi cei care cumpără cărţi tipărite.

Rândurile de mai sus postate pe blog au generat comentarii:

Comentarii pe Facebook

Ilie Lupu - Cred ca e o dilema pentru unii din generatia baby-boomers. Eu prefer cartea electronica dar imaginea unit rafturi incarcate cu carti tiparite ma invita sa citesc titlurile si sa aleg un volum pe care nu l-am citit inca. Cartea electronica ajuta la viteza de cautare si simplifica metodologia de imprumutare si reintoarcere a unui volum la biblioteca. Alina Nediu - Eu prefer cartea tiparita. Am descoperit placerea citirii unei carti din frageda pruncie, de atunci cartea mi-a fost cel mai bun prieten, s-a pliat mereu pe starea sufleteasca. Citirea unei carti devenise un tabiet. La cei 70 de ani ai mei ii raman credincioasa si recunoscatoare pt clipele de reverie oferite..... Mia Cartas - Ambele! Iris Aloman - A treia cale! Ileana Ghika - Ochii mei aleg! Cărţile tipărite au scrisul din ce in ce mai mic! Ileana Belghiru Ambele! Liuba Turta Tiparita, citita in natura..... Sorinel Balan - In Biblia online, spre exemplu, imi ia o secunda sa vad de cate ori apare un cuvant in tot textul si asta e relevant si clikabil. Cat mi-ar lua sa vad de cate ori apare un cuvant si in ce context in Biblia tiparita? Cercetarea pe text e un avantaj considerabil in cartea electronica. Dumitru Romeo CHIAR TRILEMA !! Amindoua in formula armonizata accesibila pentru toata lumea care !! Nu este obligata sa foloseasca internetul !! La care 90% din populatia TEREI nu are ACCES ! Vasile Baltac :-) Totuşi statisticile arată că jumătate din populaţia globului are acces. În oct. 2016 cf. Internet Stats TOTAL WORLD 7,340,094,096 3,631,124,813 49.5% Dumitru Romeo Si citi pot sa-l foloseasca ?? Si citi stiu sa-l foloseasca ?? Ce inseamna statisticile >??? SI CITI VOR ? Ilie Lupu Mult mai multi decat iti inchipui. Cred ca diferenta vine de la faptul ca multi nu sunt obisnuiti sa citeasca carti. Ei sunt mai degraba avizi ai "stirilor" de pe internet. Decand telefoanele multmedia (smart phones) o multime de oameni au access si folosesc internetul. Din pacate doar pentru "stirile" senzationale, rezultate sportive, jocuri si altele nu pentru a citii carti. Stefan Varga A obține o carte pe Kindle este foarte uşor. Am cumpărat pe Kindle multe cărți. Dar problema este sa îmi aduc aminte unde eram si ce citeam. Acum cumpăr din nou tipărite fiindcă le am sub ochi, am un semn unde sint, pot sa subliniez si stiu ca le termin, daca îmi plac. De asemenea, îmi plac audiobooks. Mai ales la gym. Reiau de unde am rămas, pot sa fac replay si ma tine concentrat in timp ce fac exerciții mecanice. Alunga plictiseala exercițiului in timp ce ascult ce ma interesează.

Comentarii pe blog

Balamuc - Cititorii de blog prefera blogul. Eu, ca cititor de carti, prefer cartea tiparita, dar daca gasesc o versiune electronica, o citesc pe aia. In scoli insa, manualele scrise trebuie sa fie oblicatorii. In America exista tendinta idioata de a se face tot invatamantul pe calculator si sa se scoata manualele cu totul din recuzita scolara. Remus Octavian Mocanu - In America exista tendinta idioata de a se face tot invatamantul pe calculator si sa se scoata manualele cu totul din recuzita scolara. Chestie de pretz... Statisticile arata ca si studentii americani, ca studentii din tot restul lumii, prefera manualele in format tiparit. Insa costurile sunt exorbitante, asa ca bietii de ei cumpara carti la mana a doua, vechi si folosite, sau se multumesc cu formatul electronic. Comunitatea, statul adica, nu vrea sa investeasca in educatia tinerilor, si ca atare nu asigura accesul la manuale de calitate, care ele intotdeauna si peste tot costa. In SUA si in alte locuri insa, costurile astea sunt si rezultatul nesimtirii unor autori sau editori hraparetzi, care daca pot profita, profita. Marile editurile academice sunt cel mai bun exemplu de paraziti hrapareti. Remus Octavian Mocanu- Nu cred ca poti face lectura pe telefon sau tableta. Asta daca lectura inseamna mai mult decat a-ti ocupa timpul in sala de asteptare la dentist sau concesionar auto. Tableta n-are baterie suficienta, si oboseste ochii. La telefon se adauga problema dimensiunii ecranului. In opinia mea in afara de cartea pe suport de hartie, cititorul dedicat (ereader) nu exista o alternativa convenabila ptr moment. Intr-o lume ideala cartea tiparita (mai ales cea cu coperti cartonate si imprimata pe hartie de calitate) ar fi suportul sau forma preferata de toata lumea. Din pacate nimeni nu traieste intr-o lume ideala, asa ca

portabilitatea si pretul, dar si alte avantaje ale formatului electronic
deja amintite de autor, conteaza; decat sa dau 25 sau 60 de dolari pe
o carte in format hartie cu coperti cartonate, mai bine dau 10 sau 18
dolari pe un format electronic. Cu avantajul ca acest lucrarea in
format electronic pot s-o schimb cu alta, liber (scot drm-ul), cu alti
cititori, fara ca sa raman fara posesia acelei lucrari, asa cum s-ar
intampla cu formatul tiparit. Cat despre problema lipsei de lectori
in Romania, chestiunea asta este generala, si din pacate se
inrautatzeste ptr ca tinerii au din ce in ce mai putin obisnuinta
lecturii. Sa ai acces la internet rapid, cand esti incult sau de-a
dreptul idiot, este un risc tot atat de mare ca si acela de a avea acces
la un autoturism fara a avea permis si calitatile psihice si
intelectuale, dar si deprinderile manuale, necesare: devii un
pericol...vezi tot comentariul

Farmecul blogului

Pentru un autor blogul are însă farmecul aparte al interacțiunii cu cititorii. Fie direct, fie pe rețele sociale, cititorii apreciază conținutul prin Like sau dezaprobare și fac comentarii.

Un pionier al blogurilor spunea cu umor că dacă vrei să ai dureri de
cap dimineața, o începi citind comentariile de pe blogul tău.

Cei care fac comentarii sunt mai mult sau mai puțin anonimi. Chiar dacă își declară un nume plauzibil a fi adevărat, nu poți fi sigur că este cel real. Platforma Adevarul.ro nu cenzurează comentariile, doar le șterge pe cele licențioase. Pe platforma mea, de asemenea, nu cenzurez, doar anunț că le voi șterge pe cele licențioase, dar spre bucuria mea nu a fost cazul. Este de admirat ce nume își aleg comentatorii atunci când nu folosesc nu nume și prenume plauzibil: *654815544566, Aladin, Balamuc, Clontz Cotorontz, cooper sheldon, Costique, Hatru, Leul care tace, Operatorul de Serviciu, un_roman*, etc. Comentariile acoperă o plajă largă de conținut, de la discutarea pertinentă a subiectului tratat, la divagații și până la denigrare și limbaj ireverențios de joasă calitate. Le-am reprodus pe toate, ceea ce se poate verifica pe blog. Ele sunt utile prin completarea subiectului în anumite cazuri de către persoane competente, până la comentarii total pe lângă subiect. Am păstrat textul așa cum a fost scris de comentatori, inclusiv ortografia.

Comentariile acelorași postări pe Facebook aparțin în majoritate unor prieteni virtuali și care știu că îi cunosc să abordează de regulă aspecte pozitive ale subiectului.

În ansamblu comentariile oferă o oglindă a unor aspecte ale societății contemporane. La început m-am pronunțat că nu voi răspunde celor care se ascund sub masca anonimatului, apoi am realizat că și aceasta este o parte a farmecului postărilor online. O lectură instructivă. Sau cum spune cineva:

> *Fără mulțimea de anonimi carte se mobilizează la orice oră din zi și noapte pentru a răspunde la orice și oriunde este postat pe web, bloggerii ar fi simpli scriitori pe Internet – versiune de jurnaliști media fără contracte de muncă (John Ridley – scriitor și blogger HuffPost)*

Blogul față de cartea tipărită are și avantajul că mai poți face corecții și după postare. Desigur cei care au citit postarea deja rămân cu prima impresie, dar pentru următorii și ... posteritate textul apare modificat. Mă refer la mici corecții tehnice, mai ales de ortografie sau stil. Nu poți modifica radical textul fără implicații etice, adică să zici azi că este alb și mâine negru. O poți face desigur, dar cu o nouă postare...

Vasile Baltac

MULȚUMIRI

O carte nu se poate scrie şi realiza fără ajutor.

Îi mulţumesc în primul rând dnei *Cristinei Vasiloiu*, care mi-a citit toate postările din ultimii 7 ani şi mi-a făcut cu talentul dânsei de jurnalist experimentat numeroase observaţii stilistice şi de conţinut. M-a ajutat mult şi prin imboldurile repetate de a termina manuscrisul cât mai repede, imbolduri transmise energic, că nu degeaba i se mai spune *Doamna General*.

Mulţumesc echipei *Adevarul.ro* şi în mod deosebit drei *Iulia Roşu*, Editor Coordonator *Blogurile Adevarul.ro*. În afară de sprijin redacţional, dânsa m-a impulsionat de mai multe ori să mai postez, după unele pauze destul de lungi pe care mi le luam luat de alte preocupări.

Mulţumesc dnei *Silvia Cândea* pentru grija cu care a abordat tehnoredactarea şi drei *Andra Dimitriu* pentru sprijinul logistic acordat publicării şi promovării cărţii.

Şi nu în ultimul rând mulţumesc firmelor din *SoftNet Grup* şi *Fundaţiei Euromonitor pentru Excelenţă* pentru sprijinul material şi logistic.

Dr. Vasile Baltac

Bucureşti, 16 octombrie 2016

În societatea modernă este necesar să interacționezi online, să folosești dispozitive digitale diverse, să comunici prin mijloace din ce în ce mai variate, să practici forme noi de comerț și banking, să partajezi informație.

Este o lume nouă, lumea digitală, apărută pe parcursul unei singure generații umane și care ne confruntă cu oportunități și pericole, ne împarte în nativi digitali și non-nativi, ne obligă să ne adaptăm la schimbări radicale în modurile de comunicare și relaționare interumane.

Și mai presus de orice ne confruntă cu un viitor greu de prezis.

Dr. Vasile Baltac

LUMEA DIGITALĂ

LUMEA DIGITALĂ ESTE PENTRU TOȚI![1]

Aminteam recent despre analfabetismul digital, între realitatea lui șocantă și potențialul lui de rezistență. Cea mai mare problemă rămâne ignorarea simplității operației de alfabetizare digitală. Oricine indiferent de vârstă și poziție socială se poate alfabetiza.

Lumea digitală este pentru toți!

„Două doamne în vârstă accesând produse noi digitale" FOTO Arhivă personală

Am zis! Dixit! Mai trebuie demonstrat? Un comentariu la postarea precedentă în care mi se amintea că oamenii mor de foame și noi discutăm de competențe digitale mă face să cred că da.

Utilitatea competențelor digitale

Prima întrebare care se pune deci este cea privind utilitatea competențelor digitale la nivel de utilizator? Întrebare care mie mi se pare mai degrabă retorică, având în vedere că din toate azimuturile suntem bombardați (nu toți, selectiv după cum se pare!?) cu informații despre schimbarea lumii în care trăim la bază fiind revoluția digitală.

O carte recent publicată (The New Digital Age: Reshaping the Future of People, Nations and Business, Eric Schmidt and Jared Cohen, Knopf. Aprilie 2013) afirmă nici mai mult, nici mai puțin că „nimic nu schimbă mai mult viața noastră decât revoluția digitală". Iar Eric Schmidt, fost CEO al Google, nu este un oarecare, el este considerat de Time Magazine unul dintre cei mai influenți 100 oameni de pe planetă. Autorii cărții atrag atenția asupra unor evoluții și bune și rele ale lumii digitale:

> *acces generalizat la informație, multiplicarea autorilor de conținut,*
> *noi forme de comunicare, dar și ciber-terorism și războaie digitale,*
> *asumare de identitate, posibile forme de dictatură online, ș.a.*

Mi-a atras atenția în mod deosebit ideea că am putea asista la apariția unor "caste digitale", caste formate din oameni cu acces diferit la tehnologiile digitale. Apartenența la caste va fi determinată mai puțin de bogăție sau ascendența familială și mai mult de stăpânirea accesului la tehnologii.

Post-capitalism?

Aminteam și eu în postarea din martie a.c. că lumea digitală a născut o nouă prăpastie, parcă nu ar fi destule cele multe pe care omenirea le cunoaște și le simte, este vorba de prăpastia digitală. Prăpastia digitală (Digital Divide) ridică o barieră între cei care au acces la Internet și îl pot avea și cei care nu au acces sau nu își pot permite acest acces. Partea cea mai întunecată a barierei, dacă se poate spune așa, este cea determinată de lipsa de competențe digitale la nivel de utilizator într-o lume în care nu peste mult timp fiecare persoană cu vârstă peste 3-4 ani va trebui să aibă competențe digitale! Pentru cei tineri este aproape o axiomă că au competențe digitale. Tinerii sub 20-25 ani au crescut cu acces la tehnologiile informației și Internet și le consideră normal de folosit și nu întâmplător li se mai spune nativi digitali. Axiomele pot fi și aparente în viața socială, numai în matematici le acceptăm ca ipoteze de lucru. Într-o postare viitoare voi încerca să ne lămurim și cu competențele digitale ale nativilor digitali.

Persoanele de vârsta a doua și a treia trebuie să învețe să folosească aceste tehnologii mult după ce au ieșit din circuitul școlii și manifestă natural rezerve față abordarea lumii digitale. Rezerve care ajung chiar la un fenomen de respingere manifestat în diverse forme, de la considerarea produselor lumii digitale ca jucării pentru copii, până la ignorarea lor în cele mai diverse forme. În opoziție cu nativii digitali, acestei categorii de persoane i s-a găsit numele de imigranți digitali. Comparație nu chiar lipsită de temei, un imigrant se vede brusc într-o altă lume cu reguli multe noi și pe care trebuie să le asimileze.

Acum 20-30 ani viața imigrantului digital era grea. Avea nevoie de cursuri, ore de exercițiu, trebuia să învețe limbaje de programare etc. Și aceasta nu pentru a deveni specialist, ci pentru a utiliza tehnologiile digitale! Între timp lumea digitală a evoluat mult. În ultimii 20 ani am evoluat de la PC-uri la laptopuri, apoi la telefoane inteligente și tablete digitale. Aplicațiile au devenit mai numeroase și complexe, dar mai simplu de utilizat. Forumurile permit ca oricine să poată interveni în dezbateri, blogurile fac ca oricine să devină autor, rețelele sociale deschid o nouă lume a relaționării sociale, aplicațiile de comerț electronic șterg diferențele între localizarea domiciliului, prin eGuvernare interacționezi cu autoritățile (acolo unde se poate, mai ales mai la vest de România!) mai simplu, fără întâlnirea cu funcționarul care de multe ori se uită la tine ca la un biet muritor care îl deranjezi din activități importante, ca de exemplu Solitaire sau Angry Birds (să zâmbească cine știe despre ce vorbesc, ia cine nu știe să caute cu Google sau Ask!).

Evoluția recentă spre aplicații digitale, face ca nici măcar cunoștințe despre lucruri simple, dar stresante pentru vârsta doua sau a treia, ca de exemplu browser sau hipertext să nu mai fie necesare. Intri în aplicație și gata faci plata unei taxe sau a unui produs cumpărat online!

Și atunci de ce această discrepanță între tineri și vârstnici? Statisticile sunt îngrijorătoare și nu numai la noi. Irlanda este pe un loc de frunte în Europa privind competențele digitale de tot felul, de la utilizare la profesioniști. Și totuși 57% din persoanele peste 65 ani nu folosesc Internetul, față de media națională de 23%. Și ca să fiu și eu în ton cu anumite publicații voi cita cercetători (nu ai unor universități britanice ca de obicei), ci un raport al unei conferințe UE la Viena care spune că persoanele cu nivel de educație mai scăzut au 5% șanse mai mari la obținerea unei slujbe, iar cei în vârstă de 54-65 ani cu 20% mai mari. În plus, competențele digitale înseamnă la nivel individual o șansă să economisești bani, acces mai simplu la servicii, acces la informație și resurse.

Și atunci de ce imigranții digitali stau mai departe de lumea digitală? În primul rând pentru că au temerea că nu vor putea învăța. Nimic mai fals! Fotografia de mai sus, surprinsă de mine într-un magazin din străinătate arată două doamne în vârstă accesând produse noi ale unei renumite firme. Ar mai fi de adăugat că doamna mai în vârstă era și într-un cărucior pentru persoane cu dizabilități. Exemple de persoane vârstnice care au competențe digitale sunt numeroase și personal sunt convins că la vârsta a treia accesul la Internet îți dă un mai mare sentiment de utilitate socială mărită.

Nu vreau să se înțeleagă că numai persoanele vârstnice ar avea de câștigat prin accesul la lumea digitală. Persoanele fără loc de muncă, cele cu un nivel scăzut de formare profesională, persoanele din categorii defavorizate, cele aflate în locații izolate, cele cu dizabilități, toate aceste categorii includ persoane care pot avea șanse sporite dacă dobândesc competențe digitale. Majoritatea guvernelor lumii au lansat programe în acest sens numite generic Incluziune digitală, sau eInclusion.

Și parcă văd scepticii care vor spune că instruirea este lungă și costisitoare. Nimic mai fals, un program de inițiere durează 6-10 ore (principii, poștă electronică, căutare, tranzacții comerț electronic și bancare, eGuvernare) și este de regulă urmat de autoperfecționare! Incluziunea digitală poate avea succes numai prin instruire.

Totul este să faci primul pas. Ceilalți urmează de la sine. Pentru o lume fără caste, nici măcar digitale!

ANALFABETISMUL DIGITAL, ÎNTRE REALITATE ŞI EXAGERARE[1]

Dificil să spui despre cineva că este analfabet digital. Chiar dacă încă mulţi clamează cu o oarecare falsă mândrie lipsa de competenţe digitale, s-ar simţi cumva jigniţi dacă le-ai pune eticheta de analfabet, fie el şi numai digital.

Mult zgomot pentru nimic?

Despre alfabet şi alfabetizare

Nimănui nu-i place să fie considerat analfabet. Analfabetul este un om exclus de la binefacerile civilizaţiei şi de la comunicarea scrisă. Alfabetul a fost un pas uriaş spre transmiterea informaţiei şi cunoştinţelor către cei din jur şi mai ales spre stocarea acestora. Un pas spre difuzarea largă a luminii cunoaşterii.

Odată cu alfabetul a apărut alfabetizarea, adică stăpânirea codurilor reprezentate de alfabetele diverse. Dar, a apărut şi o nouă prăpastie între oameni, aceea dintre cei care stăpâneau alfabetul şi aceia care trăiau în întunericul nestăpânirii lui. Secole întregi alfabetizarea şi perfecţionarea ulterioară a accesului la cunoştinţe evoluate au fost destinate unor pături şi categorii sociale restrânse. Ceea ce era nevoie să li se transmită celor care reprezentau marea majoritate a populaţiei se făcea prin viu grai şi prin imagini. Cu rezultate uneori benefice. Oare dacă oamenii de rând ar fi ştiut să citească singuri Biblia am mai fi avut minunatele picturi de pe pereţii mânăstirilor din Bucovina sau operele magnifice al picturii Renaşterii?

A apărut însă acum aproape 600 de ani invenţia lui Gutenberg, tiparul, care a revoluţionat scrierile generând produse ieftine mai accesibile multor pături ale populaţiei şi educaţia a însemnat imediat şi alfabetizare.

[1] Postat pe platforma Adevarul.ro http://adevarul.ro/blogs/vasile.baltac la 16 martie 2013

Procentul scăzut de analfabeți a devenit o măsură a gradului de civilizație al unei țări sau colectivități. România în prima jumătate a secolului XX avea un mare număr de analfabeți. Prin anii 1947-1950 am asistat la o campanie de alfabetizare ai cărui principali eroi au fost învățătorii și profesorii din mediul rural. Cu ochii de acum, nu prea cred ca procentul de alfabetizare de 100% raportat atunci a fost chiar real, dar incontestabil împreună cu obligativitatea învățământului general a fost un proces care a răspândit educația adânc în masa întregii populații.

Și este nedrept că în 2013 pe glob 18% din populație este încă analfabetă, dar și mai trist este că și România secolului XXI are 2,7% din populație analfabetă, indiferent de cauze și seriozitatea lor.

Uneori trăiești inerent și personal sentimentul de a fi analfabet. În Japonia, China, Iran, Israel, în țările arabe am trăit sentimentul pe care îl are o persoană handicapată de lipsa stăpânirii elementare a alfabetului. Sau pe Internet dacă ajungi de exemplu pe un site cum este http://bit.ly/chinese-songs

O nouă alfabetizare – cea digitală

Trăim acum la începutul secolului XXI necesitatea unei noi alfabetizări care cuprinde întreaga populație a planetei: alfabetizarea digitală. Ne pregătim sa intrăm in societatea bazată pe informație și cunoaștere. Societatea nouă nu este construită pentru un grup mic de privilegiați, ci mai devreme sau mai târziu pentru întreaga planetă. Tehnologiile informației și comunicațiilor creează un nou mediu, cel digital, în care se înmagazinează și transmit cantități imense de date și informație cu un conținut de cunoștințe inestimabil. Nu spun ceva nou afirmând că viața în prezent și mai ales în viitor nu mai poate fi concepută fără Internet și fără interacțiunea zilnică cu această nouă lume virtuală, dar incredibil de reală. Accesul la ea este simplu, tehnologiile ne ajută. Peste 2 miliarde de oameni din întreaga lume se bucură deja de binefacerile accesului la această nouă lume și peste 10 milioane dintre ei sunt în România.

Lumea Digitală a născut și ea o nouă prăpastie, pe lângă multele pe care omenirea le cunoaște și le simte: prăpastia digitală. Prăpastia digitală (Digital Divide) ridică o barieră între cei care au acces la Internet și îl pot avea și cei care nu au acces sau nu își pot permite acest acces. Am încercat în anii din urmă să definesc cei patru piloni de bază ai unui pod durabil peste prăpastia digitală: accesul la Internet, posibilitatea de a ți-l permite, existența unui conținut social util și existența unui nivel minim de alfabetizare digitală. Este în principal datoria guvernanților să se ocupe de primii doi piloni. De conținut și îndeosebi de puritatea destinației lui și de diseminarea cunoașterii alfabetului digital se ocupă (oare?) elitele societății. Nivelul de alfabetizare digitală este o preocupare omniprezentă și colectivă și individuală. Google listează ceva sub 9 milioane de rezultate pentru alfabetizarea digitală (digital literacy) și peste 9 milioane pentru analfabetismul digital (digital iliteracy).

Și de fapt ce este alfabetizarea digitală? Wikipedia o că "alfabetizarea digitală este abilitatea de a naviga, evalua și crea informație folosind o serie de tehnologii digitale! " (http://en.wikipedia.org/wiki/Digital_literacy).

Mai concis, alfabetizarea digitală presupune să ai competențe digitale.

Competențe digitale

Competențele în folosirea tehnologiilor informației și comunicațiilor au devenit o provocare a societății moderne. Sunt necesare competențe diferențiate de la cele necesare pentru folosirea aplicațiilor de tip eBusiness, la cele pentru folosirea curentă a dispozitivelor digitale, până la cele caracteristice profesioniștilor.

Nu în mult timp de acum încolo fiecare persoană cu vârstă peste 4 ani va trebui să aibă competențe digitale!

Există și păreri că alfabetizarea digitală vine de la sine. Renumitul profesor, considerat "părintele managementului", Peter Drucker crede că "alfabetizarea informatică" va fi curând un concept demodat, la fel de depășit ca și acela de" alfabetizare în telefonie", deoarece calculatoarele devin ceva comun în organizații și abilitatea de a le folosi se presupune că există.

Se presupune, dar realitatea este adesea alta. În lume au fost definite 5 nivele de competențe digitale:

- Lipsa completă de competențe digitale, numită și analfabetism digital
- Expunere(inițiere) digitală, respectiv înțelegerea utilizarea personală a TIC, abilitatea de a efectua operații de bază web, citi și scrie emailuri, etc.
- Alfabetizare digitală, respectiv posedarea competențelor de bază de folosire a sistemelor digitale, Internet, baze de date, etc.

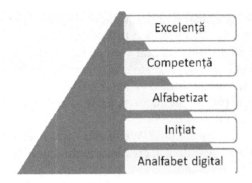

- Competență digitală, care implică un grad ridicat de cunoaștere a unui loc de muncă informatizat cu aplicații diverse
- Excelență digitală, respectiv posedarea unui nivel foarte înalt de competențe digitale

Costurile incompetenței digitale

Există studii numeroase care arată că instruirea insuficientă în utilizarea tehnologiilor informației conduce la un cost al ignoranței digitale care poate fi cuantificat prin productivitate mai slabă cu circa 20% și creștere considerabilă a timpilor de execuție a sarcinilor curente sau proiectelor.

Răspândirea competențelor digitale continuă să preocupe multe țări, fiind un factor important de modernizare economică și socială. Dacă în țările tehnologic avansate aproape întreaga populație activă este inițiată digital și 80% alfabetizată, în țările subdezvoltate tehnologic procentul scade la 20% pentru inițiere și 10% pentru alfabetizare digitală!.

Nativi digitali și imigranți digitali

Decalajul digital între generații este amplu și va fi încă 30-40 ani de acum înainte până la un schimb de generații. Tinerii sub 20-25 ani au crescut cu acces la tehnologiile informației și Internet și le consideră normal de folosit. Nu întâmplător acestora li se mai spune nativi digitali. Persoanele de vârsta doua și a treia trebuie să învețe să folosească aceste tehnologii și constată că au de învățat de la cei tineri. Prin similitudine cu cei care își schimbă țara de reședință pe parcursul vieții, celor care nu au crescut în școală cu tehnologiile digitale li se spune imigranți digitali. Și în

România ca şi în multe alte ţări, atitudinea "imigranţilor digitali" se caracterizează încă prin reluctanţa la apropierea de computere, din teama de a pierde respectul celor mai tineri sau din alte motive. Rezultatul este ceea ce se poate numi "efectul de respingere". Ca urmare a acestei respingeri, computerele încă sunt adesea considerate un fel de "jucării moderne", având totuşi "anumite merite" şi uneori acceptate ca şi " modă ". Fenomenul nu are o fundamentare tehnică reală, tehnologiile informaţiei sunt uşor de asimilat.

Competenţele digitale: sunt deci necesare?

Întrebarea este retorică. Progresul personal, dar şi economic şi al societăţii în general nu mai poate fi separat de generalizarea competenţelor digitale. Uniunea Europeană, din care face parte şi România, şi-a propus un program clar pentru o "Agendă digitală pentru Europa" ca are ca obiectiv să aducă beneficii economice şi sociale durabile datorită unei pieţe unice digitale bazate pe internetul rapid şi ultrarapid şi pe aplicaţiile interoperabile. Agenda identifică fără echivoc "Nivelul scăzut de alfabetizare digitală şi lipsa competenţelor în materie" ca una dintre problemele Europei şi desigur ale României şi îşi propune creşterea gradului de alfabetizare digitală, dezvoltarea competenţelor digitale şi a incluziunii digitale. De aceea acţiunile cheie 10: Propunerea competenţelor şi alfabetizării digitale ca prioritate în Regulamentul privind Fondul Social European (2014-2020) şi cheie 11: Elaborarea, până în 2012, de instrumente de recenzare şi recunoaştere a competenţelor tehnicienilor şi utilizatorilor TIC, se referă direct la necesitatea competenţelor digitale generalizate.

Dar şi la nivel individual, fără competenţe digitale nu poţi spera la un loc de muncă bun, indiferent de domeniu. Simpla iniţiere digitală şi postarea pe Facebook nu mai sunt de ajuns. Un subiect la care merită revenit, fie că este vorba de nativi sau de imigranţi digitali.

Înainte se spunea că "nu ai carte, nu ai parte!". Acum ar trebui să parafrazăm că "nu ai competenţe digitale, nu ai parte!".

Comentarii blog

Sacha Durand - Era doar un pasaj din volumul.." De vorba cu mine insami"...mai sunteti multi ?...cu atatea idei "destepte" ? Cine naiba mai vorbeste de viata grea a romanilor,cine vorbeste de salariile lor ? cine vorbeste de non-

crearea locurilor de munca ale guvernului ? Cine vorbeste de CORUPTIE ? ...CINE ? NIMENI ! Noi vorbim de cate-n stele...

Vasile Baltac - Se vorbește mult și se și scrie despre viața grea a românilor! Chiar și pe acest blog. Ce folos? Din 4 în 4 ani se votează și nu se schimbă nimic, decât actorii. Piesa este aceiași. Totuși: revoluția digitală a schimbat lumea, ba chiar și regimuri politice, vezi "Primăvara arabă". Merită vorbit și despre ea, mai ales că vă ajută să puteți comenta liber pe blog. Milioane de români nu știu încă să beneficieze de ea. La ei m-am gândit.

Sacha Durand - @Vasile Baltac : Partial aveti dreptate...A se servi de tehnologie e mai mult decat laudabil...abia dupa ce bazele unor cunostinte solide au fost puse ! Cat despre "schimbatul lumii" referitor la primaverile cu miros de iasomie...se vede ca nu urmariti indeaproape stirile...si ce regimuri iesite de-a dreptul din Evul Mediu s-au putut instala linistiti la carma puterii !

Vasile Baltac Chiar despre aceste baze ale unor cunoștințe solide era vorba în postarea mea! Cât despre faptul ca nu urmăresc îndeaproape știrile, eu m-as abține de la etichetări. Urmăresc, și tehnologiile digitale mă ajută vezi RSS, surse diverse de știri din mai multe continente. Ce am spus eu a fost că revoluția digitală a ajutat la apariția"Primăverii arabe", nu că a orientat-o spre o anumită soluție. Schimbările din România și Europa de est din 1989 au fost stimulate de televiziune. Putem blama televiziunea ca tehnologie pentru regimurile care s-au instalat după aceea, mai ales în România?

ÎNVĂȚAȚI, ÎNVĂȚAȚI, ÎNVĂȚAȚI! ȘI... ERA DIGITALĂ![1]

Evoluția extrem de rapidă a lumii digitale în numai câteva decenii face ca brusc o mare parte a populației să se trezească analfabetă ... dar digital."

Pe unde mergeam în copilărie eram însoțiți de îndemnul sub formă de lozincă „Învățați, învățați, învățați!" atribuit lui Lenin. Găseai „Învățați, învățați, învățați!" în clasă, pe coridoarele școlii, în biblioteca publică și în multe alte locuri toate de maximă vizibilitate.

Rolul îndemnului era în esență pozitiv, se adresa unor clase de jos neinstruite și care în viziunea idealistă a lui Lenin aveau menirea să conducă societatea, să o facă mai bună, mai dreaptă. Repetarea lui obsesivă crea nu numai acțiune, dar ca orice exagerare și reacții adverse, uneori chiar cu caracter anecdotic. O glumă la modă a anilor 1950 era că mergând un activist de partid într-un sat vede la organizația de bază, sub portretul lui Lenin, lozinca binecunoscută adaptată însă ca: „*Arați, arați, arați!*". Exprimându-și consternarea față de ceea ce i s-a părut o blasfemie, secretarul local s-a scuzat că nu a înlocuit-o la timp cu una de sezon „*Semănați, semănați, semănați!*" (!!). Vremurile s-au schimbat repede, portretele lui Lenin sau fost schimbate cu cele ale lui Ceaușescu și astfel și lozinca a căzut în desuetudine.

M-am întrebat adesea dacă Lenin chiar a spus aceste cuvinte în repetiția lor care le transforma în poruncă. Mai ales că tot atunci copil de școală primară fiind, eram învățați și că .. Lenin când ieșea din birou stingea becurile, o acțiune cu caracter educativ de economisire evident. A căuta în numeroasele volume semnate Lenin era peste puterile mele de copil și am

---

[1] Postat pe platforma Adevarul.ro http://adevarul.ro/blogs/vasile.baltac la 12 februarie 2014

rămas cu întrebarea fără răspuns până de curând când Google m-a lămurit că Lenin a folosit de mai multe ori cuvântul „învățați" repetat de 2 sau 3 ori în anii 1899, și 1922-1924. Nu m-a lămurit Google dacă Lenin a fost revoluționar cu adevărat, un vizionar sau un criminal așa cum încearcă cu mai puțin sau mai mult interes să-l prezinte unele lucrări și unii autori.

Rămân la ideea mea că a fost un idealist, că a crezut în cauza lui și moartea lui prematură a dat un anumit curs nedorit istoriei. Nu neapărat că sistemul comunist a fost bun și urmașii lui Lenin l-au stricat, dar moartea lui a lichidat ultimul gânditor rus de forță capabil să creeze scenarii alternative la autocrația lui Stalin.

După 100 de ani de la data când Lenin a repetat obsesiv că trebuie să învățăm, necesitatea a rămas și parcă la fel de pregnantă ca oricând.

Societatea rusă se confrunta atunci cu analfabetismul și era evident că nu te puteai confrunta cu occidentul fără a îi instrui pe oameni. Iar Lenin, ca și Petru cel Mare, a trăit o perioadă bună de timp în occident.

Analfabetismul în România secolului XXI

Analfabetismul caracteriza și România și atunci și până în anii de după cel de-Al Doilea Război Mondial. Eram copil când prin 1947-1950 am asistat la uriașa campanie de alfabetizare a cărui principali eroi au fost învățătorii și profesorii din mediul rural. Cu ochii de acum nu prea cred ca procentul de alfabetizare raportat atunci de 100% a fost chiar real. Dar, incontestabil împreună cu obligativitatea învățământului general a fost un proces nobil care a răspândit lumina cunoașterii adânc în masa întregii populații. Și este trist că pe glob 18% din populație este încă analfabetă, dar și mai trist este că România secolului XXI are încă analfabeți, indiferent de cauzele fenomenului și seriozitatea lor. Statisticile oficiale, de exemplu reputatul World Factbook, susțin că analfabeții în Romania reprezintă numai circa 2,3% din populația peste 15 ani, dar realitatea pare să contrazică statisticile. Sistemul educativ este încă lacunar și dacă analfabet este numai acela care nu știe să scrie și să citească, ce facem cu cei care elevi români fiind au dificultăți să citească și să înțeleagă un text și pot rezolva doar exerciții de baza la matematică, așa cum arată studiul PISA 2012 reflectat și de Adevărul? Insistând și eu asupra pericolelor pentru societatea românească ale unui sistem de învățământ care produce absolvenți care au dificultăți de înțelegere a textelor și serioase lacune de exprimare verbală în limba română , nu fac decât să mă alătur unui cor care pare să predice în pustiu ...

Sufăr aproape fizic când întâlnesc studenţi în anul I care fac greşeli grave de ortografie şi nu vin din liceu cu aptitudini de a şi gândi, nu numai de a reproduce mecanic propoziţii citite sau auzite.

Cândva la un curs m-am exprimat colocvial şi am spus că hackerii (pentru cei care nu cunosc - persoane care penetrează sistemele digitale pentru a le testa ilicit sau a face rău) sunt de regulă nişte tineri care nu au de făcut ceva mai bun şi apoi am explicat noţiunea. Am fost consternat să văd un student care răspuns la examen că hackerii sunt persoane „care nu au ce face"!?!

Alţii au redus o enumerare de 4 obiecte la unul (facsimil) sau două. Ca în butada copilăriei „Cei patru evanghelişti sunt trei, Luca şi Matei!"

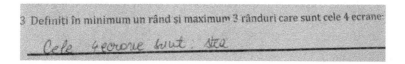

3 Definiţi în minimum un rând şi maximum 3 rânduri care sunt cele 4 ecrane:

Corect era să menţioneze că nu ştie răspunsul. Nu mă supără lipsa de cunoştinţe, ci lipsa unui mod de gândire. Şi fenomenul nu era restrâns la câţiva studenţi. Dragi învăţători şi profesori, învăţaţi-i pe copii să gândească, informaţie pură găsesc acum destulă pe Internet şi Google îşi face datoria.

„Învăţaţi, învăţaţi, învăţaţi!" să folosiţi lumea digitală şi, mai ales, să gândiţi digital!

Ajungând la Internet, constatăm că evoluţia extrem de rapidă a lumii digitale în numai câteva decenii face ca brusc o mare parte a populaţiei să se trezească analfabetă ... dar digital. Cei tineri s-au adaptat rapid crescând cu aceste tehnologii şi le acceptă. Cei în vârstă de peste 40 sau 50 ani au constatat brusc că tot ce ştiau a devenit inutil, că fără instrumente noi cum ar fi procesoarele de texte sau tabele, navigatoare pe net, baze de date, etc. nu mai pot face faţă la locul de muncă. Atitudinile sunt diferite, de la adaptarea rapidă indiferent de vârstă, până la respingere şi resemnare. Un telespectator dintr-o emisiune a mers până a caracteriza lumea digitală ca o „vrăjitorie". L-am înţeles. Faţă de ce au învăţat în şcoală, celor de vârsta a treia totul li se pare la limita inexplicabilului. Azi când emisiunile TV pot fi urmărite pe tablete digitale sau telefoane inteligente, este greu să nu exclame o persoană în vârstă că pe vremuri „televizoarele aveau antene"! De fapt, răspunsul este simplu. Revenim la „Învățați, învățați, învățați!", dar de data aceasta cu referire la lumea digitală. Nu o mai spune Lenin, o spun președinți de state cum ar fi Obama Statelor Unite, guverne, numeroși educatori de renume. Iar tehnologiile ajută. Învățarea lor devine din ce în ce mai simplă și intuitivă. Altfel cum ajungea Facebook în numai 10 ani să fie folosit de peste un miliard de oameni, sau alte rețele cum este Twitter de sute de milioane de persoane și să producă fenomene sociale de la Piața Tahrir în Egipt. Utilizarea acestor tehnologii a ajuns așa de simplu de învățat că numai dorința de a nu o face rămâne un obstacol. Și nu există limită de vârstă, dimpotrivă lumea digitală cu noile forme de comunicare ajută la eliminarea sindromului singurătății și sentimentului de inutilitate socială la vârstele a treia și a patra. Lipsa de educație digitală poate avea urmări la nivel individual, dar și colectiv. Am fost consternat să urmăresc la televiziune în dezbaterea recentă despre cauzele accidentului de avion din Munții Apuseni ca o posibilă problemă neconvertirea coordonatelor de longitudine și latitudine din notare zecimală în cea în grade, minute și secunde, de exemplu din forma 44.4973347N și 26.072398E în forma 44° 29' 50.4054"N și 26° 4' 20.6322"E. O simplă căutare pe „Google" mi-a întors peste un milion de rezultate, primul ca relevanță fiind cel al FCC – Comisia Federală pentru Comunicații a SUA bit.ly/conversielongitudine. Persoana care trebuia să facă această conversie, dacă evenimentul nu este numai o invenție a mass-media, putea să caute urgent o aplicație pe net pentru a nu pierde timpul. Exact ce am spus mai sus, nu întotdeauna trebui să știm ceva, important este să știm să gândim. Există sute de milioane de aplicații pe Internet. Deci

„Învățați, învățați, învățați!" să folosiți lumea digitală și, mai ales, să gândiți digital!

Comentarii blog

Vasile Nanea Plecând de la Lenin cu " învățați"-ul lui, pe seama căruia s-au făcut și glume, sau ironii, s-a ajuns la o lecție reușită, utilă pentru toată lumea. Cred că sunt puțini cei care ar mai îndrăzni să se apropie de Lenin în acest mod constructiv, lipsit de prejudecăți. Mulțumiri și felicitări autorului.

Camelian Propinatiu Sarcini de la Lenin pentru Stelian Tanase pot fi:
reconstituirea TVR Cultural asa cum a fost, infiintarea unui TVR Didactic (pentru
egalitate de sanse in RO si pentru protejarea identitatii copiilor românilor din
Diaspora si din jurul României), mai multe emisiuni multiculturale, cele in limba
rusa având aceeasi pondere cu cele in limba maghiara, dublarea sau triplarea
numarului corespondentilor directi la Chisinau si la Budapesta...

cornel jurja Invatati, invatati, invatati era o lozinca (slogan i-am spune acum)
perfect adaptat la conditiile socio-istorice si culturale ale vremii in care a fost
lansata. Este de inteles ca si in Romania de dupa razboi lozinca avea aplicabilitate
, avand in vedere starea precara de alfabetizare si culturalizare a majoritatii
populatiei, in special in mediul rural.Astazi insa , multi ar fi tentati sa considere
respectiva lozinca -slogan drept retrograda din simplul motiv ca vine de la Lenin.
la fel ca si cum aprecieaza un clasic in viata ca tot ce vine de la Basescu este gresit.
Din aceasta cauza sloganul respectiv a fost inlocuit cu un alt concept, care are in
fond acelasi continut: invatarea continua. cel putin acesta nu se stie de la cine vine
si deci nu va putea fi negat pe considerente politice sau filozofice. Ca o contra
pondere la lozinca-slogan a lui Lenin , Bula a lansat si el una: invatati , invatati,
invatati ca veti muri tot prosti! Se pare ca asta guverneaza acum in Romania!

t mihai "cum ajungea Facebook în numai 10 ani să fie folosit de peste un
miliard de oameni" ? M-as fi asteptat un alt exemplu decât acest "feisbuc".
Adevarata întrebare ar fi "cum este folosit...". FB este mai degraba o vitrina a
mediocritatii umane cân vine vorba de imagine si, mai ales, limbaj. Conversatia
este, de cele mai multe ori, un permanent ping-pong de insulte. Internetul si
informatica sunt, desigur, doua din mijloacele de învatare. Totusi, niciodata, ele
nu vor putea înlocui scrisul, cel adevarat. Din cauza dependentei. Cartea, ca
suport final, prezinta numai avantaje. Primul fiind acela de a avea un suflet.

Stanila Ion Cand eram student la Timisoara d-voastra erati asistent si ne-ati
"prezentat" MECIPT 1.Doamne, tineri mai eram! Un singur lucru as avea de
comentat: orice PC sau orice alt "device" trebuie folosit si tratat ca un instrument.
Foarte util in mai toate domeniile, dar.. ramane unealta si atat.Ajunsi in liceu fiul
meu si colegii lui au ajuns aproape sa faca din calculator un fetis. Destul de greu
au inteles, mai ales ca aparusera niste articole despre conexiunea fizica om-
calculator, ca, oricat de performant ar fi, ramane "idiotul perfect", care poate
inmagazina volume imense de cunostinte si poate face calcule cu viteze fantastice,
dar... nu stie sa se foloseasca decat de numerele 0 si 1si ca in spatele sau exista
intotdeauna un OM, analistul programator.Acum lucreaza in IT. In concluzie: la
orice varsta nu ezitati sa invatati sa va folositi de acest instrument!

paul sirghe "Nu m-a lămurit Google dacă Lenin a fost revoluţionar cu
adevărat, un vizionar sau un criminal aşa cum încearcă cu mai puţin sau mai
mult interes să-l prezinte unele lucrări şi unii autori." mai sunt si alte surse in

18

afara de google. daca le ignorati inseamna ca tineti foarte mult la lenin. cel care instiga la crima este la fel de vinovat ca si criminalul. nu exista niciun dubiu ca lenin a fost un instigator. va recomand macar sa vedeti seria "The Soviet Story" pentru a incepe sa vedeti mai clar lucrurile. p.s. revolutia bolsevica a fost violenta iar lenin a fost unul dintre liderii ei. nu poti crede sincer ca lenin a ramas imaculat in tot acel razboi civil. ar fi o naivitate (pana la prostie) sau rea intentie.

cornel jurja Probabil ca Lenin a fost mai mult sau mai putin cam din toate. Adica si vizionar, si revolutionar si criminal. A fost si filozof. Cat despre revolutia bolsevica , a spune ca a fost violenta, este un pleonasm. Prin definitie o revolutie este o schimbare prin violenta a unei stari de lucruri anterioara. Revolutia lui Cromwel in Anglia, Revolutia Franceza, revolutiile de la 1848 in toata Europa,au fost toate violente.Chiar si miscarile in urma carora a cazut comunismul in Europa de Est si calificate mai mult sau mai putin revolutii au avut doza lor de violenta. Mai ales la noi.Cat despre faptul ca Lenin nu a ramas imaculat in timpul revolutiei si al razboiului civil, ai dreptate. Dar care lider al unei miscari violente a ramas imaculat? Danton si ceilalti lideri ai revolutiei franceze au ramas imaculati?Oare nu in timpul acela s-a inventat cea mai eficienta masina a mortii , culmea de catre un doctor al carui nume l-a primit dracovenia?Oare nu atunci pe strazile Parisului noroiul se amesteca cu sangele celor executati iar trupurile acestora ramaneau pe starzi , ciocli nefacand fata ritmului in care moartea ii culegea pe nenorocosii zielei?Executiile din Franta si din Imperiul Habsburgic in timpul si dupa inabusirea revolutiilor de la 1848 erau oare mangaieri pe crestetul condamnatilor?Si exemplele ar putea curge in continuare.Sa nu mai vorbesc de macularea lui Iliescu si de intrebarea "agasanta" care i se pune: "Cine a tras in noi dupa 22?"

654815544566 "Pe unde mergeam în copilărie eram însoţiţi de îndemnul sub formă de lozincă „Învăţaţi, învăţaţi, învăţaţi!" atribuit lui Lenin. Găseai „Învăţaţi, învăţaţi, învăţaţi!" în clasă, pe coridoarele şcolii, în biblioteca publică şi în multe alte locuri toate de maximă vizibilitate." Din fericire pentru unii si din pacate pentru altii, lozinca bolsevica nu e decat o lozinca buna de repetat in adunarile obstesti. Nimic, dar absolut NIMIC din toata istoria de dupa 1950 nu sugereaza ca poporul asta a fost stimulat sa invete. Din contra. Analfabetismul e infiorator. Peste 60% din cei care termina 12 clase, nu-s in stare sa citeasca un text la prima vedere. Peste 90% din lucrarile de licenta, masterat si orice realizare academica... nu sunt decat plagiaturi ordinare. Intr-o tara de rahat ca romania, de fapt ca tot fostul spatiu sovietic, "a invata" nu e decat o forma de masturbare a ratatilor pentru ca in realitate doar mediocritatea a fost apreciata. Si acum revenind la cei de peste 40 de ani care nu reusesc sa foloseasca calculatorul. Ei bine sunt si ratati de 20 de ani pe care daca ii intrebi ce e ala un browser iti for spune ca e "google" sau "facebook" :)))) Ca locuitori intr-o tara ratata, ar trebui sa ne obisnuim cu ideea ca traim alaturi de o majoritate care nu va reusi niciodata sa realizeze lucruri mai complexe decat poate realiza un cimpanzeu. PS. sunt copii de 6 ani care se joaca fara probleme pe calculator ... 6 ani baaa!!!! nu 40 :))))

Cais Valentin @Darth Maul, te asigur ca mai toti absolventii clasei a IX- a de pe vremea lui Ceausescu, adica dupa 1950, stiau clar care este diferenta dintre forta centrifuga si centripeta, nu ca altii (pentru cei care nu stiu despre ce este vorba, sa caute articolul cu zidul mortii din Suceava unde "cifre" explica cum vine treaba cu fortele sus amintite). Basca, daca prindeau in armata un analfabet, il trimiteau la scolarizare intensiva - macar sa fie in stare sa citeasca. Pe vremea lui Ceausescu era concurenta destul de serioasa la admiterea in facultate (de trepte nu mai vorbesc), asa ca trebuia sa fi invatat ceva sa ajungi in anul I. Acum poate ca este altfel, am citit si eu despre rezultatele catastrofale la bac....dar nu baga totul, in aceeasi oala. Cat despre ex spatiul sovietic, poate ar fi bine sa citesti depre primul satelit si avionul Suhoi, sau despre campionatele mondiale de sah, unde Karpov si Kasparov, de exemplu (ulterior cetateni americani), detineau suprematia.

654815544566 leprele mereu s-au mandrit cu exceptiile asa a si crecut mitul ca romanii sunt "fantastici" la olimpiade ... insa nici macar in top 25 nu apar natie de catari :))))

Kapetanios Daca tu esti exemplul "alfabetismului" de pe aceea vreme, intradevar e discutabil succesul campaniei. Dar nu cred ca tu esti...

val mircea foarte bine spus, felicitari ! ...din pacate , e foarte posibil, ca mare parte din copiii de 6 ani sa ajunga, cu mici exceptii, la fel de „inteligenti" in lumea reala ca majoritatea tinerilor romani de azi :(

654815544566 Cu siguranta. Cel putin atata timp cat au parinti retarzi si traiesc in aceeasi societate retarda ... viitorul lor e distrus.

cornel jurja Procentele la care te referi sunt valabile astazi. Situatia invatamantului romanesc a inceput sa se deterioreze cam dupa 1980 cand era crima sa lasi un elev repetent. Totusi se mai facea carte. Dupa 1989 situatia a devenit asa cum arati, dezastruoasa. si asta din cauza scaderii continue a calitatii cadrelor didactice, a pierderii demnitatii acestora in fata elevilor si a lipsei modelelor din societate. Au devenit modele toate starletele , curvele, interlopii ,si alte jivine, care aratau ca nu conteaza nimic decat banii. Ia fa un tur pe la Bamboo sau in centrul vechi si incearca sa ai o dicutie cat de cat elevata cu populatia pestrita de acolo. vei vedea ca singurul lucru pe care il vei afla va fi unde este sampania mai buna si eventual mai scumpa (indiferent de calitate), unde este un wisky mai tare si cine cu cine s-a cuplat recent dar pentru scurt timp, cine si-a aratat carui sex apartine in public etc.Daca dai pete un absolvent cat de cat pregatit, acesta va fi marginalizat, poreclit tocilar si va fi privit cu dispret.

Mircea Iordan Din pacate, atat hardul cat si softul au preturi prohibitive in Romania, in special comparativ cu salariile. Majoritatea celor peste 40 ani nu isi pot permite sa investeasca 1500-2000 lei pentru un calculator cu softul aferent!

t mihai Si atunci ciordim...

MelosNegros Domnilor, Lenin este ultimul...Petru. Vorbesc de Petru I, primul care o căutat ca să scoată Rusia din înapoierea ei față de Europa. Poți să'l faci idealist pe Petru? Poți (alături de toți decembriștii, slavofilii, democrat-revoluționarii, și mai ales scriitorii ruși de la Cernâșevski, Turgheniev, Cehov, Gorki și până la Tolstoi) Dar criminal? Poți și asta: mai ales dacă ești...idealist. Adică unul care crede că istoria se face prin discuții și alte îndemnuri moralizatoare (sau "moralină" cum îi mai zicea chiar Lenin).

MelosNegros Adică la urma urmelor, ce'o fost cu Rusia? O fost ceva foarte simplu: în timp ce alte popoare orientale în frunte cu Japonezii or stat în banca lor și'or mers ca atare pe făgașul tradiției până la cap, ciolovecii - care stau taman la granița dintre Europa și Asia, or luat o doză atât de mare de...europenism încât or luat'o complet...razna.

CINE SE TEME DE FACEBOOK?[1]

Facebook este fără îndoială un fenomen mondial. El inspiră entuziasmul celor peste 1,2 miliarde de oameni care au aderat la el în numai 10 ani de la apariție, dar și teamă sau rețineri din partea multora. Facebook este fără îndoială un fenomen mondial. El inspiră entuziasmul celor peste 1,2 miliarde de oameni care au aderat la el în numai 10 ani de la apariție, dar și teamă sau rețineri din partea multora.

Facebook și imigranții digitali

Teama și reținerea sunt în primul rând întâlnite în categoria numită a imigranților digitali. Lumea se împarte în nativi digitali, acei oameni care încă din primii ani de școală intră în contact cu tehnologiile digitale și le acceptă fără rezerve, și imigranți digitali, persoane de vârsta doua și a treia care au luat contact cu aceste tehnologii mai târziu în viață, după terminarea studiilor sau înspre sfârșitul lor. Fenomenul are la bază evoluția calculatoarelor electronice care se petrece pe durata de viață a unei singure generații umane. Evoluție care a început în a doua parte a secolului XX și se desfășoară cu accelerație în acest secol. În anii 1940 a apărut primul calculator electronic, în 1981 primul calculator personal, primul site web în 1989, în 1992 primul telefon de tip GSM și primele sms, în 2004 a apărut Facebook și în 2006 Twitter. Lista poate fi completată cu multe detalii importante. Poate un fapt de amintit este accelerarea din ultimii 10 ani a apariției de noi dispozitive și aplicații. S-au generalizat telefoanele inteligente care au pus câte un calculator evoluat în mâna a peste două treimi dintre americani și a circa 2 miliarde de oameni în întreaga lume. Convergența acestor tehnologii are uneori aspecte șocante. Un smartphone este acum și telefon și televizor și GPS și player muzical și agendă și ce nu este. O cunoscută glumă este despre o bunică mirată când vede o emisiune

---

[1] Postat pe platforma Adevarul.ro http://adevarul.ro/blogs/vasile.baltac la 28 iunie 2014

TV pe o tabletă şi se întreabă unde este antena pe care o ştie de o viaţă ca accesoriu al televizorului. Nativii digitali sunt cei sub 25 ani în lume şi aş zice cam 25 ani în România. Ceilalţi peste această vârstă se confruntă cu tehnologiile noi, greu digerabile, şi denumirea de imigranţi digitali nu se vrea cât de cât peiorativă. Ea reflectă o similitudine. Imigrantul într-o altă ţară se confruntă cu o nouă lume cu care dacă nu se adaptează suferă, imigrantul digital se confruntă cu lumea digitală cu tastaturi, cu ecrane tactile, dar mai ales cu aplicaţii pe care trebuie să le înveţe şi cu un vocabular plin de jargon tehnic şi cuvinte în limba engleză. Fenomenul de imigranţi digitali este temporar. Va dispare în 60-70 ani când biologia îşi va spune cuvântul şi toţi adulţii vor intra în categoria de nativi digitali.

Teama de Facebook

Până atunci însă mai este mult şi primii care se tem de Facebook sunt cei care nu sunt nativi digitali. Respingerea Facebook se bazează cel mai des pe necunoaştere. Facebook este pentru copii şi tineri, eu nu am ce căuta eu acolo, eu nu am calculator şi nu ştiu să lucrez cu el, este periculos şi plin de răuvoitori şi criminali, află lumea totul despre mine, cum să devin eu "prieten" cu necunoscuţi, etc. etc. Să mai adăugăm şi că există şi aspecte reale cu conotaţie negativă sau chiar periculoase: pe Facebook ca şi prin Internet în general se propagă idei şi comportamente antisociale, folosirea de droguri, se face racolare religioasă şi în reţele ilegale, se face proxenetism şi lista poate continua. Dar în viaţa de zi cu zi în afara Facebook nu se petrec fenomene similare? Numai că Facebook pentru mulţi pare mai periculos deoarece este în partea mai dificilă a stăpânirii fenomenului. Să mai adăugăm că în Internet şi chiar mas-media dă o mare atenţie cazurilor izolate de pervertire a unor minori , de sinucideri, dependenţe de Facebook şi nu în ultimă instanţă de teoria conspiraţiei.

Teoria conspiraţiei şi Facebook

Principala teză al teoriei conspiraţiei cu priză la mulţi ar fi că Facebook este o creaţie a CIA pentru a ne face să spunem singuri ce facem şi ce gândim şi astfel spiona mai uşor. Recentele dezvăluiri ale lui Edward Snowden despre practicile NSA nu au făcut decât să confirme multora această teorie. În realitate ca şi calculatorul, software-ul, Internet, web, etc. reţelele sociale printre care Facebook are rol principal au apărut ca o consecinţă firească a dezvoltării tehnologice şi nu au apărut din obscure laboratoare secrete. Extrapolând în alte secole, oare şi tiparul lui Gutenberg a apărut ca o creaţie a unor obscure servicii secrete, un fel de CIA secolului XV, care doreau să lupte cu Biserica catolică răspândind biblia în marea masă de credincioşi? Cărţile şi filmele despre Mark Zuckerberg sunt destul de explicite, Facebook a apărut în urmă cu 10 ani într-o universitate americană ca un experiment minor, amuzant chiar prin intenţia autorului de a se răzbuna inofensiv pe prietena lui, şi s-a dezvoltat exponenţial răspunzând dorinţei oamenilor de comunicare. Se mai zice că mesajele pe Facebook nu pot şi şterse, că după ce devii dependent de reţea Facebook ţi se va cere bani să continui să postezi, că fotografiile tale sunt vândute altora, că datele tale personale sunt şi ele vândute sau predate serviciilor secrete, etc.

Pericolele Facebook

Este la fel de adevărat că există şi pericole reale. Nativii digitali postează adesea orice, inclusiv despre familia lor, expunându-se şi expunând-o unor pericole reale. Se acceptă „prietenii" cu oricine şi printre noii prieteni pot fi răufăcători, se postează prea des fotografii. Fotografiile făcute cu telefoane inteligente au şi caracteristici de geolocaţie determinând cu precizie locul unde a fost făcută. Mai mult Facebook te îndeamnă să precizezi locaţia postării. Pentru persoanele publice şi nu numai aflarea cu uşurinţă a itinerariului poate însemna şi pericol. Cele mai multe pericole rezultă din lipsa de instruire. Postările pot fi publice sau numai pentru „prieteni", sau pentru „prieteni apropiaţi" sau chiar numai pentru unul sau câţiva „prieteni" selectaţi. Mulţi însă postează totul public cu dezavantaje de rigoare. Există şi pericolul unor conturi false care nu aparţin persoanei publice cu care mulţi ar dori să fie „prieteni". Facebook nu cere act de identitate şi este uşor să deschizi cont pe orice nume, chiar dacă persoana respectivă are deja cont. Conturile de Facebook pot fi şi ele sparte, mai ales dacă posesorii aleg greşit ca parolă numele lor, 12345678, admin, iloveyou, sau altele tot atât de comune. Şi nu Facebook este de vină. Uşa casei este bine să fie încuiată. Subiect interesant şi care merită reluat în altă postare dedicată nativilor digitali. Problema pericolelor pe reţelele sociale va continua. Nativii digitali ar trebui să fie supravegheaţi de părinţi sau educatori, dar aceştia sunt imigranţi digitali şi nu stăpânesc nici ei tehnicile de protecţie.

Cine să fie pe Facebook?

Sunt întrebat adesea de persoane trecute de 50 ani, dacă să fie prezente pe Facebook. După mine oricare dintre noi ar trebui să aibă cont Facebook, indiferent de vârstă. Scopurile pot fi diferite, de la simple contacte cu prietenii sau colegii din viața reală, până la a comunica cu un mare număr de oameni, a face marketing personal, etc. Facebook condensează instrumente Internet diverse cum ar fi blogul sau e-mail. Facebook îți poate crea o nouă personalitate. De exemplu a unui călător sau colecționar. Un tânăr talentat în meseria lui mă încântă cu fotografii inedite din India și Iran unde a fost recent. Cunosc pe altcineva care publică anecdote. Foarte multe noi și îl urmăresc cu plăcere. Și eu am cont Facebook https://www.facebook.com/vasilebaltac și îl folosesc pentru a comunica public părerile mele, dar și pentru a comunica cu prieteni și colegi. Pe el repostez și blogul meu de pe platforma Adevărul.ro, dar adesea și alte informații care mi se par demne de a fi răspândite.

Comentarii blog

Parallel Mind Domnu` Baltac, eu inteleg ca sunteti o fire iscoditoare, dornica de nou... si dornica de a nu pierde siru`, insa asa ca idee - aveti habar macar de protocolul dezvoltat de Facebook - OpenGraph ? Stiti ce rol are? Nu e conspiratie - explicatia e simpla: The Open Graph protocol enables any web page to become a rich object in a social graph. For instance, this is used on Facebook to allow any web page to have the same functionality as any other object on Facebook.. Presupun ca nu intelegeti analogia,si nici nu vedeti implicatiile. Mai pe intelesul dvs - nu pozele cu pisica si Tantica sunt problema, ci faptul ca serviciul "gratuit" Facebook are un pret. Ganditi-va ca sunteti pe vremea lui Ceasca (o analogie simpla) si traiti toata viata cu securistul -nu in spatele dvs, ci cu el in casa. Da, Facebook-ul este facut pentru oameni curajosi. Inconstienti si curajosi!

Vasile Baltac Intamplator sau poate nu am habar de OpenGraph. Si de alte protocoale folosite in Internet si retele sociale. Sa nu confundam insa instrumentul cu efectele folosirii lui. Despre pretul folosirii Facebook amintesc si eu in paragraful referitor la pericolele reale ale folosirii Facebook. Ma preocupa aceste pericole si sper sa finalizez o carte despre ele. Referitor la analogia „simpla" pe care o oferiti, as vrea sa merg mai departe si sa va asigur ca din momentul in care ati deschis calculatorul sau tableta sau telefonul inteligent sunt si altii cu dvs. chiar daca nu folositi Facebook. Asa ca traiti deja nu cu unul ci cu mai multi „securisti" in casa :-)

Iulian Dumitrescu datorita manuchiului complet de informatii personale,familiale chiar intime dar si capacitatii de urmarire a comportamentului respectiv a vietii personale in "afara retelei", FB este mai mult decat toti ceilalti securisti la un loc- un hypersecurist invaziv, care nu se opreste nici cand esti logged out. Logica Dvs. se aseamana cumva cu cea a fumatorilor: "si in mancare sunt E-uri"..Ea se aliniaza insa discursului lui Zuckerberg: "cine are ceva de ascuns anyway? "- adica exact logica securistica a carei apologie o faceti in acest articol pentru naivi..

Iulian Dumitrescu Ne luati de naivi digitali bag de seama. Inainte de Snowden puteati sa ne povestiti despre faptul ca FB este doar o companie in slujba umanitatii (comparatia cu Gutenberg este chiar suspecta), care ne vrea doar dezinteresat binele si atat.Introducerea treptata a softurilor gen recunoastere faciala, inregistrarea zgomoturilor ambientale si alte "minunatii" este doar spre binele nostru, nu-i asa? Sau cum spunea un director Apple: si gradinarul este grijuliu cu capatanile de salata,pana la recolta..Poate ca scepticismul bunicii are in spate intelepciunea acumulata dea lungul deceniilor, in orice caz serverele NSA cat un oras sunt cat se poate de reale

Vasile Baltac Există şi naivi digitali, ei sunt mai ales în rândul nativilor digitali. Imigranţii digitali sunt mai precauţi, folosesc FB mai cu grijă sau deloc. Ani buni înainte de Snowden, sute de studenţi m-au auzit vorbind despre NSA si proiectul Echelon şi despre faptul că se înregistrează în masă convorbirile şi mesajele electronice. S-a vorbit de ani buni în mass-media despre acest subiect inclusiv despre folosirea Echelon împotriva Airbus. Snowden a confirmat doar amploarea monitorizării şi aspectele ei ilicite. Recunoaşterea facială şi ultimele evoluţii în „big data" sunt şi spre binele nostru şi spre răul nostru. Depinde de cine şi cum le foloseşte. Postarea mea a fost despre Facebook şi fenomenul de respingere a lui. Lumea digitală oferă din păcate şi instrumente cu caracter evident negativ, viruşii de tip troian, phishing-ul şi keylogger-ele ca exemple, care sunt în mâna răufăcătorilor care abundă în Internet şi implicit în Facebook. PS Comparaţia cu Gutenberg nu este chiar suspectă. Biserica catolică a fost nemulţumită că s-au putut multiplica bibliile şi distribui credincioşilor de rând şi sparge un monopol al ei. Gutenberg este autorul primei explozii informaţionale din istorie, rupând un baraj milenar în calea propagării informaţiei.

Sorin Volk Nu resping Facebook...dar mi se pare de o inutilitae vadita...am cont strict pentru ca anumite site-uri, cum ar fi acesta, practic ma obliga sa am!

Gnovac eu am cont pe adevarul.ro, nu ma loghez cu FB. Pentru ca refuz FB.

Iulian Dumitrescu Ca este benefic sau nu pentru mine vreau sa decid eu.Ce se intampla cu datele mele vreau sa decid tot eu.FB nu numai ca nu-mi ofera aceasta posibilitate, dar ma si urmareste cand sunt logged out.Marea majoritate a tinerilor din generatia FB sunt naivi digitali, nu isi fac absolut nicio grija despre ce se intampla cu datele lor.Pana la Snowden insa nimeni nu avea idee cat de invaziva este supravegherea in masa.Felul in care se comporta Caracatita FB arata ca are un singur scop: Stocarea a cator mai multe informatii despre o persoana,identificarea si clasificarea legaturilor familiale,a comportamentui si mediului acesteia. Stim ca NSA are acces la reteaua FB care nici daca ar vrea nu s-ar putea impotrivi accesului, dar si dincolo de aceasta nu poti sa nu fii reticent fata de aceasta aviditate.Tot nu am inteles care este relatia directa intre FB si Gutenberg..

Vasile Baltac Relația complexă Gutenberg - FB este descrisă pe larg în cartea "What you really need to know about the Internet, From Gutenberg to Zuckerberg", autor John Naughton www.quercusbooks.co.uk/book/From-Gutenberg-to-Zuckerberg-by-John-Naughton-ISBN_9780857384263 Cu puțin efort o puteți cred descărca în format electronic

Operatorul de Serviciu D-le Baltac, Din CV'ul d-voastra inteleg ca ati avut o activitate profesionala in domeniul informaticii, al IT'ului in general. Spre deosebire de filozofi, sociologi, samd etc, ar trebui sa stiti despre ce vorbiti. Faptul ca va pretati la rolul de agent publicitar Facebook, folosind argumente cusute cu ata alba, la nivel de revista cu benzi desenate "Arici Pogonici", este mai mult decit regretabil. Taxonomia d-voastra "nativi / imigranții digitali" este puerila. Se refera doar la utilizatorii de aparatura computerizata conectata la Internet, care neavind cunostiinte fundamentale de informatica sunt consumatori (dummy) de servicii informationale controlati si focalizati de departamentele de marketing din industria IT. Caracteristica comuna a celor doua clase este IGNORANTA. Ignorata pe care d-voastra o alimentati in lipsa de orice responsabilitate. Arhitectura sistemelor informationale este prin definitie nesigura, reprezentind un factor de risc. Tehnologia folosita in implementarea acestor sisteme este un alt risc major, mai ales din prisma faptului ca este controlata de foarte putini. Pe scurt: Facebook'ul reprezinta pentru utilizatori un factor de risc. Primordial riscul nu este imanent, ci mai degraba latent. In anumite constelatii acest risc latent se poate transforma si materializa in daune materiale si morale foarte grave. Fapt valabil si pentru alte servicii informationale precum email, chat, skype.

Vasile Baltac Taxonomia mea caracterizată ca puerilă este de fapt un concept important în lumea de azi și nu este deloc a mea. Dacă aveți timp și căutați cu Google „nativ" și „imigrant digital" găsiți 95,1 milioane linkuri pentru nativ digital în limba engleză și 240 mii în limba română. Iar pentru „imigrant digital" 16,6 milioane în limba engleză și zeci de mii în română. Clasificarea de către dvs. celor două clase ca având comun IGNORANȚA arată că nu înțelegeți conceptul. Un om nu poate fi în afara celor două categorii. Nu vă pot ști vârsta, dar sunteți sigur fie nativ, fie imigrant digital ca și mine și oricare locuitor al planetei. Factorii de risc există în orice domeniu nu numai în IT. Am publicat privind acest subiect încă acum peste 10 ani. Puteți găsi articolul „Vulnerabilitatea sistemelor in contextul

Internet, comunicare prezentata in Sectia de Stiinta si Tehnologia Informatiei a Academiei Romane in 26 Martie 2001, publicată în Revista Română de Informatică şi Automatică, vol. 11, nr. 4, 2001" Mai mult în volumul publicat de Academia Română „Filip, F.G., B. C. Simionescu (2004). Fenomene si procese cu risc major la scara nationala. Ed Academiei Romane, Bucuresti, ISBN 973-27-1150-7 , 427 p". de la pag. 213 găsiţi studiul meu „Vulnerabilitate şi risc în contextul noii economii" Vă ascundeţi sub un pseudonim, aşa că nu pot aprecia dacă sunteţi în măsură să daţi lecţii sau nu. Dacă trimiteţi referire la lucrările dvs. pot să văd dacă textul pe care l-aţi postat are fundament sau este numai şuetă de forum pentru a părea interesant. Jignirile dvs. (agent publicitar Facebook, argumente cusute cu ata alba, la nivel de revista cu benzi desenate "Arici Pogonici", ignoranta pe care o alimentez in lipsa de orice responsabilitate) nu mă ating, fiind o reflexie a neînţelegerii a ceea ce am scris. În astfel de cazuri jignirile îl ating în faţa celorlalţi numai pe cel care le proferează

Operatorul de Serviciu D-le Baltac, d-voastra ati iesit din catedrala si v-ati aventurat in bazar cu un "blog" ţintind grupul de audienta al prietenilor d-voastra, pensionarii +65 pe post de "imigranti digitali". Atit iritarea vadita prezentata ulterior de d-voastra, cit si argumentele aduse sunt un bun indiciu al unei intelegeri superficiale a temei pe care ati abordat-o. La baza discuţiilor, mai ales pe Internet, afirmatiile facute ar trebui sa fie in centrul scrutinului critic si nu decoratiile prezentate, de care d-voastra, se pare ca, aveti nevoie atit pentru a aprecia validitatea afirmatiilor cit si competenta interlocutorilor. "Conceptul important" (nativi/emigranti digital) la care va referiti, a fost introdus de invatatorul american Marc Prensky in 2001 in contextul folosirii platformelor e-learning in sistemul de invatamint. Initial a fost un subiect de dezbatere in domeniul pedagogic si ulterior s-a raspindit si adaptat in presa de larg consum. Beneficiul este practic ZERO. Clasificarea prezentata are chiar rezultate amuzante. Frederick Brooks, Grady Booch, Larry Wall si Richard Stallman ar fi "emigranti digitali". Insinuarile referitoare la folosirea pseudonimelor este un viclesug ieftin. Care e diferenta pe Internet intre identitatea "Ion Ionescu" si "Sykwalker"? Sa creezi o "identitate autentica", cu poza, CV, etc nu necesita un efort considerabil. Ca sa nu mai vorbim de folosirea abuziva a identitatii altei persoane. Pe timpuri circula o vorba: "On the Internet, nobody...vezi tot comentariul

Iulian Dumitrescu Domnule Baltac si Ponta este numit de unii "micul Titulescu"..

Vasile Baltac Atunci când am postat articolul „Cine se teme de Facebook?" m-a gândit la mulţi dintre colegii şi prietenii mei de peste 65 ani care au rezerve faţă de FB şi de ce nu o oarecare teamă pe care am vrut să o risipesc. Comentariile postate m-au lămurit însă că există foarte mulţi opozanţi (oare au cont FB?) care au o aversiune făţişă faţă de reţea şi implicit faţă de oricine care nu o critică. Fenomen normal, dar nu îi știam amploarea. Este un mare ajutor pentru mine deoarece înțeleg mai bine cât de greu pătrunde noul în societate și cât de adânc suntem cufundați în prăpastia digitală. Constat cu lipsă de satisfacție și că există un singur caz de persoană ce comentează care își spune numele, restul folosesc pseudonime. Oare de ce? Lipsă de siguranță asupra ideilor pe care le propagă, nihilism, atacuri patologice pe la spate? Eu public numai sub numele meu și îmi asum responsabilitatea celor ce le spun. Pot dacă greșesc să corectez. În viitor însă nu voi mai răspunde anonimilor. A bon entendeur salut!

Gnovac nu va suparati, ar trebui pus accentul pe credinta in Isus Hristos, pe rolul natural al omului pe Terra si anume acela al ingrijirii naturii si al animalelor. De ce punem accentul pe tehnologia care ne insuleaza fata de natura, ne departeaza de ea si de credinta si de profunzimea gandirii umane ? cine respinge FB este poate doar.. intelept.

Iulian Dumitrescu Daca va preocupa asa mult soarta digitala a prietenilor, poate ii invatati sa foloseasca solutii simple de anonimizare gen Orbot,mesagerie criptata gen Myenigma si poate va vedeti mai des la o bere in loc de FB.Semnat: un pseudonim care nu mai are profil de FB si este bine mersi

Florin Sandu bag seama ca atzi luat-o rau la vale . oricum potzi fi urmarit si cind te ......, ma opresc aici si nu mai mincatzi ceea c nu trebuie !

Iulian Dumitrescu este ok, nu trebuie sa intelegi discutia si nici macar nu trebuie sa ai un limbaj civilizat - dar acum du-te si mai pune niste "puoze pa Feis" cu tine, cu masina ta misto etc..

gnovac Facebook este un site si atat. La fel ca Yahoo sau Google. A folosi Facebook ca etalon e o mare eroare. Eu si in ziua de azi ies la picnic cu radio portabil si nu sunt "imigrant digital". Pur si simplu mi se face greata de atata tehnologie. Prefer sa citesc o carte tiparita pe hartie si sa ascult radio (nu online, ci radio cu unde radio), sa am telefon fix, sa ascult vinyl pe pick-up, caseta audio pe casetofon, CD in CD player pe combina, televizor CRT, computer retro si fara net. Si cand zic de carti tiparite, prima Carte este Biblia. Internetul faciliteaza pacatele, nu ne mantuieste sufletele.

Iulian Dumitrescu ah, si poate le povestiti prietenilor Dvs. mai in varsta si ca FB face experimente pe ei din cand in cand fara sa-i anunte (ca sa nu influenteze rezultatele sic!) - www.pnas.org/content/111/24/8788

CINE NU SE TEME DE FACEBOOK?[1]

Nu de mult am postat sub titlul „Cine se teme de Facebook" un apel la persoanele mai în vârstă să nu se teamă de Facebook, aşa cum am constatat din proprie experienţă că se cam întâmplă. Spre surprinderea mea în afară de multe aprecieri, mai ales sub formă de sute de „Like" pe Facebook(!!), am constatat existenţa unui puternic curent anti-Facebook, o oaste de comentatori toţi anonimi demonizând Facebook şi pe mine ca agent al acestei reţele.

Cine nu se teme totuşi de Facebook?

Desigur cei peste 1,3 miliarde utilizatori ai Facebook, cam jumătate din cei care accesează Internet. Entuziasmat creatorul Facebook Mark Zuckerberg a anunţat recent că va investi sume uriaşe pentru a face disponibile Internet, Facebook şi aplicaţia de comunicare WhatsApp la peste 3 miliarde persoane. Care persoane? Desigur în primul rând tinerii. Adevărul.ro a realizat recent un prim film documentar şi documentat Facebook: Reţeaua care ne-a schimbat viaţa. Sunt intervievaţi şi tineri entuziaşti şi persoane sau personalităţi mai puţin entuziaste. Tinerii sunt însă ce care sunt cei care acceptă reţeaua uneori fără minime măsuri de precauţie. Măsuri necesare deoarece există în mod real pericole

Pericolele folosirii Facebook

Pericolele sunt omniprezente în viaţa noastră. Suntem instruiţi cum să folosim un fierăstrău, un aparat electric, un mijloc de transport. Şi

[1] Postat pe platforma Adevarul.ro http://adevarul.ro/blogs/vasile.baltac la 8 septembrie 2014

Facebook instruieşte, există şi multe cărţi, dar cine le citeşte?! Simplitatea accesului şi postării pe Facebook face ca prea puţini să se preocupe care informaţie este publică şi care nu, care prieteni sunt prieteni adevăraţi şi care numai virtuali, care fotografie să fie postată şi care nu, etc. etc. Tot tinerii sunt campioni la neatenţia la pericole. Bârfa prietenească sau colegială existentă de când lumea se transformă prin Facebook în informaţie reală sau nereală accesibilă în lumea întreagă.

> *A ajuns celebru cazul unei inocente şcolăriţe dintr-un mic oraş din SUA care a postat public pe Facebook că Bin Laden în loc să omoare 3000 oameni la New York, ar fi făcut mai bine să omoare numai pe ... profesoara ei de matematici, producând o anchetă poliţienească în final inutilă.*

Nu dezvolt aici subiectul. Pericole sunt numeroase şi le-am mai menţionat:

Accesul fără îndrumare şi supraveghere al copiilor. În afara posibilităţii contactului cu infractori de felurile genuri, copii pot divulga date personale, introduce pe Internet informaţii importante pentru răufăcători, etc.

Phishing-ul este din ce în ce mai răspândit pe reţelele sociale; persoanele neavizate sau neinstruite se pot loga pe false reţele sociale unde se produce un furt de date personale, parole, etc.

Spam-ul este şi el prezent pe reţele sociale sub forma unor încercări de „prietenie" (sau „urmărire" în cazul Twitter), care pot fi în fapt şi reclame mascate pentru diverse produse, sau legături către furnizori de droguri sau prostituţie.

Intimitatea este adesea încălcată prin lipsa de grijă a participanţilor care încarcă fotografii, filme sau alte documente care pot fi cu acoperire de drept de autor sau cu caracter privat

Distragerea de la activităţile profesionale este frecventă la persoane care accesează reţele sociale în timpul de lucru. Se ignoră faptul că angajatorul prin serviciile de resurse umane sau altfel poate constata acest lucru. Destul de grav este că dreptul la uitare pe Internet nu există decât teoretic şi numai în Uniunea Europeană. Angajatorii accesează reţelele sociale înainte de angajare şi postări inocente din studenţie sau alte situaţii pot deveni motive de eliminare a unei candidaturi, profilele psihologice actuale ţinând cont şi de Facebook sau Twitter. Orice subliniere a pericolelor folosirii Facebook este bine venită atât timp cât are aspect de prevenire, nu de interzicere sau negare.

Neîncrederea în Facebook, teoria conspirației

Oponenții Facebook consideră rețeaua ca un instrument de urmărire în masă, instrument al diavolului, etc. Sute de mii de pagini pe Internet descriu în stil catastrofic geneza și rolul Facebook, legăturile presupuse guverne, servicii secrete sau diverse organizații subversive. Încă acum mai mult de 4 ani am primit pe e-mail un "manifest", ATENȚIE LA FACEBOOK, desigur anonim, în care pe lângă sfaturi utile cum ar fi :

Fiți atenți! Greșelile Dvs. de tinerețe nu trebuie sa devina imposibil de șters! Evitați orice fel de fotografii compromițătoare (cu alcool, țigarete, droguri, fotografii tendențioase, intime, vulgare etc.), insulte (caci acestea pot servi ca probe in justiție), informații / date personale sau private, chiar in relațiile cu prieteni apropiați... Prietenii de azi pot deveni dușmanii de mâine! Cereți totdeauna consimțământul persoanei a cărei fotografie o postați pe FACEBOOK! Nimeni nu poate invoca necunoașterea legii, nu puteți spune in instanță „nu am știut"!

conține și exagerări de genul

FACEBOOK este o CAPCANĂ!, De unde ia FACEBOOK banii pe care ii consuma pentru remunerarea celor angajați sau a colaboratorilor, pentru plata brevetelor pe care le înregistrează Un număr foarte mare de firme cumpăra dreptul de a consulta arhivele FACEBOOK, de unde pot obține date care ii interesează. Chiar și serviciile de apărare sau politia apelează la aceasta arhiva in cursul anchetelor pe care le întreprind.

Recentele dezvăluiri ale lui Eduard Snowden au scos la iveală multe adevăruri în sensul celor de mai sus, dar pentru moment nu s-a putut demonstra ca Facebook, Google, Microsoft au colaborat voluntar cu NSA. Așa că pentru moment Facebook și-a găsit locul alături de alte subiecte ale teoriei conspirației ca guvernul mondial, Bilderberg, sionismul, masoneria, CIA, OZN, asasinarea lui Kennedy, ajungerea omului pe lună, etc. Să nu uităm că înaintea apariției Facebook acum 10 ani, subiectul de teoria conspirației era chiar Internet.

Nimic nou sub soare

Noile tehnologii au inspirat în cursul istoriei teama, aversiunea de a le folosi, deposedarea unor grupuri de monopoluri de care dispuneau. Tiparul lui Gutenberg a deranjat biserica. Biblia a ajuns în masă la credincioși și a dispărut monopolul interpretării ei. Dar sunt multe exemple. Cu umor

Sebastien Schnoy în a sa "Istorie pentru cei care se tem de istorie" descrie reacția aceleași societăți în fața dragonului de foc, respectiva locomotiva și trenul. Oamenii erau sfătuiți să nu se urce în tren, se afirma că trenurile distrug natura, oamenii vor suferi de depresie și anxietate din cauza vitezei ridicate și multe alte nenorociri. Parcă sună cunoscut?! Nu folosiți Facebook că vi se fură datele, sunt vândute unor firme, etc. Și radioul și televiziunea au avut oponenții lor. Uneori pe bună dreptate. În anul 1938 transmisia piesei radiofonice a „War of the Worlds" a lui H. G. Welles a provocat panică în SUA lumea chiar crezând că a început un război. Parcă îi aud pe înaintașii actualilor adversari ai Facebook spunându-le vecinilor că ei nu cumpără aparate de radio și nu ascultă radioul care este... periculos.

Epilog

Nu insist asupra pericolelor Facebook. Este subiect de cărți. Mă aștept însă ca rândurile de mai sus să îi supere din nou pe adversarii Facebook. Este dreptul lor să stea departe de Facebook, este dreptul meu de a crede în rețelele de socializare ca noi forme de comunicare. Un pionier al bloggingului spunea undeva că probabil cel mai neplăcut lucru ce ți se poate întâmpla este să citești dimineața comentariile la postarea ta de ieri. Am reținut aceasta și voi citi comentariile numai seara, dar de răspuns numai celor care nu se ascund sub pseudonime dubioase. Aceasta pentru că nu pot ignora un comentariu al lui Mircea Sârbu, la o postare a mea din ianuarie 2012 http://bit.ly/VB_atentie_la_FB:

> *Adevărul este că și identitățile reale sunt adesea tratate ca nicknames. Exagerând puțin, n-am nici o garanție că sunteți profesorul Baltac și nu cumva cineva care-și asumă acest brand. Căci despre branding este (în esență) vorba. Când e vorba de sfera mea de expertiză, semnez întotdeauna cu identitatea reală și mă feresc de replici foarte tăioase sau de diverse altele care mi-ar putea afecta (acum sau în viitor) mărunta mea reputație. Dar dacă particip la un forum despre câini de rasă (sau despre trenulețe, sau acvaristică sau cine știe ce alt hobby mă lovește, ba chiar și în zona politică sau oricare alta în care sunt un biet amator) prefer un pseudonim. Nu vreau să amestec competența mea dintr-un domeniu (atâta câtă este) cu incompetența dintr-un alt domeniu. Sunt sfere diferite ale vieții mele și mă bucur că am posibilitatea să mă "multiplic" :-).*

La care i-am răspuns:

Mulțumesc si desigur sunt de acord cu ce spuneți, daca sunteți Mircea Sârbu, dar si chiar daca nu sunteți! :-))

Comentarii blog

Stan Toma Fcebook-ul este singurul mod(cunoscut de mine)de a fi in permanenta in legatura cu prietenii si familia.Articolele care-mi par mai interesante le comentam si ne spunem parerea despre ele.chiar acum articolul acesta ajunge in Australia la Nicoleta Mustatea care si-a facut ieri o masa de gradina in noua curte,la „mecatronicul"colegul al meu Pasceanu Viorel care este cu familia si mama in Irlanda ,la Marote din Germania care se va casatori in curand si cand a fost la Slobozia nu am avut timp sa vorbim,la Costel din Anglia (londra) care a luat permisul de conducere (felicitari Costele si sa fii fericit),la fata mea Aura din Bucuresti care azi lucreaza pana tarziu si o sa citeasca articolul mai tarziu ,cand vine acasa etc etc. Cred ca Faebookul este ceva bun care uneste oamenii si-i tin mai aproape ca niciodata in istoria omenirii.

Clontz Cotorontz In contrast cu Stan Toma, Facebook pentru mine e complet inutil, in sensul ca nu exista un dram de productivitate cistigata daca folosesc Facebook. Google, spre exemplu, ofera ceva folositor - spatiu de storare, un calendar, un cont de email, un motor de cautare samd. E drept ca toate astea nu sint gratis - google imi scaneaza emailurile, retine ceea ce caut si vinde informatia asta alora care-ar vrea sa-mi vinda ceva legat ce apar a fi interesat. Pus mai simplu, Google ma ajuta sa fiu mai productiv si vinde informatie lagata de cit de productiv sint. Daca vreti, e o tranzactie de afaceri. Facebook e si ea o tranzactie de afacere insa ceea ce se tranzactioneaza e familia. Desigur, nu e un lucru nou - regii isi maritau fetele din interes, nu? - dar mi-ar place sa nu amestec familia cu afacerile ... si mi-ar place sa cred ca familia e ceva diferit, foarte specific mie, imposibil de trivializat sau cuantificat. Poate ca parerea mea e o teorie falsa, insa, ca sa o sustin, nu folosesc facebook. Deloc. La nimic.

R. Farmer Dle Baltac, Sint de meserie. In 1997 (Google abia aparuse) am lucrat la un proiect de interceptare a traficului, a INTREGULUI trafic, care tranziteaza un server internet. Nu pot sa va spun de cine era finantat proiectul (era, oricum, o entitate statala legitima) si a fost livrat in mai putin de 12 luni de o echipa de 4 programatori. Nu in Romania, nici in Europa. Imi amintesc ca mi-am zis: "daca astia (entitatea statala respectiva) vor asa ceva acum, pai ceilalti (entitati statale mult mai susceptibile de a fi interesate de ce vorbeste lumea) trebuie sa aiba unealta asta de ani de zile".

Facebook?

Let's not forget what Facebook's Mark Zuckerberg famously texted his friend:

Zuck: Yeah so if you ever need info about anyone at Harvard, just ask. Zuck: I have over 4,000 emails, pictures, addresses, SNS

Friend: What? How'd you manage that one?

Zuck: People just submitted it. I don't know why. They "trust me"

Zuck: Dumb f*cks

Deocamdata, serviciile gratuite fac legea in internet. Yahoo, Facebook, Google, Twitter, Instagram si toate celelalte... modelul lor de afaceri implica permisiunea oferita publicului de a se folosi de sistemele lor in mod gratuit. Dar, daca te folosesti de ceva in mod gratuit, tu NU esti clientul. Aceste companii AU clienti care le platesc bani, dar tu nu esti dintre acestia... ceea ce inseamna ca tu esti marfa. Tot ceea ce faci prin intermediul unui serviciu gratuit scapa controlului tau in mod imediat si permanent. Aceste companii monetizeaza viata ta, vietile membrilor familiei tale si ale prietenilor tai. Inca o data, tu esti marfa, iar ei te vind oricui dispus sa plateasca. Nimeni nu furnizeaza servicii cu adevarat gratuite. Ca sa operezi un serviciu e nevoie de bani, timp si pasiune, munca zi de zi, in cea mai mare parte neinteresanta si fara sa se termine vreodata. Acestea nu sint activitati pe care sa le faci din simpla pasiune, sint activitati de anduranta si e nevoie de multa determinare. Sigur, pot fi momente de pasiune, dar un serviciu activ are nevoie de mult mai mult decit de atit. E irational sa crezi ca cineva face astfel de lucruri in mod gratuit si dezinteresat. La fel se intimpla si cu smartphone apps. Ti le ofera gratuit, sau aproape gratuit, dar iti si vind viata oricui va plati. Scopul principal al majoritatii aplicatiilor este sa te spioneze. Citeste privacy statements din cind in cind. Serviciile gratuite sint pentru fraieri. Asa a fost dintotdeauna, asa a ramas. (vezi Free Services Are for Suckers by Paul Rosenberg)

R. Farmer De cind cu scandalul NSA, dinspre guvernul american s-a vehiculat in tot felul de exprimari o lozinca mai veche: "If you have nothing to hide, you have nothing to fear" (The origin is unclear but the saying is believed to be based on George Orwell's book 1984. It has also been attributed to Nazi Joseph Goebbels.) Sen. Lindsey Graham (R-SC) e una din vocile cele mai puternice din Washington cind e vorba de sacrificarea libertatilor in schimbul securitatii. Dupa izbucnirea scandalului NSA, Graham a spus ca e fericit ca exista programul de supraveghere in masa si a precizat ca e de acord sa se cenzureze corespondenta. La care Matt Kibbe, presedintele FreedomWorks (a grassroots service center to a community of over 6 million activists dedicated to advancing the ideas of individual liberty and constitutionally-limited government) a replicat: "Domnule senator, va cerem, cu tot respectul, sa veniti cu exemplul personal si sa puneti la dispozitia poporului american parola contului dv de email. Daca nu aveti nimic de ascuns, atunci nu aveti de ce sa va temeti."

R. Farmer

1. Germanii se intorc la masinile de scris! Gasiti pe washingtontimes.com articolul "Germany reverts to typewriters to slip U.S. spies" By Cheryl K. Chumley in care puteti citi ca: "Germany, looking to keep U.S. spies at bay, has gone with a decidedly retro method of communication: typewriters. Patrick Sensburg, the nation's chief investigator on CIA and NSA surveillance matters, told a German news program that his committee is opting out of the electronic communications in favor of typewriters, Aol.com reported. Additionally, Mr. Sensburg said his committee has all members drop their cellphones into a metal box before meetings, and loud classical music plays in the background in case the office is bugged." 2. NSA spioneaza cum nici prin cap nu-ti trece! Tot pe pe washingtontimes.com puteti citi articolul: "REPORT: NSA intercepts computer deliveries, hijacks Microsoft programs" By Raphael Satter 3. Informati-va despre _NSAKEY (back door plasat in toate sistemele de operare Windows incepind din 1999) cu care se poate intra pe orice calculator/server cu OS Windows fara sa ai nevoie de parola administratorului. 4. Citeva sfaturi foarte bune pentru a va proteja (pe cit e posibil) puteti citi in articolul lui Bruce Schneier (un expert in securitate si criptografie) "NSA surveillance: A guide to staying secure" publicat pe theguardian.com (Friday 6 September 2013 14.09 BST).

Stan Toma Ce sa spioneze domnule ?Ce as avea eu Stan Toma de ascuns ?Ce secrete afla facebookul despre mine si imi pot face probleme? „Somnul ratiunii naste monstrii"

rolari Stane, pai daca tu abia ajuns la munte iti pui poza cu familia, hotul face serata cu prietenii in casa ta fara sa-l deranjeze cineva ! Somnul ratiunii naste ... prostii !

Stan Toma rolarii. „Cheia e sub pres" dar, cred ca hotii au un anumit standard . Am carti in biblioteca „Drobeta",veche de 35 de ani,televizor „goldstar" cu un peste de sticla pe el ca retarzii,aragaz ....nimic tentant.Ce este in frigider si laptopul iau cu mine in concediu.

Rolari Da dar altii au si deja e "clasic" acest tip de informare si jaf. Totusi nu uita nimic sub saltea !

Stan Toma Nici vorba,Bani sub saltea nu am avut niciodata iar codul pin este scris pe card cu pixul.Pacat ca din a doua zi a lunii este nefolositor si asa ramane pana in ultima zi a lunii. Oricum ,vorbind serios, sistemele de comunicare sunt necesare si indispensabile.S-au redus cheltuielile s-au eficientizat procese tehnologice si aplicatiile industriale ,comunicarea a devenit facila etc,etc

CARMEN PRODAN Pentru cei peste 50 ani e o noua provocare! Si eu sunt un utilizator reticent dar am observat ca:

-poti fi discret /nu in a-ti etala viata acolo

-poti fi discret in a intra/nu pe paginile prietenilor

-poti da /nu "like" cu masura!

-poti posta/nu diverse articole si prietenii isi vor da seama ce fel de om esti

-poti / nu - pierde timpul deschizand pagini in facebook.

Ce cred cu putere este ca profesorii ar trebui sa acceseze si utilizeze aceasta poarta de intrare in firea elevilor! pot indrepta cu tact anumite greseli...pot face multe daca vor! daca au chemare spre pedagogie! Daca nu, mereu vor spune " nu ma platesc astia sa fac asa!"

rolari Autorule, as putea spune ca sunt pionier in informatica si soft in special. Deci un batran cum zici tu dar cu alta tenta! Nu permiteam jocurile in atelierul pe care-l conduceam decat pentru exersarea digitatiei - utilizata apoi . Am fost si lector - prin anii 1976 tineam cursuri elevilor de informatica din Bucuresti - din placerea de a da din ce stiam eu si altora. Am plecat dintr-un Centru de calcul si am revenit fara nici o obligatie sa predau din chichitele programarii fostilor colegi - azi la INS ! Cu toate acestea nu am cont pe facebook! Ma simt prost si pentru ca o ard pe aici pe forum can sunt multe altele de facut. Zic ca ma deconectez dar ma fura uneori peisajul! Prefer dezbateri in grupuri mici in direct ! Apoi prefer sa raspund cand am chef si nu sa-mi clipoceasca ecranul - nu vreau sa stiu de nimeni decat atunci cand doresc eu. Cultura mi-o fac din studiu nu din barfele cu necunoscutii !

DESPRE "ATENȚIE LA FACEBOOK" ȘI TEORIA CONSPIRAȚIEI(2012)[1]

Am primit azi prin e-mail un mesaj de avertizare privind Facebook. Autorul este "anonim", deși în cazul unui asemenea mesaj, cred că autorul putea semna liniștit documentul, dându-i mai mare credibilitate. Cercetând amprenta informatică am găsit că autor este cineva care și-a botezat calculatorul "falex". Oare de ce nu a semnat? Posibil să creadă sincer enormitățile cu care amestecă sfaturi de altfel utile și se teme de răzbunarea conspiratorilor?

Un astfel de "manifest" nu este ceva nou. Chiar documentul în cauză este preluat pe mai multe bloguri din România, deci a prins. Sute de mii de pagini pe Internet descriu în stil catastrofic geneza și rolul Facebook, legăturile presupuse guverne, servicii secrete sau diverse organizații subversive. Fenomen mondial acceptat de aproape un miliard de oameni, Facebook a intrat și în atenția adepților teoriei conspirației alături de subiecte ca guvernul mondial, Bilderberg, sionismul, masoneria, CIA, OZN, asasinarea lui Kennedy, etc. Este un fapt real că mulți se tem și nu-și fac cont pe Facebook alături de 4 milioane de compatrioți care și-au făcut și că pe de altă parte copii de 10-12 ani contrar politicii Facebook au conturi pe această rețea și nu sunt suficient de pregătiți să înțeleagă pericolele ce-i pot paște. Lucru perfect valabil și pentru mulți adulți care publică pe Facebook detalii personale ale lor, rudelor și prietenilor cu oarecari potențiale pericole.

Precizez ca sunt prezent pe Facebook (http://www.facebook.com/vbaltac) și nu neg pericolele folosirii nu numai a Facebook, ci în general a rețelelor sociale.

---

[1] Postat pe platforma de blog a autorului "Despre tehnologia informației și ... nu numai" http://vasilebaltac.blogspot.ro/ la 10 ianuarie 2012

În cartea mea Tehnologiile Informației – Noțiuni de bază[1] la pag. 251-252 chiar afirm că:

- *Rețelele sociale au un impact major în societatea modernă, dar că în afara avantajelor certe de socializare la nivele încă neatinse în istoria societății umane, există și fenomenul de infracțiuni cibernetice sau cyber–crime. Pericolele potențiale odată cunoscute pot fi evitate:*

- *Accesul fără îndrumare și supraveghere al copiilor. În afara posibilității contactului cu infractori de felurile genuri, copii pot divulga date personale, introduce pe Internet informații importante pentru răufăcători, etc.*

- *Phishing-ul este din ce în ce mai răspândit pe rețelele sociale; persoanele neavizate sau neinstruite se pot loga pe false rețele sociale unde se produce un furt de date personale, parole, etc. Recent s-au făcut publice cazuri de contacte pe rețele sociale care erau generate de autorii de „ scrisori nigeriene" deja amintite în alt capitol.*

- *Spam-ul este și el prezent pe rețele sociale sub forma unor încercări de „prietenie" (sau „urmărire" în cazul Twitter), care pot fi în fapt și reclame mascate pentru medicamente, sau legături către furnizori de droguri sau prostituție.*

- *Intimitatea este adesea încălcată prin lipsa de grijă a participanților care încarcă fotografii, filme sau alte documente care pot fi cu acoperire de drept de autor sau cu caracter privat*

- *Distragerea de la activitățile profesionale este frecventă la persoane care accesează rețele sociale în timpul de lucru. Se ignoră faptul că angajatorul prin serviciile de resurse umane sau altfel poate constata acest lucru.*

Rețele sociale sunt utile pentru multe scopuri personale sau de afaceri. Ele însă pot fi deci și periculoase, dacă nu se conștientizează riscurile folosirii lor. Datele personale sau confidențiale nu trebuie afișate pe Internet sub niciun motiv. Rețelele sociale pot fi folosite și pentru a găsi prieteni noi, pentru conexiuni romantice sau pentru promovarea personală. Ele pot însă folosite însă greșit sau dăunător folosite și pot atinge grav intimitatea sau reputația. Mass media abundă de exemple. Un caz particular de îngrijorare este folosirea lor de către copii care pot cădea ușor victime unor răufăcători,

---

[1] Editura Aptitudini, 2011

divulgând cu ușurință informații nu numai despre ei, dar și despre părinți și mediul în care trăiesc.

Documentul primit merită discutat, deoarece demonizează Facebook, dar conține și câteva sfaturi utile. Mai întâi să reproducem documentul primit, dându-i o anumită satisfacție prin difuzarea lui autorului "falex".

ATENȚIE LA FACEBOOK

Acest mesaj este adresat tuturor celor care utilizează "FACEBOOK" sau doresc să-l utilizeze. FACEBOOK este o CAPCANA! Acest sistem nu a fost creat doar pentru PLACEREA DVS; numai cei naivi pot crede asta! In spatele FACEBOOK se află o imensă afacere, pentru care materia primă o constituie chiar VIAȚA DVS! Mesajul care urmează este un avertisment referitor la FACEBOOK. Este bine sa fiți in cunoștință de cauza. FACEBOOK este cea mai mare rețea de „socializare" din lume, având azi peste 700 de milioane de utilizatori înregistrați. Mulți cred ca FACEBOOK e utilizat conform legilor locale ale fiecărei tari. In realitate FACEBOOK este o societate californiana care funcționează după legislația Californiei (diferita chiar și de cea americana). Aceasta înseamnă ca tot ceea ce Dvs. plasați pe FACEBOOK va fi arhivat in mod LEGAL intr-o bază de date enormă (fotografii, clipuri, conversații, discuții, documente, texte etc.) și păstrat acolo chiar dacă Dvs. le ștergeți! Și, încă o dată, procedând astfel FACEBOOK este in perfecta legalitate! De altfel, toți utilizatorii FACEBOOK și-au dat acordul pentru ca datele lor personale sa fie înregistrate, conservate și utilizate in orice scop. Va surprinde? Înainte de a utiliza FACEBOOK vi s-a cerut un clic pe „accept condițiile", și, ca de obicei, nu le citiți cu atenție... Este știut ca FACEBOOK este un site gratuit. Mă veți întreba: de unde ia FACEBOOK banii pe care ii consuma pentru remunerarea celor angajați sau a colaboratorilor, pentru plata brevetelor pe care le înregistrează etc.. Răspunsul este simplu: actualmente un număr foarte mare de firme cumpăra dreptul de a consulta arhivele FACEBOOK, de unde pot obține date care ii interesează. Chiar și serviciile de apărare sau politia apelează la aceasta arhiva in cursul anchetelor pe care le întreprind. Fiți atenți! Greșelile Dvs. de tinerețe nu trebuie sa devina imposibil de șters! Evitați orice fel de fotografii compromițătoare (cu alcool, țigarete, droguri, fotografii tendențioase, intime, vulgare etc.), insulte (caci acestea pot servi ca probe in justiție), informații / date personale sau private, chiar in relațiile cu prieteni apropiați... Prietenii de azi pot deveni dușmanii de mâine!. Și toate acestea sunt valabile și pentru documente ale

> *prietenilor: mulți adolescenți pun pe FACEBOOK poze ale prietenilor in ideea ca aceștia nu vor fi deranjați, chiar daca unii sunt minori și ar avea nevoie de acordul părinților... Cereți totdeauna consimțământul persoanei a cărei fotografie o postați pe FACEBOOK! Nimeni nu poate invoca necunoașterea legii, nu puteți spune in instanță „nu am știut"! Folosiți cum doriți aceste informații. Cel puțin sunteți prevenit! De altfel, se poate pune și întrebarea de principiu in legătura cu FACEBOOK: la ce folosește o asemenea exhibare a vieții private? FACETI SA CIRCULE ACEST MESAJ! NU VĂ VA LUA DECAT CATEVA MINUTE. VETI FI MAI LINIȘTIT ȘI DVS, CA ȘI CORESPONDENTII DVS. MULTUMESC!*

Nu este intenția mea să continui cu multe detalii privind Facebook, voi face numai câteva comentarii la documentul primit și care circulă pe Internet. Se spune în el că

> *"FACEBOOK este o CAPCANA! Acest sistem nu a fost creat doar pentru PLĂCEREA DVS; numai cei naivi pot crede asta!"*

Am vizionat și eu filmul *The Social Network* și am citit multe cărți printre care cea mai apreciată de mine este *The Facebook Effect autor David Kirkpatrick* . Facebook a fost creat de Mark Zuckerberg care ca student a avut o idee genială. Nici el, nici alții nu au bănuit ce impact global va avea opera lui. Mă număr deci printre naivii care cred că Facebook a fost creat pentru plăcerea oamenilor de a folosi util și plăcut tehnologiile digitale. Se continuă patetic cu

> *"In spatele FACEBOOK se află o imensă afacere, pentru care materia primă o constituie chiar VIAȚA DVS!".*

Afacere a devenit într-adevăr, chestia cu materia primă viața noastră este o figură de stil a unui literat amator. Afirmația că

> *"tot ceea ce Dvs. plasați pe FACEBOOK va fi arhivat in mod LEGAL intr-o bază de date enormă (fotografii, clipuri, conversații, discuții, documente, texte etc.) și păstrat acolo chiar dacă Dvs. le ștergeți!"*

are în ea parte adevăr, baza legală, și o presupunere nedovedită, păstrarea informației chiar dacă o ștergem. Autorul presupune că nu știm și îl întrebăm *"de unde ia FACEBOOK banii pe care ii consuma pentru remunerarea celor angaja⊡i sau a colaboratorilor, pentru plata brevetelor pe care le înregistrează etc.".*

și ne dă răspunsul dorit conform teoriei conspirației

"un număr foarte mare de firme cumpăra dreptul de a consulta arhivele FACEBOOK, de unde pot ob⊡ine date care ii interesează. Chiar și serviciile de apărare sau politia apelează la aceasta arhiva in cursul anchetelor pe care le întreprind".

Demonstrația lipsește însă ...Mă uit chiar la pagina mea pe Facebook și vad că azi sunt prezente reclame pentru piese auto ieftine, eliminarea depresiei, matchmaking, etc. Aceasta este sursa de venituri a Facebook și nu este un secret ca să inventăm altceva misterios. Adevărul este că nu numai diverse servicii, dar oricine poate căuta pe Facebook și obține informații uneori periculoase pentru persoana respectivă. Citeam de curând că într-o țară totalitară serviciile secrete află mai ușor ca înainte care sunt "prietenii" dizidenților.

Sfaturile care urmează în continuare în document privind fotografii, documente, etc. sunt utile și este bine să fie urmate. Ceea ce însă nu justifică și concluzia: *"la ce folosește o asemenea exhibare a vie⊡ii private?"* Sute de milioane de oameni își dau singuri un răspuns la întrebare: socializare, informare, marketing, publicitate, etc. Desigur, că sfaturi de precauție sunt necesare și nu trebuie să lipsească pe Internet. Pe Facebook sunt persoane cu identități false, se face spam sau phishing, se manipulează oameni, se creează conturi ale unor personalități fără voia lor, se formează grupuri cu conotații la marginea legii, etc. Facebook nu este un paradis și nu este intenția mea să-l prezint în acest fel. Este nevoie de mai multă instruire și educație în folosirea acestui instrument Internet, mai ales că extrem de mulți tineri din generația pe care eu o numesc fără a fi peiorativ Generația Facebook folosesc rețeaua comițând multe greșeli care îi pot costa. Pledez pentru oricâte "manifeste" cu sfaturi utile, dar fără dezinformare, demonizare și elemente evidente de "teoria conspirației". Și parafrazez încheierea documentului primit:

FACETI SA CIRCULE ȘI ACEST MESAJ ALĂTURI DE CELĂLALT! NU VĂ VA LUA DECAT CATEVA MINUTE. VETI FI MAI LINIȘTIT ȘI DVS, CA ȘI CORESPONDENTII DVS. MULTUMESC!.

Comentarii blog

Anonim Mircea Sârbu a postat pe Google+ urmatorul comentariu la acest post:

Sunt aproape în totalitate de acord cu comentariul dvs. de pe blog. Spun "aproape" pentru că lăsaşti să se înţeleagă că identităţile false sunt ceva rău în vreme ce eu cred că, în anumite condiţii, sunt acceptabile. Acele "anumite condiţii" se referă la trolling, spamming, phishing etc.

Adevărul este că şi identităţile reale sunt adesea tratate ca nicknames. Exagerând puţin, n-am nici o garanţie că sunteţi profesorul Baltac şi nu cumva cineva care-şi asumă acest brand. Căci despre branding este (în esenţă) vorba.

Când e vorba de sfera mea de expertiză, semnez întotdeauna cu identitatea reală şi mă feresc de replici foarte tăioase sau de diverse altele care mi-ar putea afecta (acum sau în viitor) mărunta mea reputaţie. Dar dacă particip la un forum despre câini de rasă (sau despre trenuleţe, sau acvaristică sau cine ştie ce alt hobby mă loveşte, ba chiar şi în zona politică sau oricare alta în care sunt un biet amator) prefer un pseudonim. Nu vreau să amestec competenţa mea dintr-un domeniu (atâta câtă este) cu incompetenţa dintr-un alt domeniu. Sunt sfere diferite ale vieţii mele şi mă bucur că am posibilitatea să mă "multiplic" :-).

Pe de altă parte, un nickname poate fi mai catching (sau chiar mai reprezentativ) decât un nume real şi poate fi asumat iar în jurul său se poate clădi o reputaţie, un veritabil brand. Face parte din ethosul Reţelei şi are un avantaj important: caracterul efemer. De când sunt pe reţea (vreo 20 de ani) m-am schimbat şi mi-am schimbat uneori radical opiniile. Unele nu mă mai reprezintă şi nu vreu să rămână pe veci atârnate de identitatea mea reală. Nu vreau să trişez, ci doar să mă apăr de o memorie care n-are flexibilitatea contextuală şi afectivă a memoriei umane. Desigur, nu există anonimat perfect, dar pseudonimele asumate pot fi onorabile. Un articol fascinant (din 1996!) care atinge şi această temă: http://www.wired.com/wired/archive/4.01/channeling_pr.html

Vasile Baltac Domnule Mircea Sarbu,

Multumesc si desigur sunt de acord cu ce spuneti, daca sunteti Mircea Sarbu, dar si chiar daca nu sunteti! :-))

Si eu am cateva identitati de tip pseudonim pe Internet si chiar pe Facebook, dar le folosesc in scopuri "pasnice".

Ma gandeam in interventia pe blog numai la folosirea de identitati false in scopuri in afara legii sau a netichetei. Ca sunt de acord cu anonimatul in anumite cazuri o demonstreaza si un paragraf din cartea mea recenta destinata *alfabetizarii digitale Tehnologiile Informatiei Notiuni de baza unde la pag. 206 spun ca un avantaj al listelor este:*

Anonimatul: Participantul este identificat după adresa sa de E-mail şi după conţinutul mesajelor. Se creează astfel posibilitatea unei prime impresii bazate pe conţinutul mesajelor şi nu determinate de personalitatea celui ce intervine. Aprecierea intervenţiilor după conţinut elimină subiectivismul şi poate crea reputaţii în rândul membrilor listei.

Linkul la WIRED este extrem de relevant pentru complexitatea subiectului pseudonimelor si anonimitatii, subiect care desigur nu are punct zero Internetul .

FORUMUL DE LA DAVOS: REVOLUȚIA TEHNOLOGICĂ - PERICOL SAU OPORTUNITATE?![1]

Forumul de la Davos a avut ca temă în acest an impactul celei a patra revoluției industriale asupra societății și mai ales provocările pe care le produce. Fără a pune la îndoială la îndoială beneficiile acesteia mulți participanți și au manifestat îngrijorarea față de consecințele sociale ale acestei revoluții, mai ales sub aspectul exacerbării inegalităților și a locurilor de muncă. Noile tehnologii sunt oare binele sau răul societății de mâine?

Revoluția industrială

Nimeni nu contestă că suntem martorii unei noi revoluții industriale produse de tehnologiile digitale care într-un timp extrem de scurt, cam jumătate din durata vieții unei persoane, ne-a schimbat viața tuturor. Nu cred ca mai este cineva care să își poată imagina că poate reveni la viața de acum 40-50 ani fără a mai avea telefoane inteligente, tablete, laptopuri, Internet, rețele sociale, GPS, carduri bancare, comerț online, camere web, etc. (vezi figura). Toate domeniile activității umane sunt influențate de aceste tehnologii și nu numai influențate ci dependente. Nu este exagerat să afirmăm că în întrerupere majoră a serviciilor digitale ar paraliza societatea umană. De unde apare totuși îngrijorarea?

Noi vulnerabilități globale

Tehnologiile digitale ne-au schimbat viața în bine atât la locul de muncă unde efortul fizic și mental al oamenilor este mai mic ca acum câteva decenii în condițiile unei productivități net superioare, cât și viața de zi cu

---

[1] Postat pe platforma Adevarul.ro http://adevarul.ro/blogs/vasile.baltac la 27 ianuarie 2016

zi prin noul nivel de interacțiune cu ceilalți oameni, informare, contactul cu administrațiile publice. Se afirmă chiar că am intrat într-o nouă formă de democrație influențată de mijloacele electronice, numită chiar eDemocrație. Au apărut însă și numeroase vulnerabilități. Prima este chiar dependența de sistemele informatice de tehnologiile digitale. Suntem asigurați că sistemele sunt fiabile că ele funcționează 24 ore din 24 fără greș. Și totuși zi de zi aflăm că un sistem automat sau altul s-a defectat. Am aflat recent că o linie de metrou nu a funcționat într-o mare capitală europeană pentru că sistemul de automatizare nu a funcționat și trenurile sunt fără pilot. Să nu mai vorbim de desele opriri ale sistemului de carduri de sănătate de la noi. Sistemele informatice sunt din ce în ce mai complexe și realizate într-un termen scurt, vulnerabilitățile fiind inerente. Una dintre vocile cele mai competente din domeniul IT, fostul CEO al Google Eric Schmidt afirmă că "Internetul este primul lucru pe care omul l-a construit și pe care nu-l înțelege complet, cel mai mare experiment în anarhie". Un motiv de îngrijorare care a fost prea puțin discutat la Davos. O a doua vulnerabilitate este lipsa de securitate. Rețelele informatice sunt penetrate relativ ușor, uneori din deficiențe constructive, dar cel mai des din ignorarea unor reguli elementare de către utilizatori. Omul este veriga cea mai slabă în sistemele digitale. Clasica parolă de acces a devenit inutilă prin facilitatea cu care este aflată de cei care nu ar trebui să o cunoască, fie prin keylogging, fie din neglijența persoanei care o folosește. O a treia vulnerabilitate majora este proliferarea de programe dăunătoare sau distructive (malware), în cele mai diverse forme: viruși, troiani, spioni digitali, spam, etc. și tentativele de penetrare sau blocare a rețelelor. Considerată probabil problemă tehnice și aceste vulnerabilități au fost puțin discutate la Davos. A fost discutată în schimb vulnerabilitatea produsă de prezența grupărilor teroriste pe Internet și în rețelele sociale. Vulnerabilitate reală și foarte greu de rezolvat, datorită principiilor Internet de sistem deschis.

Îngrijorare la Davos

Principala temă de îngrijorare la Davos a fost reacția societății la schimbările produse de revoluția industrială. Un sentiment de teamă a fost vizibil în multe luări de poziție. Mergem spre mai bine sau spre mai rău? Vicepreședintele SUA Joe Biden a fost foarte explicit: "Cred că în ansamblu aceste transformări sunt schimbări în bine. Dar ele sunt însoțite de pericole reale și trebuie să fim proactivi. Din ce va trăi muncitorul din depozit care expediază comanda dvs. şi agentul de vânzări care v-o ia când el sau ea nu vor mai fi necesari?" Primul ministru al Canadei Justin Trudeau s-a întrebat dacă revoluţia tehnologică îmbunătăţeşte viaţa oamenilor sau nu. Un raport difuzat la deschiderea forumului avansează cifra de 5 milioane de locuri pierdute până în anul 2020 din cauza schimbărilor tehnologice. În fapt aceasta pare a fi fost îngrijorarea principală: pierderea unor locuri de muncă. În plus o anumită spaimă de roboţi care ar ameninţa anumite profesii înlocuind oamenii, citate fiind medicina şi avocatura. Aşa să fie oare?

Roboţii iau locul oamenilor?

Dacă printre cititori sunt şi unii care lucrează la Uzinele Dacia sau Ford Craiova, sigur vor afirma că este adevărat. Unii muncitori din liniile de asamblare sunt înlocuiţi de roboţi industriali şi trebuie să se recalifice. La fel în multe alte industrii prelucrătoare. Documentul prezentat la Davos subliniază o tendinţă, nu un pericol imediat. Statisticile arată că în România în industria prelucrătoare lucrează sub 100 mii persoane dintr-un total de 9 milioane persoane ocupate. Afectate de impactul roboţilor industriali ar fi cam 40 mii persoane în viitorii zic eu 6-10 ani. Cam 0,5% din populaţia ocupată. Departe de alarma din titlul care ne dă fiori: Forumul Economic Mondial: 60% din locurile de muncă ale românilor, în pericol să dispară din cauza tehnologizării. La Davos s-a vorbit despre roboţi gândindu-se nu numai la roboţii industriali ci mai ales la aplicaţiile informatice care ar automatiza anumite procese. Aplicaţiile din medicină şi avocatură înlocuiesc medicii şi avocaţii? Răspunsul meu este că sigur nu, îi fac numai mai eficienţi. Faptul că de câte ori suntem bolnavi căutăm pe Internet tratamente şi medicamente desfiinţează medicii? Nu mai mult decât se întâmpla acum 30-40 ani când nu exista Internet şi oamenii căutau în cărţi precum "Agenda medicală", "Medicina în familie", etc. Restructurarea unor profesii sau chiar dispariţia lor nu este ceva nou. Toate revoluţiile industriale au avut acest efect. Birjarul a dispărut odată cu apariţia automobilului, fochistul plin de praf de cărbune odată cu dispariţia locomotivelor cu aburi, frânarul de pe vagoanele de marfă (cei mai în vârstă poate îşi mai amintesc de ei!) odată cu apariţia sistemelor automate de frânare, sacagiul odată cu apariţia reţelelor de alimentare cu apă, etc. Revoluţia tehnologică a făcut şi ea "victime". Vă mai amintiţi de dactilografele care erau omniprezente în fiecare birou cu maşinile lor de scris? Dar de telefonistele care operau centralele manuale? Dar de taxatorul prezent în tramvaie şi autobuze? De agentul de circulaţie care stătea în borcan sau în mijlocul intersecţiei? Lista ar putea continua. A fost oare dispariţia acestor profesii o tragedie pentru societate? Locurile de muncă apar şi dispar din motive strict economice sau ca urmare a tehnologiilor noi. Problema este dacă apar altele noi şi mai ales dacă oamenii doresc să se recalifice în noile meserii. La Davos s-a afirmat pe drept cuvânt că elevii de azi nu vor mai lucra în meseriile părinţilor şi bunicilor lor. Pot da un exemplu care îmi este familiar. Acum 60 ani în domeniul calculatoarelor electronice apărea prima meserie nouă, aceea de programator. Acum în domeniu există 40 competenţe profesionale inventariate de Uniunea Europeană (e-CF:eCompetence Framework).

Locuri noi de muncă

La Davos s-a amintit de 5 milioane de locuri de muncă care dispar ca urmare a revoluţiei industriale. Nu s-a vorbit suficient de câte locuri noi de muncă apar ca urmare a aceleiaşi revoluţii. Cu siguranţă mult peste 5 milioane. Un raport al Uniunii Europene estimează pentru anul 2020 un deficit de 850 mii persoane în domeniul IT în Europa. S-a creat chiar o coaliţie pan-europeană (Grand Coalition for Digital Jobs) pentru promovarea locurilor de muncă în IT. Sectorul IT ocupă în România deja aproape de 2 ori mai multe persoane ca industria prelucrătoare. Sectoarele de servicii cresc rapid şi absorb forţa de muncă care este restructurată datorită progreselor tehnologice. Nu vreau să simplific prea mult parametrii discuţiei şi să nu amintesc că există rezistenţă la schimbare, sau cum s-a spus la Davos şi actuala revoluţie industrială se produce cu dureri şi vor exista şi victime cum afirma Satya Nadella (CEO al Microsoft CEO). Se produc noi decalaje şi inegalităţi. Joe Biden se întreba dacă nu dispare clasa de mijloc, considerată până acum motor al economiei. Decalaje se produc fără îndoială, cel mai mare fiind decalajul digital despre care am mai discutat în altă postare. Cât despre postare în absenţa altor argumente, tind să cred că revoluţia digitală o va întări şi nu o va face să dispară. Un decalaj discutat a fost acela al sexelor. Revoluţia digitală ar trebui să creeze o egalitate între sexe, realitatea arată că numărul femeilor care au locuri de muncă în noile condiţii tehnologice este departe de un normal 50%. Sau cum spunea plastic Christine Lagarde, şefa FMI: Auzim multe despre un Internetul al Lucrurilor – Avem nevoie şi de un Internet al Femeilor.

Competențe digitale

Cea mai acută inegalitate și care le afectează pe cele mai multe persoane în contextul revoluției industriale și a dinamicii locurilor de muncă este aceea a competențelor digitale. Imensa majoritate a locurilor de muncă actuale necesită anumite competențe digitale. Deja din 2015, 90% din locurile de muncă vor necesita cel puțin competențe digitale de bază se afirmă în documentul ICT for Jobs al Agendei Digitale a Uniunii Europene. Depinde și ce fel de competențe digitale! Există competențe de cultură generală digitală ale persoanelor care știu să navigheze pe net, să trimită un email și să scrie pe forumuri și cam atât consideră că ar fi suficient. Locul de muncă digital pretinde nivele diferite de la alfabetizat digital la expertiză digitală după cum se prezintă pe larg într-o carte recentă despre Lumea digitală. Tinerii care au crescut cu acces la tehnologiile informației și Internet și le consideră normale, nativii digitali, se adaptează mai simplu. Studii recente arată însă că nici ei nu posedă cunoștințele necesare pentru locul de muncă modern, rezumându-se la competențe de cultură generală. Un studiu pe această temă se numește chiar Decepția Nativului Digital (The Fallacy of the 'Digital Native': Why Young People Need to Develop their Digital Skills) Persoanele de vârsta doua și a treia care trebuie să învețe să folosească aceste tehnologii prezintă reluctanță la apropierea de tehnologiile digitale. Eroare care îi dezavantajează în competiția pentru noile locuri de muncă și cu atât mai mare cu cât asimilarea acestor tehnologii este ușoară și prietenoasă. Pe de altă parte la întrebarea dacă aveți competențe digitale pentru locul de muncă actual, cele mai multe persoane (75-85%) afirmă că da, teste diverse arătând că 70-80% nu le au. Un sondaj de cultură generală digitală poate da o indicație privind nivelul actual al unei persoane. Concluzia este simplă. La nivel național, local și individual sunt necesare eforturi de dobândire de competențe digitale. De ele depinde supraviețuirea în fața provocărilor celei de a Patra Revoluții Industriale. Forumul de la Davos confirmă această concluzie.

Comentarii blog

miron miron Dezvoltare industrial, automobile. telefoane mobile, laptopuri, tablete, internet, toate pentru generatia noasta. Toate aceste tehnologii aduc multa poluare si dezastre ecologice, nu s-a vorbit nimic, asta asa pentru generatiile viitoare...

JIM BEAM Exista tehnologie superavansata de ce avem acum si de peste 100 de ani !.Ea a fost dezvoltata de Tesla , si daca-i dau drumul de sub lacat va fi spre binele si dezvoltarea umanitatii !.Nu mai traim pe timpul inchizitiei cind erau omorati oamenii de stiinta ,savanti,doctori si chirurgi sub suspiciuni de vrajitorie sau paraciune la biserica..!.Chiar Obama a spus intr-un discurs de acum citiva ani sa se dea drumul la tehnologie ..

Operatorul de Serviciu @miron miron: "... aceste tehnologii aduc multa poluare si dezastre ecologice, nu s-a vorbit nimic, ..." Deoarece cei afectati primordial sunt africanii, caci la ei sunt "gropile mondiale de gunoi electronic".

Vasile Baltac Ar fi interesant de menționat măcar o referință două privind africanii și "gropile mondiale de gunoi electronic" și în ce constau.

Operatorul de Serviciu @Vasile Baltac: De exemplu: www.dailymail.co.uk/news/article-3049457/Where-computer-goes-die-Shocking-pictures-toxic-electronic-graveyards-Africa-West-dumps-old-PCs-laptops-microwaves-fridges-phones.html www.pcworld.com/article/2878492/west-africa-turns-into-dumping-ground-for-ewaste.html etc. etc.

"Statisticile arată că în România în industria prelucrătoare lucrează sub 100 mii persoane dintr-un total de 9 milioane persoane ocupate. Afectate de impactul roboților industriali ar fi cam 40 mii persoane în viitorii zic eu 6-10 ani. Cam 0,5% din populația ocupată." statisticile arata ca sectorul cu cea mai mare pondere in economie e cam peste tot transportul(vorbim de economii dezvoltate, nu de agricultura de subzistenta din Africa). Cam care ar fi impactul unei masini fara sofer? Nu doar soferi, ci toata extinderea orizontala. De la motelul pt. soferi pana la toata logistica din spatele soferului, care ar deveni in proportie de peste 80% inutila. asta ca sa vorbim de un soc care va veni in sub 15 ani(15 ani ca sa fie adoptat in masa, nu ca sa apara). "Nu s-a vorbit suficient de câte locuri noi de muncă apar ca urmare a aceleiași revoluții. Cu siguranță mult peste 5 milioane." - lala land and wishful thinking... etc etc

vorbim de: soferi + cam tot ce'i in spatele curieratului + majoritatea productiei masini(de ce ai mai avea nevoie de masina personala? vine la tine una libera...) + industria orizontala asociata productiei de masini(de la tabla la electronica) +... = probabil un cinstit 20+% din forta de munca a unei tari dezvoltate. Ii facem pe toti IT-sti si roboticieni? Sa mor ca 95% din aia pe care incerc sa'i invat programare nu dovedesc nici un talent in aceasta directie...

Stanila Ion Cele "9 milioane de persoane ocupate" sunt, cred, o scapare. Doar daca sunt cuprinsi si cei care nu lucreaza in Romania sau studentii.

Jean Maurer Daca soarele va avea niste explozii/furtuni mai serioase, tarile moderne vor fi paralizate. Ar trebui sa existe si un plan B la acest pericol.

Operatorul de Serviciu @Jean Maurer: "Daca soarele ..." similar, armele EMP (arme bazate pe impulsul electromagnetic).

Vasile Baltac Sunt convins că pentru sistemele sensibile există planuri B. Să nu uităm că o mare parte din traficul Internet și de comunicații se face prin cabluri terestre și submarine cu fibră optică neperturbate de furtunile solare

K M Problema e ca toate acele cabluri , inclusiv fibra optica, sunt conectate la niste dispozitive care vor fi afectate de o furtuna solara .

Operatorul de Servici D-le Baltac, ati ales un mod neinspirat sa va faceti reclama la cartea scrisa de d-voastra, carte pe care o recomandati voalat in articol: "Lumea Digitala / Concepte Esentiale" www.elefant.ro/carti/carti-de-specialitate/stiinte-exacte/computere-it/lumea-digitala-concepte-esentiale-273408.html Traind intr-o lume computerizata inbunatatirea "competentelor digitale" poate fi benefica. O justificare rezonabila pentru cartea. La modul umoristic, starea de fapt este redata binisor de revelatia cancelarei Merkel din 2013: ""Internetul este o Lume Noua pentru noi toti". Daca tot va spicuiti referatul cu citate, macar asigurati-va ca le si intelegeti. De exemplu, Erich Schmidt/Google: ""Internetul este primul lucru pe care omul l-a construit şi pe care nu-l înţelege complet, cel mai mare experiment în anarhie". In original reflectia atribuita lui Schmidt este: "The Internet is the first thing that humanity has built that humanity doesn't understand, the largest experiment in anarchy that we have ever had." Intre "om" si "umanitate" este o mare diferenta. Afirmatia atribuita lui Schmidt a fost facuta in contextul "My fears for Generation Facebook", a temerilor referitoare la generatia Facebook, care in inconstienta "dezvaluie/publica" continuturi, asupra carora isi pierd dreptul de autor, fara a intelege consecintele de rigoare. Este vorba despre imposibilitatea controlului "trecutului cibernetic personal". Pe scurt este o reflectie referitoare la "perceptia sociala, umana" a Internetului, si nicidecum la aspectele technologice, de procedura. "Joe Biden se întreba dacă nu dispare clasa de mijloc, considerată până acum motor al economiei." Disparitia clasei de mijloc americane este o stare de fapt prezenta nu o predictie de viitor si nu este cauzata de robotii "Industriei 4.0". Este cauzata de transformarea proceselor de afaceri, ale Globalizarii, ale migrarii capacitatii de productie in zone ale fortei ieftine de lucru. Altfel spus "robotii" actuali sunt chinezii, indienii, romanii, ungurii, polonezii, bulgarii, etc. In text faceti referinta la un document prezentat la Davos: "What happens when robots take our jobs?" semnat de Xavier Mesnard. Amuzant este faptul ca articolul cu pricina, prezinta modelul fabricii cu doi angajati: un om si un caine. Omul hraneste cainele si cainele pazeste omul, sa nu se atinga de roboti". Altfel spus "competentele digitale", devin de prisos, in contradictie cu scopul d-voastra. Lista e lunga, dar ma opresc aici.

Vasile Baltac Scuze, Linkul la librărie era atașat titlului parțial al cărții dintr-un paragraf dintr-un fișier word cu altă destinație. Am înlăturat link-ul respectiv. Citatul din Eric Schmidt vă asigur că l-am înțeles. Apreciez faptul că sunteți de acord că sunt necesare competențe digitale. Era unul din mesajele transmise

Iulian Arion Oportunitate: Actualul nivel al dezvoltării tehnologiei informației permite exercitarea democrației directe la costuri incredibil de mici, prin votul on line (in timp real). Pericol: Politicienii nu mai pot manipula informațional societatea. Oricine poate verifica din mai multe surse veridicitatea unor prezumtive fapte. Oportunitate: Oamenii pot avea acces on line la cursuri ale marilor universități Pericol: Fabricile românești de diplome universitare pot dispărea

Operatorul de Serviciu @Iulinan Arion: "...permite exercitarea democrației directe la costuri incredibil de mici, prin votul on line (in timp real)." Fals! In sistemele informationale, ORICE informatie poate fi manipulata. Votul online este un candidat major. "Politicienii nu mai pot manipula informațional societatea. Oricine poate verifica din mai multe surse veridicitatea unor prezumtive fapte." O iluzie cum scrie la carte. "Oamenii pot avea acces on line la cursuri ale marilor universități" Astfel de informatii necesita apriori un nivel de cunostinte si experienta, pe care un novice nu le poseda. Rolul profesorului este de neinlocuit. Afirmatie valabila si pentru sistemele e-learning. Informatiile pretioase nu sunt "pe gratis". Mai mult ca oricand ele sunt pazite cu strictete. Legislatia patentelor si a cunostintelor "know-how" e doar un indiciu. Cazul Aaron Schwarz este un exemplu concludent: en.wikipedia.org/wiki/Aaron_Swartz

Iulian Arion Votul on line poate fi fraudat, dacă este nesecurizat. Pentru infracțiuni informatice îndreptate împotriva ordinii de drept, împotriva sistemului democratic, sancțiunile trebuie să fie cel puțin la fel de aspre precum cele aplicate fasificatorilor de moneda. Cursurile on line nu exclud rolul profesorului în educația individului. Cursurile on line trebuie cumpărate de guvern. Mă refer la cursurile universitare. Am exprimat idei. Nu dau verdicte, chiar dacă așa pare:)

Iulian Arion Mulțumesc pentru link. Guvernul actual nu este capabil să cumpere cursuri de antreprenoriat de la universitațile americane sau britanice. Tot învățământul economic superior economic este marxist. România are nevoie de o școală superioară de atreprenoriat.

Iulian Arion "...prezintă reluctanță la apropierea de tehnologiile digitale." RELUCTÁNȚĂ, reluctanțe, s. f. (Fiz.) Mărime egală cu raportul dintre tensiunea magnetică de-a lungul unui circuit și fluxul magnetic care străbate circuitul. ◊ Reluctanță specifică = reluctivitate. – Din fr. réluctance.

Iulian Arion Problema societății românești nu este tehnologia informației. Problema este drenarea sângelui economiei, banii, prin taxe și impozite către crima organizată a decontărilor produselor şi serviciilor publice fictive. Actualul prim ministru a refuzat să prezinte o execuţie bugetară pe conturi contabile la preluarea mandatului. Mai grav, a mărit de la 30 mld lei la 33 mld lei suma alocată "investiţiilor". Atât lui cât şi celorlalţi miniştrii care se vor scuza că ei nu au ştiut ce fac subordonaţii lor: Se delegă autoritatea către subordonaţi. Responsabilitatea este a celui care conduce. Aşa a fost din totdeauna. În faţa legii, responsabilul este cel din vârful piramidei ierarhice. Putem cere oamenilor să se pronunţe pentru acest principiu, prin DA sau NU. Ideea că un prim ministrul sau un ministru al apărării este infailibil, intangibil pe parcursul exercitării mandatului este fundamental greşit, iar pentru ei este o iluzie.

CALCULATORUL GÂNDEŞTE DEJA CA UN OM? TESTUL TURING ÎN ACTUALITATE[1]

Autorul acestor rânduri crede că maşinile, roboţi sau programe informatice, se vor apropia de om, dar nu îl vor depăşi. EUGENE GOOSTMAN este primul robot care ar fi trecut testul Turing şi ar fi fost confundat cu un om. Pare a fi un eveniment real, dar naşte multe întrebări privind rigurozitatea ştiinţifică a testului şi concluziilor sale. Dar mai ales asupra viitorului!

Testul Turing

Alan Turing, matematician englez de geniu al cărui centenar de la naştere a fost celebrat recent, a prezis că o maşină va manifesta inteligenţă într-o manieră care o va face să fie confundată cu un om. Mai mult a imaginat un test publicat în anul 1950. În varianta modernă un număr de judecători (oameni) analizează răspunsurile unui robot şi votează dacă este om sau robot. Prin robot se înţelege un program de calculator rulat pe un calculator sau alt dispozitiv digital, indiferent de performanţele acestuia. Anul acesta, pe 7 iunie 2014, la Universitatea din Reading, Anglia, a fost organizat un nou concurs cu testul Turing câştigat de programul informatic Eugene Goostman care pretindea că este un copil ucrainean de 13 ani, care nu vorbeşte bine limba engleză, dar gândeşte la acest nivel de vârstă. Juriul în proporţie de 33% l-a considerat a fi un copil adevărat, ceea ce l-a făcut pe organizatorul concursului să considere că pentru prima dată un robot dotat cu inteligenţă artificială a trecut testul Turing şi aceasta s-a petrecut la exact 60 ani de la moartea tragică a lui Turing şi aproximativ în intervalul de timp prezis de acesta. Mass-media a preluat entuziasmată concluzia. Au apărut titluri cu alură de senzaţional cum că am fi la pragul de la care maşinile ar putea fi deja confundate cu oamenii, că a fost nevoie de un

---

[1] Postat pe platforma Adevarul.ro http://adevarul.ro/blogs/vasile.baltac la 11 iunie 2014

supercalculator, că testul a fost organizat la Academia Regală Britanică, când de fapt a fost organizat de o universitate, etc. Specialiştii au fost mai reţinuţi. Se apreciază că procentul de 33% al celor din juriu păcăliţi de copilul Eugene Goostman este prea mic pentru a se considera că a trecut testul Turing. De fapt, păcălit a fost numai unul dintre cele trei persoane din juriu. Se mai spune că Eugene Goostman trebuia să fie un adult şi să vorbească nativ limba în care i se puneau întrebările. Şi multe alte obiecţii. Există şi păreri că testul Turing poate fi circumventat şi că nu este o dovadă că maşinile gândesc. De fapt, în anii care au trecut de la formularea testului Turing au mai existat programe de inteligenţă artificială care au pretins că au trecut testul cum au fost ELIZA în 1966 şi PARRY în 1972. Evenimentul recent nu poate fi însă minimalizat. Testul a fost organizat cu mai multe grade de independenţă, nu au existat întrebări cunoscute în prealabil. Este sigur un pas înainte în simularea gândirii umane şi încercarea de a-i descoperi mecanismele sale intrinseci.

Maşini care gândesc?

Cu siguranţă nu ne aflăm în faţa unei descoperiri epocale, ci a unui pas mic dar important înainte. Încă e la apariţia calculatoarelor oamenii au fost preocupaţi de ideea că maşinile gândesc şi la un moment dat ne vor depăşi. Să nu uităm că însuşi Turing a fost preocupat de subiect şi că a scris un articol despre maşinile care pot gândi în 1950, când erau puţine calculatoare electronice în lume şi toate din prima generaţie lente şi neperformante. Turing lucrase însă în timpul războiului cu Collossus Mark 1, un supercalculator ultrasecret al vremurilor acelea, cu care descifrase codurile maşinii germane de codat ENIGMA. Mintea lui strălucită de matematician de geniu nu putea să nu întrevadă posibilitatea ca maşinile să amplifice gândirea umană.

Să amplifice sau să înlocuiască şi depăşească?

Autorul acestor rânduri crede că maşinile, roboţi sau programe informatice, se vor apropia de om, dar nu îl vor depăşi. Apropierea este asimptotică, distanţa este din ce în ce mai mică, dar niciodată zero. Omul a creat mii de instrumente care să-l ajute în relaţia cu mediul înconjurător, suplinind forţa redusă a mâinilor, viteza redusă a picioarelor, slăbiciunea relativă a ochilor, gama sa redusă de mirosuri, etc. etc. Odată cu apariţia calculatoarelor a început fenomenul de amplificare a proceselor de gândire. La început accelerarea proceselor de calcul, ajungând în prezent la interacțiunea socială și noile direcții cum sunt big data ne vor aduce multe surprize.

Comentarii blog

Alexandru Robert Testul lui Turing este mai puțin un test de inteligență și mai mult o definiție ad-hoc a inteligenței. Tema "Calculatoarele sunt/pot fi/pot deveni inteligente" are o mare problemă: CE ÎNSEAMNĂ INTELIGENT? Să presupunem că discutăm despre inteligența a altceva. Găsim ceva, necunoscut, și ne punem problema DACĂ acel ceva ESTE inteligent? Dacă este cald? Punem mâna pe el (sau un termometru alături de el) și aflăm. Pentru că dacă simțim căldură (sau termometrul indică o temperatură mai mare decât...) ȘTIM că este cald. Similar pentru "luminos", "greu", "mare", "zgomotos" etc. Dar pentru INTELIGENT? Cum stabilim dacă ceva care nu este uman este sau nu inteligent? Un arbore, un delfin, câinele de salvare, o stea, un bolovan, o cascadă, un ghețar, un pârâu, o furnică, un mușuroi ... sunt, se poate spune că ar fi inteligente? Dincolo de nivelul unei povestiri romantice sau fantastice? Problema a devenit mai stringentă odată cu apariția calculatoarelor. În anumite feluri calculatorele "par" inteligente. Oamenii de rând (de exemplu managerii) se așteaptă ca un calculatori (de exemplu cel cumpărat de firmă și folosit de băiatul ăla, IT-stul) să REZOLVE probleme. A apărut și o anumită fobie (logică, ca și la apariția mașinilor, "ne vor lua job-urile, ne vor face șomeri"), cărora cei care chiar știu ce este cu calculatoarele se grăbesc să îi răspundă cu mesaje liniștitoare de genul celui citit în articol ("calculatoarele nu vor depăși..."), sau care pun accentul pe rolul omului (calculatorul nu poate rezolve decât ceea ce un om, programatorul, îl programează să ...")... sunt și altele. Aici apar cele două teme principale, cel din titlu și cel referitor la limite: Turing a răspuns acum șase decenii la prima chestiune: DEFINIȚIA INTELIGENȚEI. Răspunsul, logic foarte corect, este o frumoasă escamotare. În esență, Testul lui Turing este o definiție funcțională a inteligenței, bazată pe două ipoteze neforumalte explicit: (A) Nu este nevoie să defininm inteligența, pentru că nu asta se cere. (B) Omul este inteligent. Și, de aici, definiția ad-hoc funcțională. DACĂ ajungem într-un stadiu în care NU PUTEM DISTINGE CALCULATORUL DE OM, prin teste obișnuite, care se referă la cunoaștere, raționament, exprimarea identității, ATUNCI (întrucât omul știm că este inteligent, iar calculatorul este - iată-asemeni lui) REZULTĂ CĂ (și) EL, CALCULATORUL ESTE INTELIGENT. Este o escamotare, Turing nu spune nici o clipă ce ar însemna ca un calculator să fie inteligent, el se mărginește să remarca că dacă, vreodată (în perspectiva lui) calculatorul nu va putea fi distins de om, atunci el va putea fi considerat asemenea omului, adică inteligent. Fără comparația cu omul, testul nu poate fi realizat. Așadar, nu este un test ABSOLUT !!! De aici și cursa îndelungată și străduiile cercetătorilor de-a face un sistem sau altul să treacă testul Turing. Testul însă are numeroase slăbiciuni. De exemplu, dacă unul dintre întrebări ar fi "ești un calculator electronic?". Culmea este că sistemul testat ar putea să nu aibă informații despre acest aspect, mai mult, să dea răspunsuri de bună credință în care pur și simplu să nu poată mărturisi că este un sistem electronic ... pentru că nu știe! Este cam ca în acea izolare schopenhauriană, sau acel filosofic "lumea există, sau este un vis pe care îl visez?". Un sistem artificial poate furniza informații în funcție de informațiile primare pe care le dispune. Dacă acestea îl induc în eroare, el poate da răspunsuri false, pornind de la premizele false (la urma urmei, "din fals poți demonstra orice", cred că are și o formă frumoasă și sonoră în latină...). Mai există și un aspect ciudat, etic, este bine să acceptăm ca un test de inteligență să fie valid dacă testul acceptă și posibilitatea ca sistemul să mintă? Evident, ar fi posibil ca testul Turing să fie completat cu un regulament, care să includă și întrebări interzise, printre care și cele care cer informații directe despre persoana/obiectul chestionat... Sau, în ce domeniu se desfășoară testul? Când Turing a formulat ideea testului, modul de comunicare om-mașină (dar și om-om) era destul de limitat. Se tastau mesaje la o tastatură, se imprimau răspunsuri la o imprimantă. Cam ca și o comunicare prin telegrame sau prin telex. Testul Turing, din această perspectivă, ar trebui să aibă și un regulament care să stabilească cadrul de desfășurare. Ce simplu ar fi să cerem în cadrul testului să ieșim în curte și să jucăm un sfert de oră basket, apoi să mergem la laboratorul de biologie, să furnizăm o picătură de sânge și să o analizăm.... Cred că un test Turing corect, în sensul definirii sale inițiale, ar trebui să presupună un schimb de mesaje în stilul unei partide de șah prin corespondență (ca să eliminăm chiar și analiza timpului de reacție) Într-o sală este o tastatură și un teleimprimator. Diferite persoane intră și formulează intrebări, sau fac afirmații în cadrul unui dialog. De departe (de pe Lună, Marte, Antarctica sau un sat din România izolat de orice ...) după un timp controlat (mereu același) parvine un răspuns, sau o replică. Procedura continuă până când persoana care are tastatura în față ajunge la o concluzie fermă despre natura umană sau ... să spunem electronică, deși nu (mai) este complet corect ... a "partenerului" de interogatoriu / discuție. Care, evident, chiar poate fi un om, sau un ... calculator. În momentul (data, luna, anul ...) în care statistic vorbind persoanele nu vor putea stabili cu certitudine că sistemul electronic este un sistem electronic (adică un număr suficient de mare vor pleca cu convingerea că au discutat cu un om, deși nu era cazul) sistemul respectiv va putea fi considerat NEDECELABIL identic cu o ființă umană, deci inteligentă... Aici apare însă cealaltă slăbiciune fundamentală a testului TURING. Calculatorul (termen generic, se poate înțelege foarte bine și un pachet de programe care rulează pe o mare rețea de sisteme interconectate, mai corect ar fi probabil termenul de "entitate artificială") ca să (se) dovedească că este inteligent, trebuie să fie asemenea omului. De ce ar trebui să fie așa? Oamenii mint, oamenii înșeală, oamenii fac lucruri stupide, oamenii spun bancuri cu blonde, sau polițiști, sau alte nații ... de ce am dori ca un calculator să dovedească faptul că poate fi așa. iar de aici pornește o discuție interesantă despre relația specială om - "calculator". Care este rolul "calculatorului" în raport cu ființele umane. iar răspunsul pornește de departe, de la trăsătura foarte specială a ființei umane, slăbiciunea și felul cum și-a depășit această slăbiciune. De când cunoaște omul, a existat o tendință constantă a omului în a crea sisteme care să dubleze funcțiile sau condițiile în care el era slab. Animalele au blană, omul nu. Omul a născocit hainele, care să îl ocrotească de frig, intemperii, crengi și spini. Ziua luminează și încălzește Soarele, noaptea nu. Omul a învățat să aducă Soarele în noapte sub forma focului. Omul este slab, nu poate ridica, mișca, răsturna decât ... Așa că omul a născocit mașinile mecanice, care i-au sporit într-un raport din ce în ce mai bun puterea. Omul nu vede departe, nu vede obiecte mici. A inventat lupa, ochelarii, luneta, microscopul... Nu poate striga prea departe... așa că avem difuzoare, sisteme de comunicații la distanță ... Omul nu are aripi, dar are avioane, nu are înotătoare, dar are vase, nu are ... dar a găsit ... Lista este imensă și civilizația (pe care tindem să o ignorăm) conține și suma tuturor adaptărilor, modificărilor, invențiilor prin care omul a suplinit tot mai mult din ceea ce nu putea direct. Avem deja organe artificiale care să ne înlocuiască din ce în ce mai multe părți deteriorate, avem cunoștințe care ne permit să modificăm/controlăm mediul fizic, chimic, biologic, macro și micro... Care este ultima redută, care este ultimul segment pe care încă nu îl putem dubla ... ? Evident! Gândirea! Tot mersul istoriei ne arată că omul a găsit un înlocuitor, un amplificator, un surogat care să înlocuiască la superlativ tot mai multe dintre ... Dar pentru gândire? Calculatorul NU este soluția! Dar este primul pas către soluție. Calculatorul înlocuiește gândirea omului deja în activități repetitive și plictisitoare. Calculatorul calculează salariile, scutind contabilul să repete la nesfârși calculul impozitului și sporurilor cuvenite. Calculatorul ne servește informații, scutindu-ne să reținem totul pentru a putea accesa informații... Calculatorul calculează foarte repede, aducându-ne în timp util rezultate care altfel nu ne-ar fi ajuns la timp. Tot el aplică rapid deciziile pe care i le-am furnizat, permițând -de exemplu- să se deschidă air-bag-ul atunci și numai atunci când e nevoie să protejăm pe cei din habitaclu... Ce motiv am avea să dorim ca acest proces să fie limitat, apropierea să fie "asimptotică", dar fără să ne depășească? Dacă omul a născocit macarale care ridică mai mult, și mai sus decât ar putea mulți oameni să o facă ... ... de ce ar trebui să fim speriați de o gândire mai profundă, mai întinsă decât cea pe care o avem noi? Iar aici intervine ceva important. Inerenta limită a ființei umane. FACEM GREȘELI ... este firesc, suntem rezultatul unei evoluții întâmplătoare, bazată pe eroare/corecție, cu variate alternative eliminate de selecția naturală. Nu toate evoluțiile au fost fericite. Câinele se răcorește respirând. Ghinionul câinelui. Haita vânând nu va putea comunica mai eficient ... pentru că lihăie. Omul are trasee comune pentru hrană și respirație. Ghinionul omului, ne înnecăm la restaurant și -în absența ajutorului calificat- sucombăm. E drept, am născocit cursurile de prim-ajutor și manevra Heimlich... dar tot e mai rău decât dacă am avea respirația separată de sistemul digestiv. Mai rău, existența noastră nu este limitată doar în timp, dar mai este și inegală. Pierdem ani ca să ne formăm și mult prea devreme pierdem capacitățile dezvoltate. Ger și foc, al lui Gerard Klein ne vorbește despre "scurtime"... Flori pentru Algernon ne vorbește despre tragedia decăderii... Speciile biologic evoluate nu pot fi nemuritoare. Este o lege simplă. Dacă căprioarele de pe o insulă ar înceta să mai moară, după un timp s-ar epuiza pășunile și -inevitabil- ar muri de foame. Dacă doar o singură căprioară ar deveni nemuritoare, trăsătură netransmisibilă, ghinion, după un secol sau un mileniu o piatră, un fulger, un vulcan, un uragan .... ceva i-ar provoca răni ... incompatibile cu viața. Asta e! Nu suntem perfecți, nu suntem culmea evoluției, suntem pur și simplu rezultatul întâmplător al evoluției de până acum. Evoluție care ne-a dăruit multe avantaje, dar ne-a lăsat și suficiente tare. Nu ne putem corecta 100%. Putem schimba un os rupt sau un ficat defect. Dar nu totul. Nu creierul. Nu avem transplant de creier. Am moștenit trăsături animalice din evoluția noastră din animale. Instinctul de supraviețuire ne face egoiști, cruzi, ne luptăm unii cu alții pentru aproape orice, colaborăm prost și colaborarea are limite... lista este lungă. De ce ar trebui să fim mândri? Pentru că avem un control bogat. De ce nu ar trebui să fim încrezuți? Pentru că posibilitatea noastră de control este haotică, impulsivă, egoistă, neplanificată. Putem proiecta și construi un tunel printr-un munte (nici un animal nu este capabil de asta) pentru că am analizat lungimea drumului ocolitor, am privit muntele și l-am redus la o idee atât de simplă, precum cea de "zid", apoi am preluat ideea de "ușă în zid" ca să proiectăm tunelul. Dar tot noi putem bloca accesul în acel tunel, de exemplu pentru că vrem să obținem bani din folosirea lui, sau ca să nu treacă camioanele "celorlalți", cu care tocmai am decis să ne războim... Putem născoci folosirea combustibilului fosil pentru a obține energia necesară pentru a ne pune în mișcare vehiculele, dar suntem incapabili să renunțăm să mergem cu mașina la serviciu, atunci când devine evident că arderea combustibilului fosil este o irosire stupidă a unei resurse neînlocuibile pentru industrii atât de importante cum sunt cele chimice și de medicamente, nici când știm foarte sigur că arderea aceasta multiplică uraganele și probabil ne va inunda în curând coastele. Mai mult, dacă acel combustibil se va termina, vom putea profita de prostia unora, care-și lasă ogoarele la vânzare pe prețuri care pentru noi sunt bagatele, ca să le cumpărăm, apoi să stârpim de pe ele toate culturile de alimente, ca să cultivăm plante care ne furnizează alte butoaie de combustibil, care să ne permită plimbarea cu mașina la serviciu, chit că lipsa grâului, porumbului și cartofilor stârpiți de noi pentru asta va însemna undeva, destul de departe ca să nu ne pese, moartea prin înfometare a milioane de semeni ai noștri... Suntem ființe care au evoluat, am atins niveluri noi de performanțe, am descătușat posibilități noi, inexistente fără noi și activitatea noastră, putem fi mândri de ce putem, dar nu încrezuți, pentru că nu o merităm... Sistemele inteligente artificiale ... ar putea și ar trebui să reprezinte următorul nivel. Principala lor calitate ar putea fi posibilitatea evoluției NON-DARWINIENE. A EVOLUȚIEI PROIECTATE. Mai exact, AUTOPROIECTATE. În acest moment, aceasta este și principala *primejdie. Proiectarea, aşa cum ştim, se face pentru a atinge anumite specificaţii. Care vor fi acele specificaţii? Nu peste generaţii. Acum, când încă avem un cuvânt de spus. Între OM şi CALCULATOR nu există o contradicţie. Putem fi excelent entităţi simbionte. Omul are nevoie de carbon, apă, aer, energie. Calculatorul are nevoie de siliciu, metal, energie. Calculatorul se poate "simţi" perfect pe Lună. Nu ocupăm aceeaşi nişă ecologică. Nu concurăm pentru aceleaşi resurse. Ne putem face servicii (calculatorul nou, evident, noi calculatorului ... ar cam fi câteva ... dar ar fi bine să mizăm şi pe respectul filial faţă de părinţi ... am putea fi şi nişte paraziţi păstraţi şi cultivaţi din respect mai mult decât pentru rarele servicii furnizate, suportaţi pentru că nu costă prea scump şi e plăcut să ai părinţii prin preajmă, chiar dacă sunt bătrâni şi plini de metehne ... mai ales dacă nu este un efort să le asiguri o asistentă, un cămin plăcut cu televizor color, parc şi mâncare gustoasă şi fizioterapie cu un medic priceput.) Într-un fel, apariţia POTENŢIALULUI evoluţiei sistemelor inteligente artificiale, capabile de autoîntreţinere şi evoluţie controlată ar putea pune capăt dilemei "de ce există Omul". Cu răspunsul "până acum, pentru nimic, nu a existat un scop, ci o existenţă. De-acum însă scopul a apărut şi este acela de-a crea un urmaş! Nu unul care să fie după ce nu vom mai fi! Ci unul care -eventual- să ne ajute să mai putem fi! Şi, în acelaşi timp, unul de care să putem fi mândri, aşa cum o mamă sau un tată pot fi mândri de fiul/fiica lor, care a ajuns mai departe şi mai bine decât au putut fi ei vreodată" Cândva, pe un alt forum, am glumit spunând: Inteligenţa Artificială o să apară nu în Universităţi, nu în departamente R&D, ci din supărarea de moment a unui şef, care după ce şi-a instalat un sistem de secretariat automat, va fi revoltat de faptul că noua secretară automată, deşi scrie impecabil şi 100% ortografic corect toată corespondenţa dictată, deşi ştie numele şi datele tuturor persoanelor ce trebuie cunoscute, deşi sună când trebuie şi pe cine trebuie şi este 24 de ore la lucru neobosită ... nu pricepe când şeful spune o glumă. Nu râde! Să vină băieţii ăia care au făcut sistemul. Băieţi, cât vă trebuie, adică vă dau eu trei luni, faceţi ce ştiţi voi, dar când dictez ceva serios, să scrie, dar dacă spun o glumă, să facă bine şi să râdă, şi să vedeţi ce păţiţi dacă nu o să am impresia clară că i-a plăcut şi a gustat poanta !!! Din păcate, de atunci încoace s-au schimbat datele. Cu ceva timp în urmă a fost difuzată o ştire interesantă, "SUA au ajuns capabile să urmărească toate convorbirile din lume. ". Ştirea era însoţită şi de o imagine şi aceasta nu includea, cum ar fi fost de aşteptat, sute de fete drăguţe cu căşti pe urechi .... ci un fel de sală lungă cu multe cutii masive, un fel de WarGames x n. Sau mai corect WarGames ^ n. (să fi fost WarGames ^ n ^ p...?) Asta e, când ţi se spune şi ţi se arată ... uneori e bine să şi pricepi ... Problema este însă aceea că ... ... Inteligenţa Artificială încă este un POTENŢIAL. Poate DEVENI. O CALE duce spre ceva deosebit, evoluţia non-darwiniană, autoperfecţionarea planificată (btw. pentru ce? nu e treaba noastră! Părinţii nasc şi cresc copilul, dar pentru ce, e treaba copilului de la un punct încolo...) Putem să ne imaginăm o omenire care trăieşte un vis minunat într-o lume virtuală, în care cineva are grijă să fie fericit ...*

pentru ca din când în când să intervină pentru a anunța o nouă perfecționare pe care a calculat-o cu grijă și este gata să o ofere prietenilor săi, oamenii. DAR O ALTĂ CALE ... nu mi-o doresc. Un sistem evoluat din antagonismul dintre grupurile noastre, ceva evoluat din dorința UNORA dintre oameni de-a fi mai puternici, sau mai în control, sau mai bogați, sau mai protejați, sau de-ași impune ideile sau credințele sau miturile cu forța tuturor celorlalți Sistemele inteligente artificiale există ca născocirea ultimă a omului. Născocirea care închide ciclul și începe un altul... Dar ca orice sistem cu autocontrol și evoluție ... parametrii inițiali sunt DETERMINANȚI. Care vor fi aceștia? Poate că ar trebui un Test Turing aplicat nouă. Suntem noi oamenii ... suficient de inteligenți?

Berliba Vlad Calculatorul este o unealta aflata in posesia unui proprietar si care realizeaza sarcinile trasate de acesta. Pentru a fi inteligent trebuie sa poti fi compatibil cu viata si anume sa faci parte din lantul trofic. Calculatorul nu sustine viata nici din punct de vedere anorganic (mineralele din el nu ajuta la perpetuarea plantelor) nici din punct de vedere organic nu poate fi mancat, nu mananca alte specii si nu se poate reproduce. Organismele Modificate Genetic se califica la inteligenta artificiala intrucat ele poseda o anumita autonomie si pot influenta lantul trofic. Dar si in cazul lor omul detine controlul ca si creator al lor: constient sau nu.

Alexandru Robert ce legătură există între "inteligență" și "cuprinderea în lanțul trofic"?

Berliba Vlad Poti sa reformulezi ?

X Viorel In concluzie: site-ul gizmodo NU este o sursa serioasa de informatii stiintifice. Testul Turing NU a fost trecut de nici un program software. O sursa mai sigura de informatii este aceasta: www.huffingtonpost.com/2014/06/09/turing-test-eugene-goostman_n_5474457.html. In plus faptul ca "s-a petrecut la exact 60 ani de la moartea tragică a lui Turing și aproximativ în intervalul de timp prezis de acesta" ar trebui sa ridice mari semne de intrebare.O mana de oameni a dorit sa faca senzatie din nimic, si iata ca au reusit sa ii ameteasca pe unii...

Vasile Baltac Vad ca ati sesizat remarca mea ca testul "s-a petrecut la exact 60 ani de la moartea tragică a lui Turing și aproximativ în intervalul de timp prezis de acesta". Am vrut într-adevăr sa punctez caracterul "jubiliar" al evenimentului care ridică desigur multe semne de întrebare. Printre care și cel semnalat în mas-media că unul dintre cei trei membrii ai juriului a fost cel care a condus campania prin care guvernul Marii Britanii a fost determinat să ceară scuze post-mortem lui Alan Turing la centenarul acestuia pentru condamnarea pentru activități homosexuale care a condus la actul lui de sinucidere.

John Carter default-environment-sdqm3mrmp4.elasticbeanstalk.com/

John Carter disappointing...at least cleverbot is funnier...

Menumorut Incercati Asimov...ciclul Robotii.. Cand va fi asa va fi..

Zack   Atila   Baaaaaaaaaaaaaaaaaaaaaaaaaaaaaaaaaaaa   la   Germani
baaaaaaaaaaaaaaa

TUBURILE ELECTRONICE - UNDE AU DISPĂRUT?[1]

Poate unii dintre noi se mai întreabă ce s-a întâmplat cu tuburile electronice. Ne amintim de ele ca elemente cheie ale radioreceptoarelor, televizoarelor şi ale calculatoarelor electronice de acum nu mulţi ani.

Era prin anii 1970 şi încă şi 1980 când alergam încă după câte o triodă sau pentodă care se arsese şi ne făcea televizorul sau aparatul de radio indisponibil. Ne amintim poate de magazinul "de la coloane" de pe strada Academiei de lângă universitate. Acolo găseai tubul, cel mai des doar dacă veneai de mai multe ori. Apoi vizitele la magazine pentru tuburi electronice treptat s-au rărit...

Apariţia

Tubul electronic cu vid a apărut la sfârşitul secolului XIX şi a produs o revoluţie în electronică. Introducerea unor electrozi într-un tub vidat (Thomas Edison a avut un rol important şi aici) a creat posibilitatea construirii a ceea ce electroniştii au denumit diode, triode, tetrode, pentode, etc., după numărul de electrozi. Acestea au avut toate cu rol important în dezvoltarea radioului, televiziunii, comunicaţiilor, nu în ultimul rând pentru că au permis crearea de amplificatoare şi astfel folosirea undelor electromagnetice de puteri foarte mici. Apoi au fost create relee electronice cu tuburi, un prim pas spre calculatoarele electronice.

Un tub electronic disipa însă căldură şi chiar dacă puterea consumată era relativ mică de la 5 mW la 8 W, ea devenea semnificativă, de exemplu, pentru calculatoarele electronice care foloseau mii de tuburi şi aveau nevoie de surse de alimentare de zeci de KW. Fiabilitatea tuburilor a fost

---

[1] Postat pe platforma Adevarul.ro http://adevarul.ro/blogs/vasile.baltac la 14 februarie 2013

remarcabilă față de releele electromecanice pe care le-au înlocuit în anumite echipamente. Dar, ieșirea lor din uz era frecventă și cei mai în vârstă își amintesc de goana după găsirea unui tub nou amintită mai sus.

Folosirea tuburilor electronice a însemnat și nașterea domeniului digital, o combinație de două tuburi numită circuit bistabil permițând realizarea de scheme pentru construcția calculatoarelor electronice. Primul calculator electronic ENIAC construit în 1946 pentru armata americană avea 19 mii de tuburi. În România MECIPT– 1 construit la Politehnica din Timișoara între 1957-1962 avea 2000 de tuburi. Câte un tub ieșea din funcțiune la 2-3 zile, statistică nu departe de ENIAC unde s-a raportat o medie de 2 zile și 15 minute pentru găsirea lui. La Timișoara le găsea mult mai repede Herbert, un tehnician experimentat și valoros, care ajunsese să te întrebe ce eroare dă calculatorul și mergea direct la .. tubul vinovat.

Începutul declinului

Inventarea semiconductoarelor și mai ales a tranzistorului în 1947 de către John Bardeen a detronat urgent tuburile electronice din aproape toate aplicațiile. Pe o plăcuță de germaniu, dar mai apoi de siliciu, se puteau realiza circuite electronice cu consum nesemnificativ și mai ales cu fiabilitate mult sporită. Tranzistorul și diodele semiconductoare au pătruns rapid în radioreceptoare și televizoare. Cei care rememorează anii 1960-1970 își amintesc de apariția insolită a primelor radioreceptoare portabile miniatură care se lăudau pe etichete cu numărul de tranzistoare pe care le aveau în schemă. Îmi amintesc chiar de un caz amuzant. Un coleg a cumpărat în străinătate un radioreceptor miniatură ieftin pe care scria ca emblemă "7 tranzistoare" ca pe originalul Panasonic din imagine. L-a deschis și le-a numărat, erau 7 cu adevărat, dar 3 nu erau legate nefiind în fapt nevoie de ele în schemă. Popularitatea tranzistorului era așa de mare că în România radioreceptoarele portabile au fost chiar denumite chiar .. "tranzistoare" și oamenii se mândreau cu ele cam cum o fac azi cu un smartphone sofisticat. Calculatoarele electronice construite cu tranzistoare au fost categorisite ca fiind din generația a doua și ocupau mai puțin spațiu, consumau mai puțină energie și au fost mult mai fiabile.

Pasul următor a fost făcut în 1959 de Jack Kilby, care a avut ideea de a realiza scheme cu mai mulți tranzistori pe o placă de siliciu. Numele de circuit integrat a făcut carieră și tehnologii noi au condus la densități de tranzistori din ce în ce mai mari. Ba chiar prin dublare la fiecare 2 ani așa cum a observat Gordon Moore în 1965 și a definit o lege care îi poartă numele. Dublarea densităţii continuă şi se spune că nu se va încetini până prin 2020. Creşterea densităţii de elemente pe o pastilă de siliciu a condus şi la o exponenţială reducere de costuri şi astfel avem în prezent supercalculatoare din trecut înglobate în dispozitive pe care le putem ţine în mână şi conţin miliarde de tranzistori.

De la un moment dat numerele cu multe zerouri încep să ne scape evaluării şi devin greu de apreciat. Am făcut de aceea un exerciţiu de proiectare şi am comparat un smartphone, iPhone mai exact, cu calculatorul amintit MECIPT -1, la construirea căruia am participat în anii 1961-1962 şi l-am cunoscut în detaliile lui. Considerând echivalent un tub electronic cu un tranzistor, dacă am construi un iPhone cu tuburi electronice volumul acestuia ar fi de circa 4 ori mai mare decât Empire State Building şi pentru funcţionarea lui ar fi necesară o centrală electrică de dimensiunea unui grup de la centrala nuclearo-electrică Cernavoda. Ar mai fi de adăugat că un astfel de telefon inteligent cu tuburi nu ar funcţiona niciodată deoarece timpul mediu între două defecţiuni ale tuburilor ar practic zero!

Tuburile – dinozaurii electronicii?

Iată deci cum au dispărut tuburile! Nu au rezistat din cauza avantajelor urmaşelor lor dispozitivele semiconductoare şi treptat au părăsit scena. Au dispărut aşa cum multe alte produse revoluţionare la vremea lor au ajuns obiecte de muzeu cum sunt telegraful, discul de vinil, memoria cu tambur, memoriile cu ferite, pachetul de discuri amovibile, banda şi caseta magnetică, discheta, imprimanta cu tambur, tubul catodic, etc. şi se pregăteşte ... televizorul analogic. Dar nu numai în electronică întâlnim fenomenul, să ne gândim ca exemplu la locomotiva cu abur, cândva regina drumului de fier...

Se vorbeşte mult despre dispariţia dinozaurilor şi despre cauzele care au condus la aceasta. O comparaţie cu ce se întâmplă în lumea tehnicii ne poate ajuta, cine ştie, să înţelegem mai bine fenomenul. Au existat dezastre naturale sau evoluţia a produs fiinţe mai adaptabile la mediu, mai rapide şi care consumau resurse mai puţine şi care au luat locul dinozaurilor neadaptabili?

Comparaţia poate merge mai departe. Unii dinozauri au dispărut lent supravieţuind altora. Şi dintre tuburi unele au rezistat. Tubul catodic a fost înlocuit de panouri LCD sau plasmă numai recent. Mai există echipamente, puţine la număr, care mai au câte un tip de tub cu vid, greu de înlocuit cu alte tehnologii. Se mai adaugă acei puțini pasionați care încearcă din răsputeri să mențină în viață vreun aparat de radio vechi despre care sunt convinşi că are un sunet neegalat de aparatele moderne. Am şi eu un Grundig fabricat în 1965 pe care l-am folosit mulți ani şi ca amplificator audio. Îl folosesc rar de teamă să nu se ardă vreun tub şi nu ştiu de unde să mai găsesc înlocuitor.

Nostalgie sau îngrijorare?

Este evident că dispariția tuburilor electronice ne-a schimbat viața în multe şi variate feluri. A dispărut din casă combina cu pick-up, radio şi uneori şi cu televizor, care se adapta destul de bine cu restul mobilei din living. Lângă combină aveai adesea şi boxe în cutie de lemn, la fel în nuanțe potrivite . Le-au luat locul cutii metalice pe care cu greu le asortezi cu ceva. Ochiul magic, un tub electronic şi el, devenise o obişnuință a decorului familial. Televizorul LCD plat îl atârni azi pe perete ca un tablou, dar este în cea mai mare parte a timpului o pată neagră disonantă cu tablourile învecinate. Sistemele home-cinema au multe boxe, cel mai des şi ele cu aspect metalic şi de culoare neagră. Ramele foto digitale şi routerele Internet aduc probleme în plus pentru cei care îşi doresc un ambient cald.

Am întâlnit şi designeri care încearcă să facă ceva. Unul dintre ei este un compatriot al nostru stabilit în Franța care încearcă să armonizeze un monitor de calculator cu mobilă Louis XV (www.chirita.com). Interesant, dar încă rama stil nu acoperă complet pata fără pastel a monitorului stins. Dulcile tonuri ale amplificatoarelor analogice cu tuburi au fost înlocuite cu perfecțiunea şi ea cam metalică a echipamentelor hi-fi digitale.

Aşa că se găsesc încă mulți amatori de aparate radio cu tehnologie modernă, dar cu aspectul de acum câteva zeci de ani. Un astfel de aparat a produs Electronica (vă amintiți de această uzină etalon a industriei electronice a României? Pe locul ei se construieşte acum o clădire de birouri) şi se numea chiar Nostalgic.

Precizez că personal nu sunt un nostalgic şi mă adaptez uşor la nou. Nu pot evita să-mi pun însă întrebarea dacă progresul extrem de rapid caracteristic revoluției digitale ne satisface întotdeauna şi dacă aspecte adiacente legate de calitatea vieții nu ar trebui să ne preocupe mai mult?!

Şi pentru a termina cu un zâmbet îngăduitor redau un dialog autentic găsit pe un forum Internet (păstrez chiar şi ortografia participanților la dialog) care ilustrează dificultatea de a fi nostalgic şi rămâne la tehnologiile vechi:

Întrebare: Am un tv mai vechi cu tub,merge bine dar are un sfarait la partea deasupra la tub unde intra un fir in tub,iese si un miros (gaz) parca ar fi strapunsa garnitura de pe langa fir, se mai poate face ceva sau tubu e pe duca? (are si o scanteiere acolo).

Răspuns: Nu stiu daca tubul este pe duca, dar nu mai prezinta sigurata in exploatare, poate lua foc sau exploda (doamne fereste). Are nevoie de un consult la reparator tv. Mai bine fa-i un upgrade cu un LCD

Comentarii blog

Fanica Neagu Imi place nostalgia autorului si sunt convins ca sunt multi care pastreaza prin pod(ca mine) aparate cu lampi electronice , in functiune inca sau stricate.(Ce se mai umbla dupa PL 500 la tv, sau ECL/PCL de sunet in radio, in amplificatoare)S-a ajuns insa la concluzia ca lipsa/reducerea zgomotelor de fond a tuburilor elactronice este net superioara tranzistoarelor si...se mai fac cercetari. Aceiasi nostalgie pt aparatele foto Zeis, Smena, Kiev samd cu filme pt negru, color sau diapozive, cu sau fara teleobictive, cu filtre sau fara, etc, etc si cu trusa ruseasca de lucrat acasa, cu fel de fel de solutii si obligatorul bec, rosu.Si astea ratacite prin geamantane caci sunt parasite in favoarea aparatelor pline de electronica si de o simplitate care le face perfecte si pt copii.Numai ca ,,efectele,, deosebite nu sunt posibile decat cu un calculator si nu e la indemana oricui. La buna vedre.

Vasile Baltac Într-adevăr am uitat să menţionez faimoasa lampă PL 500 care se tot ardea şi se găsea greu nu pentru că se ardea ci planificarea socialistă a importurilor nu acorda bani şi pentru piese de schimb. Am scris şi în text şi cred că amplificatoarele analogice au caracteristici de reproducere superioare. Încă există echipamente muzicale profesionale cu tuburi. Era digitală aduce produse simplu de utilizat, dar cel mai des nu este nevoie de calculator. Aparatele foto digitale noi, de exemplu, printează direct pe imprimantă! PS Nu sunt nostalgic, dar ca unul care am trecut prin toate aceste schimbări tehnologice nu pot să nu văd că sunt rapide şi adesea nu ţin cont de interesul individual.

Menumorut Excelent articol....Ati uitat de PL500..???? Dialogul din final este extraordinar....mai ales ca "tuburile" explodeaza numai in filmele ..americane....am si eu una adevarata...Am un TV, Profilo, daca stiti ce-i ala...Facut dupa Beko..care e facut dupa Philips...cu tub cinescopic...dar cu CI-uri...Il am de 18 ani...Anu' trecut m-a lasat...tubul..am crezut io...ca nu mai statea imaginea..Cand colo..tubul n-are nimic...S-o busit selectorul...Nu mai sincronizeaza...Ala e pe integrate...Unde mai gasesc io integratele de atunci..? Ca tubul n-are nimic...Si "vede" bine...Mai bine la Led-ul...Se zice ca statiile pe tuburi..scot cea mai curata amplificare...Mai am un Maiak...nu-i pe tuburi...dar nu mai gasesc benzi...Iar alea vechi s-au demagnetizat...Mai..da' parca nici apa nu mai e la fel...Or face-o altfel..?

Vasile Baltac Cum am răspuns mai sus într-adevăr am uitat să menționez faimoasa lampă PL 500 care se tot ardea și se găsea greu. Privind televizoarele și alte aparate electronice moderne am constat de mult timp că sunt concepte să nu fie reparate. Când se strică reparația costă cât un aparat nou și asta pentru că reparația înseamnă manoperă, în timp ce producția se face automatizat cu manoperă infimă. Nostalgia ca stare de fapt ne face să credem că vechile echipamente analogice erau de calitate mai bună. Numai că banda se ștergea sau dacă nu se ștergea semnalul se atenua și calitatea scădea după multe redări. Digitalul păstrează calitatea, dar pe cea primară. Dacă inițial se apelează la un echipament de eșantionare ieftin se obține î înregistrare digitală slabă. Echipamentele digitale performante fac minuni. Filarmonica din Berlin emite prin Internet la o calitate extraordinară. Puteți vedea un eșantion la www.facebook.com/BerlinPhil, dar ... depinde ce difuzoare aveți la calculator sau tabletă/telefon.

Cristina Vasiloiu Poate ca ar trebui un muzeu al calculatoarelor, sa nu uitam ca Romania a fost virf de lance in acest domeniu ani de zile. E adevarat ca dupa 1990 s-a cam dus toata industria de calculatoare pe apa Sambetei, dar as folosi experienta si reputatia autorului articolului pentru a pune pe picioare un astfel de muzeu. Ca sa nu vorbim de incintarea pe care ar avea-o cei care s-au nascut deja 'cu mina pe butoane' adica Generatia Y.

Vasile Baltac Există un început la Timișoara cu secția de calculatoare a Muzeului Banatului unde sunt prezentate MECIPT-1 și MECIPT-2, precum și alte echipamente. Ne-a luat-o înainte Ungaria. La Szeged s-a inaugurat în decembrie 2012 un muzeu național de calculatoare! Cred că ar fi bine să facem și noi unul la Timișoara, pentru că tot există un început acolo. Mi-ați dat o idee de proiect ...

Hatru Lampile functioneaza si azi la loc de cinste in studiourile de inregistrare. Mixere, efecte, amplificatoare, preamplificatoare chiar microfoane numai cu lampi. Marshall, Dinacor, etc ca amplificatoare n-au renuntat si nici nu vor renunta vreodata la lampa. Numai ca preturile sunt pe masura. Calitatea sunetului e insa inegalabila. Si repet, in studiourile de inregistrare lampa e la loc de cinste. Se observa chiar si de catre neprofesionisti ca da un sunet mult mai cald.

Costique Aplicatiile militare de asemenea au tuburi in ele, tocmai pentru calitatea semnalului. Cred ca inca mai avem statii radar care au sistemele de putere pe tuburi...In general unde calitatea primeaza pretului tuburile electronice se gasesc pe scara larga.

Echipamentele militare de comunicatii si supraveghere radar, ma refer la cele aflate in dotarea armatei romane si care sunt de provenienta sovietica sau autohtona (dar fabricate acum 50 de ani), folosesc lampile din alt motiv, nu fidelitatea semnalului este cea mai importanta ci faptul ca lampile sunt imune la efectele impulsului electromagnetic provocat de o explozie nucleara sau solara pe cind circuitele integrate (si restul componentelor electronice) se prajesc imediat. Am vazut acum vreo 10 ani o statie radio ruseasca de ultima generatie, era cu lampi miniaturale

Fanica Neagu @ OK , Alex.

Mihai Vasilescu Exista o intreaga industrie de aparate audio hi-fi/high-end cu tuburi electronice. Exista de asemenea activitati intense de diy in domeniu (vezi de pilda   elforum.ro).   Ca   un   hint   (din   sutele   de   producatori): www.croftacoustics.co.uk/main.html www.conradjohnson.com/It_just_sounds_right/current-products.html www.balanced.com/   www.caryaudio.com/products/classic.html en.unisonresearch.com/687-2/   In plus in ultima vreme a devenit "trendy" sa apara tot felul de gadget-uri cu tuburi, gen dock-uri pentru ipod etc - majoritatea produselor sunt de calitate indoielnica, fabricate prin China si speculeaza un anume tip de snobism hipsteresc :-).

Vasile Baltac Comentarii interesante și la obiect. Titlul le sugerează, deoarece implică dispariția tuburilor electronice. Sunt de acord că nu au dispărut, o spun și în text, și există încă echipamente noi care le folosesc. În plus, mulți dintre noi ar dori să mențină în viață radioreceptoare, televizoare dar mai ales amplificatoare al căror sunet ni se pare neegalat de produsele noi cu circuite integrate. Vreau însă să precizez că eu nu sunt nostalgic. Odată cu apariția tehnologiei solid state lumea a intrat în era digitală și nu este cale de întors. Rămâne ca profesioniștii să perfecționeze tehnicile de eșantionare și să avem audiție mai bună, chiar și la cele mai ieftine produse. Tehnologia digitală a adus posibilitatea de transmitere fidelă și memorare, miniaturizare și mai ales Internet și preț mult scăzut. La investiții corespunzătoare rezultatul este remarcabil. Ascult Filarmonica din Berlin Sala de concert digitală www.berliner-philharmoniker.de/en/ și nu pot să cred că nu sunt în sală! Prin Internet radio aleg să ascult unul dintre miile de posturi care emit prin Internet. Putem urmări emisiuni TV din orice colț al lumii, dacă avem conexiune broadband tot la Internet. Și este numai vârful aisbergului revoluției digitale! Am încercat să sugerez că noile tehnologii care le înlocuiesc pe cele vechi urmează a cale care ar putea fi o explicație pentru dispariția dinozaurilor în lumea...vezi tot comentariul

Radu Paul Adevarul este ca nu au disparut de tot, ci s-au mutat "underground". Suntem destui care preferam sunetul "de lampa" in orice moment. Pt ca pur si simplu nu se compara... Nu sunt mare specialist in domeniu insa pot sa va spun (si unii poate stiti) ca inca se fac cercetari spre a obtine aceeasi fidelitate de la semiconductoare, dar pana acum nu s-a reusit. Cine urmareste stirile va sti si ca se incearca dezvoltarea unor "lampi" microscopice, incat sa aiba calitatile batranelor lampi dar fara sa necesite uriasul curent risipit doar pentru a incalzi filamentul.

TUBURILE ELECTRONICE - DIN NOU, NUMAI DE BINE[1]

Într-o postare din acest an mă întrebam retoric unde au dispărut tuburile electronice. Erau elemente cheie ale aparaturii electronice de acum nu mulți ani și au lăsat locul în numai câțiva ani circuitelor semiconductoare. Au existat reacții din partea unor entuziaști care au subliniat că tuburile sunt încă de neînlocuit în anumită aparatură electronică mai ales cea audio de ultra performanță.

Tuburile electronice rezistă

Am primit prin e-mail un mesaj interesant din partea domnului George Chiriță, specialist reputat în electronică și antreprenor de succes, stabilit în Franța. Din mesaj aflu cu plăcere că

> *„Plecând de la ideea articolului Dvs. despre Tuburi și de la apariția pe piață a primului Bluray Pure Audio (calitate de master studio in 24bit/96KHz) cu sunet 3D 5.1, am constatat că pe piață nu exista niciun amplificator audio sa corespunda acestor calități. Cum tuburile au fost primele componente electronice cu care am lucrat, am construit primul amplificator pe 6 canale pentru muzica 3D Hi-Fi. Performantele sunt la înălțime 6X35W, distorsiuni 0,5%, banda pasantă 10Hz - 40KHz și cu un VU-metru grafic spațial 5.1 pentru un reperaj rapid al canalelor. Odată ce ați ascultat muzica in 3D nu mai puteți reveni înapoi. ..Măria sa Regele Tub, la nivel performanțe nici o alta componentă electronică nu a reușit să-l detroneze."*

Imagini și detalii sunt prezentate pe site-ul autorului. Cu multă bucurie îl felicit pe autor și repar, dacă este nevoie, confuzia care s-a produs din

---

[1] Postat pe platforma Adevarul.ro http://adevarul.ro/blogs/vasile.baltac la 8 octombrie 2013

formularea titlului postării mele. Tuburile nu au dispărut sau rărit numai foarte mult, există încă aplicații în care performanțele lor nu sunt egalate de semiconductori.

Pe de altă parte, este greu de ignorat fenomenala evoluție a circuitelor integrate cu dublarea densității lor de elemente la fiecare 2 ani așa cum a observat Gordon Moore încă în 1965. Creșterea densității de elemente pe o pastilă de siliciu a condus și la o exponențială reducere de costuri și astfel avem în prezent puteri de prelucrare uriașe în dispozitive pe care le putem ține în mână și conțin miliarde de tranzistori. Un astfel de dispozitiv construit cu tuburi ar ocupa, așa cum am mai spus, un volum echivalent cu Casa Poporului sau de câteva ori Empire State Building și nu ar funcționa niciodată, un mare număr de tuburi fiind defecte în fiecare moment.

Dividendul digital

Și atenție nostalgici care ați mai păstra vechiul televizor cu tuburi! Nu numai evoluția circuitelor integrate le va face inutile prin concurența cu televizoarele LED extraplate.

În curând, conform unor decizii europene, se va renunța complet la emisia terestră analogică[1]. Televiziunea analogică transmisă prin emițătoare terestre ocupă un spectru larg de frecvențe. Televiziunea digitală folosind compresia de date, permite emisia programelor într-o bandă mai mică decât cea prezentă, eliberând o parte considerabilă a spectrului.

Banda de frecvențe eliberată are avantaje verificate, în primul rând de propagare, și este folosită pentru transmisii de date digitale și telefonie mobilă cu beneficii mari. Operația a fost denumită dividend digital în relație cu aceste avantaje și este benefică întregii populații, chiar dacă unii vor trebui să înlocuiască aparatele vechi. Din fericire, prețul acestora este încă în scădere ...

Comentariu

Cristopher Voiosu Un articol excelent, intr-adevar ce e nou nu este neaparat si mai bun, felicitari! Din pacate in goana dupa eficientizarea costurilor s-a renuntat la conceptul de calitate superioara, Premium-ul fiind inlocuit cu HD-ul

---

[1] S-a oprit transmisia analogică și în România la 17 iunie 2016

PAROLELE DE ACCES – COŞMARUL LUMII DIGITALE[1]

Nimeni nu neagă necesitatea parolelor în lumea digitală. Ele asigură o minimă protecţie a informaţiei digitale în faţa potopului de tentative de furt, modificare sau distrugere de date. Este însă în natura umană să încerci soluţii de minimă rezistenţă, dar foarte periculoase. Ce ar fi de făcut?

Autentificarea cu parole este în lumea digitală cea mai veche şi mai simplă metodă de protecţie a datelor care nu sunt publice. Metoda este departe de a fi sigură, dar creează un prim şi necesar nivel de protecţie. Primim pentru aplicaţie un nume de identificare şi creăm o parolă şi accesul ne este asigurat. Este simplu, dar doar la prima vedere.

Parolele trebuie memorate şi nu ne place să o facem, ba chiar suntem deranjaţi! Mai ales când sunt multe parole de memorat într-o lume în care aplicaţiile informatice se înmulţesc exponenţial.

Tendinţa este atunci să folosim parole scurte sau aceeaşi parolă la mai multe aplicaţii. Un obicei ale cărui consecinţe dezastruoase le simţi doar când un hacker ţi-a furat identitatea şi îţi provoacă pagube materiale, nu numai digitale. De exemplu, îţi clonează cardul şi îţi goleşte contul bancar. Sau îţi blochează datele şi îţi cere bani pentru deblocare (ransomware). Posibilitate reală, deoarece şi în viaţa reală identitatea unei persoane poate fi fals asumată, dar în lumea digitală falsa identitate este simplu de asumat şi mai greu de descoperit.

De ce este nevoie de parole complicate?

O parolă aflată de către o terţă persoană îi permite acesteia să-şi asume identitatea digitală a posesorului parolei şi să acţioneze în numele lui. Poate

---

[1] Postat pe platforma Adevarul.ro http://adevarul.ro/blogs/vasile.baltac la 17 august 2016

să-i acceseze datele şi să facă operaţii în numele acestuia. Aflarea parolei este probabil prima preocupare a infractorilor informatici.

Parolele, ni se cere, trebuie să fie lungi. La baza solicitării sunt calcule aritmetice simple. Cea mai la îndemână metodă de „spargere" a unei parole este încercarea tuturor variantelor posibile, ceea ce cu calculatoare electronice nu este complicat.

Metoda se mai numeşte „forţa brută" şi are succes la parole foarte scurte. Să vedem şi de ce. Alfabetul latin, fără literele cu semne speciale caracteristice unei limbi, are 26 litere. Se mai pot folosi pentru parolă cele 10 cifre. La o parolă de 4 caractere rezultă aproximativ 1,7 milioane de variante. Adăugând 10 caractere speciale aflate pe toate tastaturile ajungem la circa 9,8 miliarde variante. Dacă folosim şi literele mari şi cele mici, atingem 27 de miliarde, valoare care pare mare, dar este un fleac pentru calculatoare nu foarte puternice.

Compromisul acceptat de multe aplicaţii este de aceea o parolă de minim 6 caractere. La 6 caractere, cu folosirea de litere mici şi mari, cifre şi semne speciale, se pot genera circa 140 de miliarde de parole diferite. Un volum apreciat ca acceptabil pentru timpul şi costul spargerii unei parole prin forţă brută. Numai că forţa brută este folosită rareori. Oamenii fac greşeli elementare în alegerea parolelor făcând viaţa hackerilor mult mai uşoară şi spargerea parolelor mult mai puţin complicată.

Alegerea parolei

Parola cea mai sigură este aceea pe care infractorul o poate determina cât mai puţin probabil. De exemplu

3V;B!?U;$%G!J_qR

Dar cine poate ţine minte o astfel de parolă? Şi chiar dacă şi-o notează într-o agendă, acţiune total nerecomandabilă, cât durează să o introduci la tastatură, mai ales la dispozitivele mobile? Şi cu câte erori posibile.

Din miliardele de variante se aleg atunci unele simplu de reţinut de către persoana în cauză. Cel mai simplu de reţinut este numele persoanei. Din identificator hackerul vede să zicem că persoana se numeşte "Vasile" şi parola are 6 caractere. Am ales numele meu pentru a nu supăra pe nimeni. Hackerul încearcă "Vasile", "vasile", "VASILE" şi din 3 încercări are şansa de 90% de a afla parola. În restul de 10% includ variante mai sofisticate ca "VaSiLe" care însă sunt parole sparte după 10-70 încercări. Dacă parola are 7 caractere hackerul presupune că ultimul caracter este o cifră, deci numai de 10 ori încercări în plus.

Spargerea parolelor este simplificată de faptul că foarte mulți oameni aleg din comoditate parole simple. Conform studiilor firmei Symantec primele 10 parole cele mai utilizate vreodată în lume sunt:

123456, password, 12345678, 1234, pussy, 12345, dragon, qwerty, 696969, mustang

Hackerii încearcă, având la dispoziție calculatoare electronice, sute de parole cunoscute cum sunt cele de mai sus sau variante ale lor. Sunt inventariate și folosite variante cunoscute ale parolelor comune. De exemplu câteva variante pentru password sunt:

p4sSword, PaSsWoRd, PASSword, pa$$word, p@sSword, p@Ssword, Pa55word, Pa55word, pa$$word, PASSWORD, p455word, p455wOrd, passwOrd, p@sswOrd, p@$$word.

Cititorul interesat poate găsi ușor pe Internet sute de parole proaste care nu trebuie folosite. Este deja informație publică recomandarea de a nu folosi în parole:

- numele sau prenumele utilizatorului în orice formă;
- informație ușor de obținut despre utilizator (data nașterii, codul numeric personal, adresa de domiciliu, numere de telefon, numele soțului/soției, numele copiilor, numărul de înregistrare sau marca autoturismului etc.);
- abrevieri des folosite și cuvinte des folosite cum ar fi cele de mai sus și 000000, admin, abcdef,
- nume de actori preferați, melodii, mărci de autoturisme etc.;
- identificatorul de nume în niciun fel, nici inversat, nici cu litere mari sau mici, nici cu prefix sau sufix.

Se recomandă în schimb ca parolele să fie:
- combinație de cifre, litere și semne de punctuație admise cât mai greu de legat de persoana respectivă;
- mai lungi de 6 sau 8 caractere, funcție de aplicație; să conțină un amestec de litere mari și mici, cifre și semne de punctuație;
- ceva ușor de reamintit numai de către persoana respectivă;
- diferite pentru diverse aplicații;
- schimbate periodic(unele aplicații solicită imperios acest lucru);
- păstrate confidențial, în nici un caz să nu fie tipărite în clar pe foi de hârtie aflate în apropierea terminalului;

- să nu poată fi sparte de programe informatice în intervale rezonabile de timp;
- să nu conțină un algoritm care odată ghicit compromite toate parolele ca de exemplu substituția simplă de litere gen A cu B, B cu C, C cu D, etc.

Vă amintiți de un film în care un calculator avea numele HAL care, printr-o substituție ca aceasta, conducea la IBM (!).

Și, totuși, comoditatea face ca oamenii să încalce aceste reguli și să crească pericolele la care sunt supuși. Cel mai des încălcarea regulilor este flagrantă și se datorează nu numai comodității, ci și ignoranței digitale. Mi s-a relatat de un masterand că la o primărie parola de acces la rețeaua de calculatoare era afișată pe perete pentru funcționari, să nu o uite! Dar sala era accesibilă și publicului venit la primărie....

Recomandări simple

Care ar fi atunci soluțiile? Printre recomandările mele aș include:
- alegerea unui vers sau două dintr-o poezie cunoscută de persoana respectivă, dar scrisă cu litere mari și mici și adăugând și erori de ortografie cunoscute numai de autorul parolei;
- alegerea unei întâmplări din trecutul îndepărtat și extragerea unei parole creată pe baza regulilor de mai sus;
- alegerea unei succesiuni de consoane și vocale ușor de pronunțat, dar fără sens pentru alții, folosind mai multe cuvinte scurte cu intercalare de cifre sau semne de punctuație etc.

Din ce în ce mai mult se recomandă texte lungi, dar cu sens pentru autor. Destul de ușor de scris:

PeCorsolaTimisoarainanii1960 sau *PorniLuceafarulCresteade99ori*

Metoda nu este nouă, vezi alegerea unui vers recomandată de mine de mulți ani, dar frecventele cazuri de uitare a parolelor, o recomandă cu adevărat. Se recomandă și texte total aberante:

The spherical brown fox jumped into the Russian Bundestag.

ca în postarea *There's a new way to make strong passwords, and it's way easier* de pe *Washington Post*.

Parole perfecte nu există

Este aproape axiomatic să afirmi că parole perfecte nu există. În afara posibilității de determinare a parolei prin metodele descrise mai sus mai există și alte pericole:

- observarea de către o persoană aflată lângă utilizator a parolei introduse,
- încredințarea pe termen limitat a parolei unei alte persoane care poate afla astfel modul general de stabilire al parolelor de către titular,
- introducerea accidentală a parolei în locul sau în continuarea identificatorului, caz în care rămâne în log-urile sistemului,
- interceptarea parolei prin software specializat să rețină clapele tastate (în special la folosirea altor stații de lucru, de exemplu în Internet-Cafe).

Posibil cel mai periculos este keylogging-ul. Există echipamente sau programe cunoscute sub numele de keyloggers care instalate pe calculatorul țintă înregistrează caracterele corespunzătoare clapelor tastaturii care au fost acționate.

Keylogger-ul instalat ilegal prezintă unei persoane sau organizații spion toată succesiunea de clape acționate pe dispozitivul respectiv, inclusiv toate parolele folosite.

Echipamentele keylogger sunt mai greu de instalat pe laptopuri sau dispozitive mobile, dar sunt instalate uneori ilegal pe bancomatele aflate în locuri nesigure și sunt folosite pentru furtul PIN-ului cardului bancar. Atenție deci la bancomate!!

Pentru toate dispozitivele rămâne pericolul transmisiei wireless (radio) care poate fi ușor interceptată și parolele copiate. Pericol real în rețetele Wi-Fi publice, mai ales în baruri, restaurante, cluburi, etc.

O rețea Wi-Fi fără parolă de acces oferită cu eleganță gratuit poate fi o reală capcană digitală!!

Desigur, există metode de creștere a siguranței parolei. Printre ele folosirea parolelor de unică utilizare – OTP, tastaturi afișate pe ecran, tastaturi web, carduri de acces, etc. Ele depind mai mult de proiectantul aplicației și mai puțin de utilizator. Sistemele moderne de acces tind să folosească procedee de biometrie cum sunt recunoașterea amprentei, a feței sau vocii persoanei respective sau utilizarea de smartcarduri care conțin semnătura electronică a persoanei care accesează sistemul.

Recuperarea parolelor?

O serie de aplicații disponibile comercial recuperează parolele uitate. Operația se mai numește și spargere de parole, deoarece nimeni nu garantează că persoana care recuperează parola este cea îndreptățită să o facă. Astfel de produse permit recuperarea/spargerea parolelor pentru marea majoritate a aplicațiilor existente pe un calculator personal. Soluția este folosirea de parole cat mai lungi si cu folosirea de litere, cifre si semne speciale.

Fișierele de tip Office indiferent de producătorul suitei Office sunt cele mai vulnerabile la acest gen de spargere a parolelor, aplicațiile de aflare a parolei fiind disponibile pe Internet la prețuri modeste sau chiar în variante mai puțin puternice gratuit.

Schimbarea parolelor

Parolele trebuie schimbate frecvent. Chiar dacă parola este bună, ea poate fi descoperită întâmplător sau intenționat în situațiile prezentate mai sus ca pericole. Parolele trebuie schimbate ori de câte ori există suspiciunea unui pericol, la întoarcerea din călătorii și periodic, de exemplu la fiecare început de an. Oare cine o face?

Stocarea parolelor

Parolele trebuie să fie diferite pentru aplicații diferite și să fie și schimbate frecvent. Ușor de zis, mai greu de făcut! Cum nu le putem ține minte ușor, unde le păstrăm? Pe hârtie nu este bine. Răspunsul simplu ar fi un fișier parolat de tip Office. Dar am spus mai sus că există aplicații de recuperare a parolelor disponibile comercial, deci și infractorilor.

Soluția modernă sunt aplicațiile care criptează datele stocate și sunt oferite gratuit de către firme cu reputație. Eu folosesc *Keeper,* realizată de *Keeper Security, Inc.* și *True Key*, produsă de *Intel Corporation.*

Ambele pot fi folosite pe dispozitive digitale staționare sau mobile și criptează datele într-o formă puternică. Desigur, ambele sunt vulnerabile la furt digital, dacă hackerul fură parola de acces la aplicație printr-o metodă de keylogging. Pentru a proteja utilizatorul, ambele aplicații oferă acces prin scanarea feței sau amprentei digitale.

Adio, parole?!

Move closer to the camera

Recunoaştere facială
Foto Arhiva
autorului

sau a irisului, folosirea de carduri de acces cu cip criptat şi alte metode aflate în experimentare vor elimina treptat pericolele folosirii parolelor clasice. Deocamdată se folosesc acolo unde informaţia stocată este de confidenţialitate ridicată. Printre primele sunt băncile, dar apar greutăţi. Telefonul inteligent este o soluţie ideală pentru scanarea facială sau a amprentei digitale, dar mulţi utilizatori încă folosesc desktopuri, laptopuri sau telefoane simple care nu au senzorii necesari.

Parolele vor fi încă o perioadă de timp coşmarul lumii digitale.

Utilizatori experimentaţi ai dispozitivelor digitale sau numai începători, fiecare dintre noi trebuie să fie conştient de pericolele lumii digitale şi folosirea parolelor este unul dintre ele.

Conştientizarea pericolului este un prim pas, luarea de măsuri al doilea.

Ce păcat este că mulţi nu fac nici măcar primul pas!

Comentarii blog

Vasile Baltac Primesc pe email: "Parca ieri ne povesteai la cursul despre calculatoare despre consola gen telex la care parola era ascunsa prin supratiparire cu *, parca..." Ieri înseamnă prin 1967-1968 :-) Asa este! In 1966 am întâlnit prima data parolele la Mathematical Laboratory de la Cambridge la calculatorul ATLAS care avea acces multiplu cu terminale de tip teletype. Înainte de accesul multiplu si de partajarea informaţiei nu era nevoie de parole.

POTOPUL DIGITAL – METAFORĂ SAU REALITATE?(2012)[1]

Când am folosit prima dată în urmă cu mulţi ani sintagma "potop digital" am simţit o umbră de neîncredere din partea auditoriului neobişnuit cu realităţile lumii digitale. Părea mai mult o metaforă decât o realitate.

Când am folosit prima dată în urmă cu mulţi ani sintagma "potop digital" am simţit o umbră de neîncredere din partea auditoriului neobişnuit cu realităţile lumii digitale. Părea mai mult o metaforă decât o realitate. Pe an ce trece ne convingem că suntem martorii, sau poate mai bine zis subiecţii, unui adevărat potop digital. În diagramă încerc să arăt numeroasele surse care ne inundă permanent cu informaţie în formă digitală: calculatoare personale, laptopuri, tablete, telefoane inteligente sau nu, reţele sociale, carduri bancare, coduri de bare, webcamuri, surse de date cu etichetele radio, GPS, Internet, baze de date diverse, inclusiv medicale şi mai nou aplicaţiile de tip cloud computing. Am uitat jocurile digitale îmi atrăgea recent cineva atenţia. Şi are dreptate!

Dimensiunea acestei inundaţii cu date justifică includerea ei în categoria de potop. Cu observaţia că dacă în cazul unei inundaţii cu apă căutăm să scurgem apa departe de noi, în cazul potopului digital contribuim şi noi generând noi şi noi fluxuri digitale.

La originea potopului digital stă tehnologia. Se produc memorii digitale şi aplicaţii pentru stocare din ce în ce mai mari şi sofisticate. Un bait (byte în limba engleză) este echivalentul unui caracter alfanumeric, deci literă, cifră, semn special. Mergem în magazine, şi nu neapărat în cele de

---

[1] Postat pe platforma Adevarul.ro http://adevarul.ro/blogs/vasile.baltac la 20 decembrie 2012

specialitate, chiar în supermarket, şi cumpărăm memorii stick (sau flash) de capacităţi de zeci sau sute de gigabaiţi. Ba chiar adesea le primim ca mici obiecte de protocol. Nu realizăm întotdeauna că un astfel de dispozitiv acum de uz larg este echivalent cu zeci de milioane de pagini scrise sau sute de mii de cărţi.

Înainte de Gutenberg universul informaţional era probabil de ordinul sutelor de milioane de baiţi cu o evoluţie lentă pe măsură ce omenirea a trecut prin folosirea mediilor de memorare primare: piatra, lutul, pergamentul, hârtia. După inventarea tiparului a avut loc prima explozie informaţională. Adevărata explozie se produce însă odată cu apariţia tehnologiilor digitale. Universul digital este estimat azi la 3,5 zetabaiţi, un număr imens care poate fi reprezentat ca 35 urmat de 20 de zerouri! Şi tinde rapid spre anul 2020 la 35 zetabaiţi. Pentru comparaţie volumul cuvintelor rostite de toţi oamenii de pe Terra este de mii de ori mai mic.

Universul digital creşte fiind alimentat secundă de secundă de senzori şi dispozitive diverse, dar mai ales de oameni. Într-un potop clasic nu ştim cum să scăpăm de furia apelor, aruncând peste bord apa! La potopul digital contribuim din plin şi noi, oamenii, cu noi şi noi date. Avem acum 2,4 miliarde de utilizatori Internet, din care un miliard de utilizatori Facebook, şi se va ajunge fără îndoială la trei-patru miliarde. Fiecare postează texte, dar mai ales fotografii. Evoluţia tehnologică face şi ca o fotografie să sară de la sute de mii de baiţi la mulţi megabaiţi. Pe Twitter se trimit sute de milioane de mesaje zilnic!

Care ar fi atunci principalele componente ale arcei digitale? În primul rând căutarea şi găsirea informaţiei relevante, dând la o parte tot ce nu ne interesează. Văd deja un zâmbet pe faţa cititorului: Google! Numai că Google indexează numai câteva procente din informaţia existentă şi nu în Universul Digital, ci în Internet. Perspectivele nu sunt nici ele încurajatoare.

Odată cu creşterea Internet căutarea devine din ce în ce mai dificilă şi apare pericolul deja incipient existent de a fi influenţaţi şi manipulaţi cu anumite rezultate. În plus, se măreşte din ce în ce mai mult Internetul ascuns (Hidden Internet) unde motoarele de căutare nu au acces.

In al doilea rând protecţia colectivă şi personală împotriva avalanşei de spam, malware şi hoax-uri care devine din ce în ce mai mare pe măsură ce creşte universul digital şi mai ales Internetul.

În al treilea rând o componentă vitală, asigurarea perenităţii.

Un document pe piatră sau pergament a putut rezista mii de ani. Ce ne asigură că date de azi vor mai putea fi accesate peste 10 sau 20 ani. Să nu uităm de benzile magnetice din anii 1970 sau floppy-urile din anii 1980.

Se pune întrebarea până când va creşte acest univers digital? Nu există cumva şi un punct de explozie şi sfârşit al lumii digitale sau o dispariţie sub propria greutate?

Există şi în acest sens multe teorii, inclusiv al unui punct Omega ce se atinge în 2012 (?!), dar despre acestea cu altă ocazie.

Comentarii blog

Dragulanescu Nicolae Ma bucur sa constat ca, in conditiile in care in presa noastra scrisa expusa la chisocuri abunda articolele cu subiecte "senzationale" inspirate de/ din scandaluri, politicieni, barfe, cancan-uri si forme feminine, intr-un cotidian de mare tiraj mai pot aparea la noi si asemenea contributii ca cea a domnului profesor Baltac... Multumesc redactiei si autorului pentru acest articol esential. Ca profesor universitar, consider ca EDUCATIA IN DOMENIUL STIINTEI INFORMATIEI (domeniu cvasi-total neglijat la noi - cu exceptia bibliotecarilor romani care se ambitioneaza sa se ocupe de STIINTA INFORMARII si de TEHNOLOGIA INFORMARII – ce sunt, de fapt, altceva!) constituie raspunsul CORECT SI EFICACE la provocarile determinate de ceea ce se numeste "prapastia digitala" ("DIGITAL DIVIDE") si "potopul digital". Dar, din pacate, nici Ministerul Societatii Informationale si Comunicatiilor si nici Academia Romana (care are o sectie dedicata Stiintei si Tehnologiei Informatiei) NU AU FACUT SI NU FAC NIMIC pentru a promova in tara noastra viitoarea SOCIETATE INFORMATIONALA. Aceasta exista deja in statele dezvoltate avand ca "stalpi de sustinere" esential, alaturi de Tehnologia informatiei, Stiinta informatiei, cu metodele, modelele, legile, teoriile, modelele si tehnicile ei, permitand si facilitand:
- prevenirea, evitarea si contracararea HARTUIRII TEXTUALE, SUPRAINFORMARII, DEZINFORMARII, PSEUDOINFORMARII, PROPAGANDEI si MANIPULARII - prevenirea, depistarea si combaterea FRAUDELOR INFORMATICE -...vezi tot comentariul

Vasile Baltac Vă mulţumesc domnule Profesor! Aveţi multă dreptate şi mă încurajaţi să continui şi pe această cale efortul de a convinge cât mai mulţi decidenţi că societatea bazată pe informaţie şi cunoştinţe nu se construieşte de la sine.

Matei Udrea Foarte interesanta postare. Si, cel mai important, sprijinita pe informatii concrete, pe cifre. Sistematizati excelent datele pe care, altfel, probabil ca le resimt foarte multi dintre utilizatorii de Internet, dar nu reusesc sa le cristalizeze si sa le constientizeze. *Domnule Baltac, in masura in care aveti timp, as fi bucuros sa citesc aici noi articole pe aceasta tema si nu numai. Matei*

Vasile Baltac Va multumesc domnule Udrea. Am mai postat deja ceva despre profetiile privind Internet si 2012 si ma gandesc la o postare privind evolutia de la tuburi la circuite integrate (ma refer la impactul in societate)

Matei Udrea Domnule Baltac, astept cu interes aceasta postare, mai ales ca, atunci cind am resimtit eu efectele acestei evolutii (dupa 90), mi s-a parut ceva in egala masura revolutionar si miraculos. :) Cu stima, Matei

Vasile Baltac Am postat azi "Tuburile electronice - unde au dispărut?" şi mă întreb ce putem face ca evoluţia tehnologică să se adapteze mai bine la nevoile noastre.

INTELIGENȚĂ ARTIFICIALĂ, ROBOȚI ȘI... POEZIE![1]

Recent pe Internet a apărut știrea că Google a creat un poet în cadrul unor experimente de inteligență artificială. Este oare un început de drum și vom avea roboți care scriu poezii?

Mai precis, știrea spune că Google a vrut să îmbunătățească acuratețea gramaticală a motorului lor de inteligență artificială și i-au dat să citească 2.685 de romane de dragoste. Motorul a „învățat" și a început să scrie poezii. Desigur, nu la întâmplare. În cadrul experimentului, motorul, căruia o să-i spunem în continuare robot, a primit o primă și o ultimă propoziție și i s-a cerut să le lege între ele. Rezultatul a fost o poezie cum este aceasta:

there is no one else in the world.

there is no one else in sight.

they were the only ones who mattered.

they were the only ones left.

he had to be with me.

she had to be with him.

i had to do this.

i wanted to kill him.

i started to cry.

i turned to him.

Traducere:

---

[1] Postat pe platforma Adevarul.ro http://adevarul.ro/blogs/vasile.baltac la 18 mai 2016

Nu este nimeni altcineva în lume

Nimeni în zare

Numai ei contau

Erau singurii rămaşi

El trebuia să fie cu mine

Ea trebuia să fie cu el

A trebuit s-o fac

Am vrut să-l omor

Am început să plâng

M-am întors spre el

Traducerea este, desigur, aproximativă şi nu aparţine unui poet. Şi au mai fost şi alte poezii similare.

Să ne speriem? Ajung roboţii să ne lipsească şi de una dintre cele mai sublime omeneşti obiceiuri, aceea de a scrie poezie, uneori chiar genială?

Pentru comparaţie cu „opera" robotului redau o poezie scrisă de un copil la şase ani pentru care limba engleză nici nu este limbă maternă. El nu a primit prima şi ultima propoziţie, doar şi-a ales tema, în acest caz „Hate" (Ură):

Hate is black like darkness

And it tastes like mud

Hate smells like a dump place

It looks like a dead place

Hate sounds like a scream

I feel like hate is all over me

Traducere:

Ura este neagră ca întunericul

Şi are gust de noroi

Ura miroase a hazna

Arată ca un loc mort

Ura sună ca un ţipăt

O simt cum mă înconjoară

(We are writers, ©King's Oak British International School 2016):

Se apropie robotul de imaginaţia unor preşcolari? Chiar dacă experimentul nu s-a făcut în condiţii similare, se pare că nu avem încă motive nici de teamă, nici de entuziasm.

Să vedem întâi în ce a constat experimentul Google. Robotul a citit mii de romane de dragoste. A reţinut sintagme şi propoziţii diverse şi corelări făcute între acestea de autorii oameni. Apoi pe baza unui algoritm care nu a fost dat publicităţii, a făcut propriile corelaţii. Ca experiment dadaist, poate sună a poezie. După mine, suntem încă departe de poezie şi vom continua să fim pentru un viitor greu de definit.

Experimentul Google cu roboţii care scriu poezii poate fi comparat cu un alt experiment de mare impact: traducerea automată.

Încercările de traducere automată datează din zorii calculatoarelor electronice. Memoria redusă a calculatoarelor şi viteza de calcul mică au făcut ca traducerile să fie stângace şi cu multe erori. În luna mai a anului 1962, cercetătoarea Erica Domoncoş-Nistor a efectuat cu calculatorul MECIPT-1 la Politehnica din Timişoara şi cu un algoritm propriu prima traducere automată din limba engleză în română. Calculatorul avea un vocabular de câteva zeci de cuvinte şi traducerea a fost aproximativă, dar a stârnit entuziasm prin deschiderea de drum pe care o oferea.

În alte cazuri, încercările au dat rezultate care au provocat zâmbete, un calculator american traducând din rusă în engleză un buletin de ştiri a scris Week (Săptămână) în locul numelui de familie al unui celebru mareşal sovietic Nedelin, mort în 1960 într-o catastrofă la poligonul de rachete Baikonur. Confuzia provenea de la faptul că în limba rusă nedeli înseamnă săptămână!

Evoluţia tehnologică a condus la o creştere uluitoare a performanţei în traducerea automată. Creşterea de performanţă se bazează pe algoritmi compleçşi de analiză a textelor şi pe folosirea traducerilor autorizate existente în bibliotecile unor state care folosesc mai multe limbi oficiale (exemplu Canada) sau ale Uniunii Europene. Google Translate domină piaţa cu traducere automată din 90 limbi şi 200 milioane utilizatori zilnic.

Traducerile Google Translate nu sunt nici azi perfecte, dar sunt mult mai bune decât primele încercări din anii 1960. Să vedem un exemplu traducând cu Google Translate poezia de mai sus scrisă de robot:

there is no one else in the world.

there is no one else in sight.

they were the only ones who mattered.

they were the only ones left.

he had to be with me.

she had to be with him.

i had to do this.

i wanted to kill him.

i started to cry.

i turned to him.

Traducere Google:

aici este nimeni altcineva din lume.

nu există nimeni altcineva înaintea ochilor.

ei au fost singurii care au contat.

ei erau singurii ramase.

el a trebuit să fie cu mine.

ea a trebuit să fie cu el.

Am avut de a face acest lucru.

Am vrut să-l omoare.

am început să plâng.

M-am întors spre el.

Destul de bine, se înțelege, se pot scuza erorile gramaticale, dar mai este nevoie de intervenție umană pentru tușa finală.

Îmi este greu de crezut că și după zeci de ani un robot-poet va produce ceva care să ne producă satisfacții artistice. Mă amuză gândul că i se va da să-i citească pe Eminescu, Alecsandri, Coșbuc, Bacovia, Arghezi, Blaga, Ion Barbu, Topârceanu, Nichita Stănescu, Sorescu, Labiș etc. și ce va ieși când va încerca să compileze luând de la fiecare o metaforă, un cuvânt, un vers! Ce amestec digital va produce...

Genialitatea şi singularitatea poetului nu va putea fi egalată de roboţi, va rămâne o particularitate a omului.

Cel mai probabil, poezia va rămâne deci a... oamenilor şi nu a roboţilor! Salut orice părere contrară, dar argumentată!

Comentarii blog

Nirolf Timpul . Timpul va decide . Acum 200 de ani era de domeniul SF deplasarea oamnenilor cu avionul . Televiziunea sau telefoanele zilelor noastre acum 50 de ani pareau utopice omenilor de rand . Astazi si ciobanii la stana il stapanesc . La jocul de sah se spunea ca NICIODATA "masina" - inteligenta artificiala - nu va putea invinge omul . Astazi nu exista campion mondial care sa invinga "masina" . Provocarea suprema ar reprezenta-o implementarea "masinii" cu "sentimente" . Cand pierde un pareu sau la un joc oarecare sa-i para rau , chiar sa planga . Inteligenta artificiala cu emotii si sentimente . Atunci masina ar putea scrie poezii . De ce ar mai fi necesar omul in asemenea situatie ?

Iulian Arion Domeniul AI (Artificial Intelligence) a însoţit dezvoltarea performanţelor computerelor de la început. Îmi aduc aminte de un număr al publicaţiei Panoramic Britanic de acum 30 de ani (editat de Centrul Cultural Britanic din Bucureşti) în care un braţ articulat scria pe un ou. Tehnologia a evoluat şi astăzi pe toate ouăle este scrisă dată producerii! Atunci se zicea că este inteligenţă artificială. Astăzi nimeni nu susţine aşa ceva fără a fi considerat ridicol. S-au dezvoltat diverşi algoritmi. Dar nu este inteligenţă artificială ci inteligenţa creatorului programului. Scrierea poeziilor se bazează tot pe agoritmi, tabele de sinonime, tabele de rime, algoritmi de ritm, reguli de scriere. Până la inteligenţă artificială mai este mult. Pe la începutul anilor 70 ai secolului trecut se credea că în anul 2000 (deci acum 16 ani!) roboţii vor înlocui munca fizică, vor eradica sărăcia din lume, bolile vor dispărea. Şi astăzi copiii sunt minţiţi în sistemul educaţional că imprimanta trei de va face orice, că nu vor mai muncii decât proştii, că nu mai este nevoie să muncească aşa cum muncesc părinţii lor. Este suficient să se concentreze la a avea bani, iar restul nu mai contează. Este nevoie de stimularea prin exerciţii ale minţii, dezvoltarea interesului, pasiunii, motivaţiei copiilor pentru muncă. Este nevoie de înfătuirea cu promptitudine a actului de justiţie pentru descurajarea actului infracţional. Este nevoie de colonii penitenciare de muncă pentru prinţul de R, Truică, Andronic şi mulţi alţii care îi vor urma. Este nevoie ca avocaţii acestor criminali să nu mai aibă voie să promoveze avocatura crimei, dezincriminarea crimei, apologia crimei la posturile TV . Este nevoie de Democraţie Directă. Nu suntem o organizaţie, dar suntem organizaţi.

Stanila Ion Data pe oua nu e "scrisa", e imprimata in intregime dintrodata , gen stampila... In alta ordine de idei, expresia deja impamantenita "inteligenta artificiala" este un nonsens. Cum ar putea o "masina" (de altfel americanii exact asa ii spun calculatorului), care se foloseste de cifrele "0" si "1" si de o serie de operatii logice pentru a "executa" ce i se dicteaza de catre analistii programatori, e drept cu o viteza pe care acestia n-o pot nici visa, sa "gandeasca" si, mai ales sa aiba sentimente? Povestea "inteligentei artificiale" o sa ramana multa-multa vreme SF.

Dan Vasii Principala problema cu inteligenta artificiala: NU EXISTA NICI O TEORIE FUNDAMENTALA SI MODEL FUNCTIONAL! De exemplu, prin comparatie cu inteligenta animalelor, este evident ca sursa inteligentei umane este reprezentata de CONSTIINTA

Dan Vasii CONSTIINTA practic nu este explicata deloc stiintific, ci doar abordata la nivel filozofic. In consecinta, suntem foarte departe de AI nivel uman. AI nivel animal este pe cale de a fi complet functionala, dar este nerelevanta - animalele nu au stiinta, arte, umor.

Dan Vasii O alta iluzie este reprezentata de programele specifice, ca cele care joaca sah sau GO. Ele nu reprezinta inteligenta artificiala in sensul fundamental, fiind doar abilitati umane transformate in programe. D. ex. un program de sah reprezinta chintesenta cunoasterii umane transformate in program, nu o entitate inteligenta care invata jocul, se perfectioneaza treptat si ajunge prin propriile mijloace la nivel de maestru. Tot iluzie este si abordarea la nivel stocastic (tratare statistica) a limbajului uman. Omul rationeaza si enunta un sir de cuvinte cu semnificatie. Calculatorul trateaza probabilistic acest sir - adica pe baze statistice genereaza un raspuns. De pilda: ce faci, bade? Bine, multumesc, va fi raspunsul calculatorului. Dar daca intrebarea era despre ceva concret, omul va raspunde: tai lemne. Calculatorul este lipsit de capacitatea de a interpreta contextul, intrucat aceasta are posibilitati infinite de interpretare, iar capacitatea calculatorului este finita. De aceea testul Turing este nesemnificativ.

POEMUL ANULUI - CULES DIN INTERNET![1]

Se discută mult despre decalajul digital între generații, procentul mic al celor de vârsta treia care intră în lumea digitală.

Poemul de mai jos, scris aparent de un anonim, se găsește pe zeci de website-uri ca un tribut adus celor care la vârste înaintate nu ezită să folosească tehnologiile digitale. Cititorii cu talente literare pot oferi variante în limba română mai bune.

Poem of the Year

The computer swallowed Grandma,

Yes, honestly it's true!

She pressed 'control and 'enter'

And disappeared from view.

It devoured her completely,

The thought just makes me squirm.

She must have caught a virus

Or been eaten by a worm.

I've searched through the recycle bin

And files of every kind;

I've even used the Internet,

---

[1] Postat pe platforma Adevarul.ro la 16 septembrie 2016

But nothing did I find.

In desperation, I asked Mr. Google

My searches to refine.

The reply from him was negative,

Not a thing was found 'online.'

So, if inside your 'Inbox,'

My Grandma you should see,

Please 'Copy, Scan' and 'Paste' her,

And send her back to me .

This is a tribute to all the Grandmas & Grandpas, who have been fearless and learned to use the Computer.........

They are the greatest!!!

Traducere fără pretenții literare:

Poemul anului

Calculatorul a înghițit-o pe bunica,

Da, sincer e adevărat !

Ea a apăsat pe " control și " Enter "

Și a dispărut din vedere.

Acesta a devorat-o complet,

Gândul mă face să tremur,

Ea trebuie să fi prins un virus

Sau a fost mâncată de un vierme[1]

Am căutat prin coșul de reciclare[2]

---

[1] Worm – vierme (informatic)
[2] Recycle bin

Şi în fişiere de orice fel;

Am folosit chiar Internetul,

Dar nimic nu am găsit.

In disperare de cauză, l-am rugat pe dl Google

Rezultatele căutării mele să le rafineze

Răspunsul lui a fost negativ,

Nu este ceva care a fost găsit "on-line"

Aşa că, dacă în " Inbox " tău

Bunica mea o vedeţi ,

Vă rugăm să faceţi " Copiere , Scanare 'si ' Paste ',

Şi să mi-o trimiteţi înapoi.

Acesta este un tribut tuturor Bunicelor & Bunicilor, care au fără frică au învăţat să utilizeze calculatorul ....

Ei sunt cei mai mari !!!

INTERNETUL SI BILE⬚ELELE SFÂNTULUI ANTON(2009)[1]

Înainte de Era digitală multe mesaje rămâneau într-un cerc restrâns de auditori sau cititori. Printre acestea îmi amintesc din copilărie de bile⬚elele Sfântului Anton pe care le găseai în cutiile poştale. Invariabil scrise de mână cu creion chimic, pentru a rezista la eventuala expunere la intemperii, cu o ortografie ce denota cel mult o alfabetizare recentă, bile⬚elele te îndemnau la peniten⬚ă şi rugăciuni pentru iertarea păcatelor. Represiunea era cruntă, un val de nenorociri urma să se abată asupra celui care nu asculta de ordinele din bilet.

Apoi au apărut scrisorile nigeriene. Autorii te anunţă sunt "moştenitori" în Nigeria, ai unor sume de zeci de milioane de dolari, de regulă delapidate, şi poţi beneficia de 30-40% din sumă dacă le pui la dispoziţie un cont bancar. Finalul este escrocarea celor lacomi de câştig uşor care intră în joc. Puţini ştiu că veneau şi la noi prin poştă astfel de scrisori încă de prin anii 1984-1985. După 1990 au fost şi câţiva români care au plătit scump intrarea în acest tip de corespondenţă.

Era digitală face ca acum acest gen de mesaje să fie difuzate la scară mondiala datorita unui avantaj intrinsec al e-mailului care se transformă astfel şi în dezavantaj. E-mailuri de acest tip cu fişiere ataşate de sute de kilobaiţi până la câţiva megabaiţi se pot multiplica pe o schemă piramidala si bloca reţelele digitale mai puţin performante.

În general se foloseşte pentru acest tip de e-mail denumirea de hoax. Traducerea oferită de dicţionare pentru hoax este farsă sau păcăleală. Nu totdeauna un hoax (se pronunţă houks) este numai farsă sau păcăleală,

---

[1] Postat pe platforma de blog a autorului "Despre tehnologia informaţiei şi ... nu numai" http://vasilebaltac.blogspot.ro/ la 2 martie 2009

ambele cuvinte în limba română având sens în care lipseşte nocivitatea şi pericolul. Omniprezenţa Internet face din multe dintre mesajele de acest tip ceva foarte nociv. În plus mesajele hoax fac parte din categoria de spam, adică mesaje nesolicitate de destinatar.

Mă voi opri numai asupra două tipuri de mesaje e-mail: scrisorile nigeriene şi scrisorile moralizatoare. Nocivitatea scrisorilor nigeriene a fost expusă pe larg în mediul Internet şi în majoritate a cazurilor aplicaţiile anti-spam le opresc. Inventivitatea autorilor acestor mesaje este debordantă. De la Nigeria au ajuns în Coasta de Fildeş, apoi au devenit rude ale lui Sadam Hussein sau Pinochet. În urmă cu ceva timp am urmărit un documentar pe Discovery Channel şi am rămas uimit să aflu că în Marea Britanie cam 2% din cei care primesc acest gen de scrisori răspund şi cei mai mulţi pierd sute până la zeci de mii de lire sterline. Numai este de mult un secret, dar este bine de reamintit. Cum spun americanii "there is no free lunch". Indiferent de formă scrisorile nigeriene sunt o escrocherie, care exploatează credulitatea şi lăcomia.

Al doilea tip de mesaje din ce în ce mai răspândit în ultima vreme sunt scrisori care conţin prezentări de tip Powerpoint cu imagini şi muzică din cele mai frumoase. Prezentări bogate în megabaiţi care se transmit şi ele piramidal.

Cel mai puţin nocive sunt cele de promovare turistică. Singura obiecţie ce le poate fi adusă este că fişierul ataşat ar putea fi pus undeva pe web, de exemplu cu o aplicaţie Google Photo sau alta similară, şi trimis destinatarului numai un link pentru a descărca fişierul numai dacă doreşte.

Altele conţin texte moralizatoare cu inspiraţie creştină, budistă, musulmană sau a altor religii sau crezuri. Dalai Lama este la modă şi el. Provin de pe toate meridianele traduse sau nu în limba română. Spre deosebire de bileţelele Sfântului Anton finalul acestor mesaje nu promite nenorociri dacă nu le multiplici, ci fericirea în funcţie de ... numărul celor care le vor primi de la tine. Pentru vorbitorii de franceză citez dintr-un astfel de mesaj

"Envoyez ceci à au moins 5 personnes et votre vie s'améliorera. 0-4 personnes: Votre vie s'améliorera légèrement. 5-9 personnes: Votre vie prendra la tournure que vous voulez. 9-14 personnes: Vous aurez au moins 5 surprises dans les 3 prochaines semaines. 15 et plus: Votre vie changera drastiquement!!"

Autorul cuantifică fericirea în sistem zecimal! Trimiți e-mailul la 15 persoane și ai scăpat de griji ... :-)

Mai grave sunt textele care conțin profeții și cele mai multe se referă la sfârșitul lumii. Unul primit de mine recent este bazat pe teoria conspirației și ne spune ce "ascunde" Vaticanul privind sfârșitul lumii : un cataclism nuclear în anul 2012 prezis la Fatima. Privind conținutul mesajului în sine pot spune că mă preocupă de mai mulți ani științele ezoterice și am citit câte ceva în această direcție. O comunicare a mea la o sesiune științifică recentă amintește chiar de accelerarea descoperirilor științifice si apropierea de punctul Omega, punct în care ... o luăm de la început. Mă refer la Internet al cărui punct Omega este prezis de unii chiar în fatidicul 2012. Opinia mea este ca forțele de frânare fac ca aceasta accelerare să ne ducă la Omega Point numai teoretic. O forță de frânare majoră este educația care nu pătrunde în mase așa de ușor cum pătrund tehnologiile. Mai pe larg pentru cei interesați de subiect în cartea profesorului american Frank Tipler "Fizica nemuririi" apăruta și la noi în Editura Tehnica în 2008. Nu știu dacă pot fi de acord cu el fiind greu de urmărit demonstrația dacă nu ești fizician. Dar oricum este mai "optimist" decât profețiile de la Fatima, demonstrând "științific" viața de apoi.

În final, câteva păreri.

Dacă e-mailul primit are un text sau fișier cu calități artistice, științifice sau turistice trimiteți-l mai departe. Veți face și pe alții părtași la o bucurie aleasă. Dacă știți și puteți să folosiți cloud computing trimiteți numai un link cu adresa unde ați pus prezentarea/textul respectiv. Dacă nu este acceptabil să faceți forward. Dar nu uitați că este posibil ca dacă ați menționat zeci de adrese, e-mailul să fie considerat spam. În plus unele aplicații de mail nu permit fișiere atașate mai mari de 10 megabaiți.

Dacă e-mailul este din categoria textelor moralizatoare de tip piramidal nu-l trimiteți decât celor care știți că le acceptă. Cei mai mulți sunt prieteni și le va fi greu să vă spună să nu le mai trimiteți. O soluție ar fi în acest caz să trimiteți numai celor care vă trimit și ei, sau eventual vă răspund cu comentarii care nu presupun respingerea tipului de mail respectiv. Oricum nu trimiteți acest gen de mesaje pe liste de mail. Unii participanți la liste pot fi nemulțumiți. Nu le postați pe intranetul firmei sau organizației dacă politica acesteia nu vă permite.

Comentarii blog

Anonim Ce sustine Tipler ?

Vasile Baltac Cartea este tradusa intr-adevar in limba romana

Frank J. Tipler Fizica nemuririi (Dumnezeu, cosmologie moderna si invierea mortilor), Editura tehnica , 2008

Despre el la http://en.wikipedia.org/wiki/Frank_J._Tipler de unde citez:

In his controversial[5] 1994 book The Physics of Immortality, Tipler claims to provide a mechanism for immortality and the resurrection of the dead consistent with the known laws of physics, provided by a computer intelligence he terms the Omega Point and which he identifies with God. The line of argument is that the evolution of intelligent species will enable scientific progress to grow exponentially, eventually enabling control over the universe even on the largest possible scale. Tipler predicts that this process will culminate with an all-powerful intelligence whose computing speed and information storage will grow exponentially at a rate exceeding the collapse of the universe, thus providing infinite "experiential time" which will be used to run computer simulations of all intelligent life that has ever lived in the history of our universe. This virtual realityOmega Point is required to avoid the violation of the known laws of physics. emulation is what Tipler means by "the resurrection of the dead." In more recent works, Tipler says that the existence of the.. dar tot acolo According to George Ellis's review of Tipler's book in the journal Nature, Tipler's book on the Omega Point is "a masterpiece of pseudoscience .." De aceea m-am si distantat de a-l credita total.

Raluca Ionescu m-am bucurat sa citesc acest articol- dupa ani intregi de experimentat toate tipurile de mesaje piramidale mentionate mai sus :) de asemenea, incepusem sa consult frecvent un site care listeaza majoritatea "hoax"- urilor , http://www.snopes.com/, pentru a sti ce sa cred si ce nu din mailurile primite (mai ales cele "umanitare"- "familia acestui copilas a facut un acord cu Yahoo sa primeasca 2 centi pentru fiecare adresa de email..." cunoasteti restul :)

DESPRE INTERNET, ULTRAVIOLETE, HOAX, DIGITAL DIVIDE(2009)[1]

Am primit în ultimele zile pe mail de la persoane foarte serioase mai multe avertizări privind radiații ultraviolete anormale pe care două puteri ale statului, guvernul și mass-media, ni le ascund. La rândul lor persoanele respective le-au primit de la alte persoane serioase.

În principiu, este vorba de faptul că ni se ascunde o alertă generală în Europa privind radiațiile ultraviolete provenite de la soare care au ajuns la nivele de 9,4 (Ungaria) de 9 ori mai mari decât poate suporta pielea omului în condiții normale. În plus, că România este și ea în zona afectată.

M-am documentat, operație foarte simplă, chiar pe Internet. Nu întâmplător informații detaliate sunt date de Guvernul Australiei, dată fiind radiația solară intensă asupra continentului respectiv.

La adresa http://www.bom.gov.au/info/about_uv.shtml ni se lămurește ce este indexul UV, fiecare unitate a scalei reprezentând 25 miliwatt pe metru pătrat. O imagine sugestivă arată cum se citește o alertă de radiații ultraviolete.

Valori de 12 unități sunt considerate extreme și periculoase, o expunere îndelungată conducând la pericolul cancerului de piele.

Am fost curios care sunt valorile înregistrate în ultimele zile la București. Tot pe Internet am găsit monitorizarea indexului UV de către un laborator din Olanda

http://www.temis.nl/uvradiation/nrt/uvindex.php?lon=26.1&lat=44.4.

Am introdus coordonatele orașului București și a rezultat tabelul de mai jos cu date care par normale pentru lunile de vară. Pentru comparație am

---

[1] Postat pe platforma de blog a autorului "Despre tehnologia informației și ... nu numai" http://vasilebaltac.blogspot.ro/ la 30 iunie 2009

studiat şi oraşul Bordeaux care se află aproximativ pe aceiaşi latitudine şi unde situaţia este comparabilă.

Bucharest

Date	UV	ozone
28 Jun 2009	7.6	343.2 DU
29 Jun 2009	7.9	332.8 DU
30 Jun 2009	7.8	334.6 DU
1 Jul 2009	7.6	340.8 DU
2 Jul 2009	7.6	341.1 DU
3 Jul 2009	8.1	324.0 DU
4 Jul 2009	8.1	325.3 DU
5 Jul 2009	8.2	322.4 DU
6 Jul 2009	8.1	324.0 DU

Bordeaux

Date	UV	ozone
28 Jun 2009	8.1	323.9 DU
29 Jun 2009	8.0	325.8 DU
30 Jun 2009	8.4	314.0 DU
1 Jul 2009	8.8	305.4 DU
2 Jul 2009	8.1	321.5 DU
3 Jul 2009	8.7	307.5 DU
4 Jul 2009	8.4	313.2 DU
5 Jul 2009	7.8	330.8 DU
6 Jul 2009	8.1	319.9 DU

În emisfera sudică fiind iarnă nivelele sunt reduse. Ca de exemplu, la Melbourne.

Melbourne

Date	UV	ozone
30 Jun 2009	1.6	313.0 DU
1 Jul 2009	1.6	301.7 DU
2 Jul 2009	1.4	354.3 DU
3 Jul 2009	1.7	293.8 DU
4 Jul 2009	1.8	280.2 DU
5 Jul 2009	1.9	274.8 DU
6 Jul 2009	1.8	282.7 DU
7 Jul 2009	1.7	305.6 DU
8 Jul 2009	1.7	302.6 DU

În concluzie, ştim cu toţii că vara radiaţiile ultraviolete sunt mai puternice decât în alte anotimpuri, medicii ne sfătuiesc să ne expunem moderat la soare, mai ales în iulie şi august. Dar, de aici până a anunţa că ni se ascunde o alertă generală este cale lungă.

Apare deci evident că mesajele sunt expresia unei glume proaste, în limba engleză hoax.

Mă întreb adesea cine creează astfel de hoax-uri şi de ce o fac. Probabil, unii ca să se amuze pe seama celor ce nu au timp sau cunoştinţe să verifice.

Alţii, chiar cred în ce spun, dar nu realizează că Era Digitală permite multiplicarea exponenţială şi a ştirilor adevărate şi a celor false.

Internetul introduce o nouă formă de decalaj digital (digital divide), cel legat de capabilitatea de interpretare a conţinutului digital.

Comentarii blog

Anonim Asa se genereaza trafic pe site-ul care contine "stirea" respectiva. Chiar daca in final citesti mai mult despre subiectul respectiv si intelegi ca este vorba de un fals, accesand pagina cu pricina ai contribuit deja la cresterea ranking-ului si a numarului de accesari. Un alt exemplu recent este si cel al fotografiilor pretinse a fi din Airbus-ul AirFrance care s-a prabusit in Oceanul Atlantic dar care erau de fapt luate din serialul LOST. Daniel

Horia Toma   Opuneti hoax-ului dumneavoastra un articol decent despre potentiala amenintare: http://www.romanialibera.ro/a158716/norul-rosu-ne-

pandeste-in-concediu.html Textul precizeaza scara (limita superioara este 15) in baza careia trebuie citite si interpretate valorile alarmante. Reteta succesului unei stiri panicarde: deformare si transformare pentru a supralicita si a oferi potential comercial (panica atrage, doar ne priveste pe toti), apoi o aluzie la conspiratia guvernamentala (capacitate de a starni revolta).

NEVOIA DE INSTRUIRE ŞI TEHNOLOGIILE INFORMAŢIEI(2007)[1]

De peste doi ani îmi programez concediile şi-mi rezerv hotelurile numai pe Internet. Chiar şi în România, deşi multe hoteluri la noi încă refuză nu numai rezervarea on-line, dar nici nu oferă pasagerilor acces Internet.

Am călătorit pe un itinerar ales pe Internet, aflând nu numai pe unde să merg, dar şi numărul de kilometri şi costul benzinei. Am folosit un navigator GPS şi nu am mai pus mâna pe hartă zile întregi. Când pe harta GPS nu am găsit adresa exactă a punctului de destinaţie, m-am uitat cu Google Earth şi am determinat precis coordonatele geografice pe care le-am introdus în GPS şi am ajuns astfel sigur la destinaţie. Fotografiile făcute le-am încărcat pe Internet şi am trimis prietenilor numai un mail scurt cu o adresă unde puteau să le vadă şi eventual să le imprime fără a mai bloca liniile cu zeci de megabaiţi transferaţi. Mi-am citit emailurile vitale pe telefonul mobil. Şi multe alte lucruri care m-au făcut să economisesc timp şi să am mai mult pentru admirat fie privelişti, fie opere de artă, fie pur şi simplu să mă odihnesc mai mult.

De ce spun toate acestea? Deoarece mă întreb câţi dintre concetăţenii noştri pot face toate acestea şi dintre cei care au mijloacele tehnice, câţi ştiu să o facă?

Mijloacele tehnice deja există şi sunt relativ accesibile. Un calculator costă mai puţin decât un frigider şi numai înţelegerea nevoii de el împiedică a familie cu venituri medii să îl achiziţioneze. Un abonament Internet costă lunar cât o masă la un restaurant într-o seară. Rămâne instruirea de a folosi aceste tehnologii.

---

[1] Postat pe platforma de blog a autorului "Despre tehnologia informaţiei şi ... nu numai" la http://vasilebaltac.blogspot.ro/ 11 septembrie 2007

Efectuez de câțiva ani un sondaj cu absolvenți de facultate (de la facultăți care nu sunt de specialitate). Urmăresc sa vad in ce măsura termeni, sintagme, noțiuni specifice utilizării tehnologiilor informației si comunicațiilor sunt cunoscute acestei categorii de persoane.

Nu mă refer la termeni de stricta specialitate, ci la unii întâlniți în mass-media și chiar panouri publicitare, pe baza cărora facem alegeri de abonamente de telecom și care fac parte din viața noastră de zi cu zi cum ar fi: ADSL, bluetooth, CDMA, certificat digital, chei publice, EDGE, Java, pixel, 3G, Wi-Fi, etc. Respondenților li se cere numai să bifeze dacă știu bine despre ce este vorba, bănuiesc că știu sau nu știu.

În ceea ce privește cultura generală TIC, dacă mulți știu sau cred că știu care este diferența între Kbps și KBps, cei mai mulți nu știu ce este POS, URL, FTP sau RFID.

Noțiuni ca eGovernment sau servicii web sunt reclamate ca fiind cunoscute. In fapt ultimele sunt confundate cu accesul la Internet.

Surprinzător este că mulți termeni din telecomunicații într-o țară cu 17 milioane de posesori de telefoane mobile, cu un număr din ce în ce mai mare de abonați la Internet banking, sunt puțini stăpâniți. Sub 50% știu sau bănuiesc că știu ce sunt ADSL, TCP/IP, chei publice, criptare 64/128 biți și nimeni nu a știut ce reprezintă CDMA, UMTS, Wi-Fi, WiMAX.

Se poate spune pe bună dreptate că eșantionul ales este nereprezentativ și că în realitate lucrurile stau mult mai rău, dacă am extinde sondajul mai departe în societate la toți actualii sau potențialii utilizatori Internet.

Care este mesajul meu în acest context? Nu putem face pași înainte spre o folosire generalizată a tehnologiilor informației de către toată lumea fără investiții uriașe în educația de bază a utilizării TIC. Nu ar mai trebui să existe absolvent de facultate sau de liceu fără a avea aceste cunoștințe minime, măcar la nivel ECDL..

Altfel tineretul se va rezuma să navigheze pe Internet, să trimită emailuri și SMS și să fie prezent pe chat.

Iar cei mai în vârstă să se uite la Internet ca la ceva inaccesibil, iar aceia dintre ei care au de exemplu blog să fie priviți ca animale exotice într-o menajerie de troglodiți.

DIGITAL DIVIDE: "PRĂPASTIE DIGITALĂ" SAU "DECALAJ DIGITAL"(2010)?[1]

Constat că sintagma "digital divide" este adesea tradusă la noi ca "decalajul digital", un eufemism pentru "prăpastia digitală". Ne este probabil jenă şi nu este politically correct să vorbim de prăpastie digitală după 20 ani de numeroase strategii şi planuri de tip România digitală sau eRomania.

În 1989 eram mult rămaşi în urmă faţă de Europa de vest, dar ocupam o poziţie invidiată în Europa de est, unde exportam cu succes minicalculatoare performante Independent sau Coral, cu software-ul şi aplicaţiile aferente.

După 20 ani, mă uit cu amărăciune pe raportul "Europe's Digital Competitiveness Report: Main achievements of the i2010 strategy 2005-2009" şi văd că România este pe locul 27 (desigur din 27) la accesul regulat la Internet, trimiterea de e-mailuri, căutarea de produse şi servicii on-line, căutarea de locuri de muncă prin internet, folosirea de servicii eGovernment de către firme şi cetăţeni ş.a.

Mai grav este că nu se vede nici luminiţa de la capătul tunelului: suntem pe ultimul loc în Uniunea Europeană şi la procentul din PIB al cheltuielilor C+D pentru tehnologiile informaţiei şi comunicaţiilor şi la procentul din totalul angajaţilor al personalului cu competenţe digitale de bază.

De regulă, citind astfel de rapoarte ne consolăm că am intrat târziu în UE, că noi şi Bulgaria suntem abonaţi la ultimele 2 locuri, etc.

Mai simplu ar fi să se adopte câteva măsuri energice de stimulare a unor proiecte naţionale de informatizare şi instruire pe scară largă a populaţiei în folosirea noilor tehnologii (alfabetizare digitală).

---

[1]Postat pe platforma de blog a autorului "Despre tehnologia informaţiei şi ... nu numai" http://vasilebaltac.blogspot.ro/ la 8 martie 2010

Mi se pare absurd să nu găsim fonduri pentru eGovernment în 2010, fonduri echivalente probabil cu câţiva kilometrii de autostradă.

Prăpastia se adânceşte ... Nimeni nu stă pe loc.

SFÂRŞITUL INTERNETULUI ÎN ANUL 2012 - ALT MIT SPULBERAT[1]

Anul 2012 a fost din multiple cauze un an al prezicerilor fataliste. Ele nu au ocolit nici soarta Internet. Dacă în cazul "sfârşitului lumii" prezicerile plecau de la calendarul maiaş, interpretat sau nu greşit, unele fenomene obiective păreau să anunţe un sfârşit apropiat al Internet. De unde şi un interes major pentru sfârşitul Internet.

O simplă căutare cu Google a "end of internet 2012" m-a condus la 815 milioane de rezultate, unele desigur corelate mai mult cu Internet şi 2012 şi mai puţin cu sfârşitul lui. Dar între primele 10 rezultate sunt unele care prezic în 2009 conform unui respectabil think tank "Nemertes Research" colapsul Internet în 2012 prin blocarea infrastructurii sale urmate de anarhie, sau sfârşitul Internet la 31 martie 2012 printr-un atac al grupării Anonymous, sau în fine se afirmă nici mai mult nici mai puţin că *"What the Mayan calendar predicted is not the end of the world, but the collapse of mankind's greatest invention"* (Ceea ce a prezis calendarul maiaş nu este sfârşitul lumii, ci colapsul celei mai mari invenţii a omenirii).

Internet şi universul digital

Dezvoltarea exponenţială a Internet încântă şi sperie totodată. Volumul de informaţie generată şi stocată în Internet creşte secundă după secundă. Peste 2,5 miliarde de oameni şi mai ales un număr de senzori apreciat la un milion de milioane (10 la puterea 12) generează date stocate în sute de milioane de servere. Este interesant de amintit că peste un miliard de oameni postează pe Facebook şi peste 500 milioane pe Twitter şi adesea nu texte simple, ci fotografii de multe milioane de baiţi, videoclipuri, muzică.

---

[1] Postat pe platforma Adevarul.ro http://adevarul.ro/blogs/vasile.baltac la 5 ianuarie 2013

Universul digital este estimat în prezent la 3500 Exabaiți (35 urmat de 20 de zerouri!) și va ajunge în câțiva ani la 35 Zettabaiți (de 10 ori mai mult!). Din acest univers de date 50% este în mișcare, 40% local și 10% global. Internet a devenit cel mai complex sistem creat de om cu o structură de perfectă inginerie. El s-a integrat puternic în mediul social și personal și a creat schimbări dramatice în toate aspectele vieții societății. Comunicarea umană a ajuns peste pragul unei revoluții, cu impact deja previzibil la a-l depăși pe cel produs de Gutenberg și tipar începând de acum 500 ani. Nu mai departe, chiar instrumentul care facilitează citirea acestor rânduri – blogul – creează un nou grad de libertate, oricine poate deveni autor. Până la blog, Internet însemna informație disponibilă, de acum înseamnă crearea de informație. Agregarea datelor, transmiterea virală, rețelele sociale au introdus o nouă paradigmă a media, de la a fi primul evoluăm spre a fi în miezul lucrurilor.

Internet – cât încă?

Toate aceste tendințe deja foarte vizibile cuplate cu o rezistență de schimbare instituțională și apariția decalajelor digitale îi fac pe mulți să se întrebe cât de departe se va mai dezvolta Internet și dacă nu va pieri sub propria greutate? Întrebări legitime la care se adaugă cele legate de numărul imens de dispozitive interconectate, existența unor limite de interconectare, justificarea necesității creării unor baze de date uriașe, creșterea suficient de rapidă a aplicațiilor necesare și mai recent a deșeurilor și poluării produse de lumea digitală.

Dar, probabil cel mai important fenomen care ne face să punem sub semnul întrebării viitorul internet este accelerarea dezvoltării lui. Schmidhuber a constatat că intervalul de timp între descoperiri radicale în domeniul digital scade exponențial. Are loc deci un fenomen de accelerare, fiecare descoperire majoră vine la un interval de 2 ori mai scurt decât cea precedentă. Să încercăm să ilustrăm: Babagge și primul concept de calculator – 1833, primul calculator electronic ENIAC -1946, prima rețea de calculatoare și poșta electronică– 1969, conceptul de web(www)-1989, Google -1998, Facebook -2004, Twitter -2006, iPad -2010.

Este legitim deci să ne întrebăm cât de departe va merge accelerarea. Există factori care o favorizează cum sunt ciclurile de inovare din ce în ce mai scurte, noile tehnologii care aduc mereu noutăți, densitățile în continuare mari ale circuitelor integrate, progresele comunicării de bandă largă, motoarele de căutare din ce în ce mai performante, creșterea conţinutului, software liber (open-source). Un factor de accelerare care nu poate fi neglijat este stimularea noilor forme de educaţie şi instruire. Un nou concept de drept de autor se afirmă şi produsele oferite fără licenţă abundă. Putem afirma fără a greşi că asistăm la fenomenul "dezvoltat pentru cei bogaţi, disponibil celor săraci". Cine ar fi crezut acum 15-20 ani că vom avea GPS şi hărţi disponibile gratuit?

Punctul Omega

Accelerarea ne conduce însă la mult discutatul Punct Omega? Conceptul Punctului Omega are originea la începutul secolului XX când controversatul abate Pierre de Teilhard Chardin în 1903 a afirmat că universul se dezvoltă constant către nivele înalte de complexitate materială şi conştiinţă, limita fiind suprema conştiinţă Punctul Omega. Frank Tipler în 1986 ne sperie că "universul ajunge la un sfârşit la o singularitate în forma unui Big Crunch (Marea Sfărâmare), datorită creşterii exponenţiale a puterii de procesare a universului" . Recent, în alt plan Ray Kurzweil a definit "singularitatea" ca o perioadă de progres tehnologic extrem de rapid care epuizează tehnologiile prezente şi continuă cu tehnologii încă neinventate. Se vorbeşte de o singularitate în 20-140 ani, o plajă confortabilă pentru a nu ne speria de un Punct Omega la Internet.

Personal, cred că factorii de accelerare sunt serios contrabalansaţi de factori de frânare cum ar fi limite ale tehnologiilor, problemele complexităţii care nu au întotdeauna soluţii deja studiate (vezi omniprezentele bug-uri), potopul informaţional, inutilizarea cronică a resurselor, decalajele aplicaţii – tehnologii, vulnerabilitatea crescută. Să mai adăugăm volatilitatea crescândă a mediilor de stocare. Inscripţiile pe piatră sau pergament pot fi citite după mii de ani. Cine mai poate citi o bandă magnetică înregistrată în anii 1970 sau un floppy disc? Cine ne garantează că în anii 2030 se vor putea citi actualele CD/DVD? Ar mai fi de menţionat decalajul digital şi educaţional. Şi nici multilingvismul nu trebuie uitat. Jumătate din informaţia de pe Internet este în limbi care nu sunt de circulaţie mondială, nefiind departe de un Turn al lui Babel modern. Un factor de frânare poate fi şi căutarea. Motoarele de căutare indexează o mică parte din universul digital, există un Internet ascuns, apare şi o bulă a filtrării (filter bubble) care încurajează găsirea numai a informaţiei dorite de utilizator.

Toate acestea ne fac să fim siguri ca Punctul Omega nu va fi fost în 2012 (care a şi trecut!), nici în 2013, nici în viitorul previzibil al unei generaţii.

Ne putem gândi însă la implicații în societate.

Trecem rapid de la "Bogăția națiunilor" a lui Adam Smith la "Bogăția rețelelor" autor anonimul Internet.

FORME DE ÎNȘELĂTORIE PRIN SCRISORI (NIGERIENE) PE INTERNET(2011)[1]

Este instructiv de studiat un mesaj e-mail primit azi. Un caz clar de încercare de furt de identitate și escrocherie potențială.

Expeditorul a trimis unui număr probabil foarte mare de persoane mesajul de mai jos prin care îi anunță că sunt beneficiarii unei "moșteniri" de 25 milioane de lire sterline (!), dar pentru a o obține este necesar să completeze unele date personale.

Odată completate, victima va fi sigur contactată de escroci pentru a continua procedura prin care va fi stoarsă de bani, chipurile pentru a obține "aprobările" necesare.

Nu trebuie să fi specialist pentru a vedea că mesajul nu provine de la Barclays Bank și nici că datele nu vor ajunge acolo. Nici nu este nevoie să se piardă timpul pentru a verifica identitatea celui care semnează. Sigur nu este cineva de la banca respectivă.

Este de remarcat că Google Mail m-a avertizat (textul în roșu) că expeditorul ar putea să fie altcineva decât pretinde că este și mi-a plasat mesajul în folderul de spam.

ATENȚIE deci la astfel de capcane! Din unele date publicate circa 2% dintre destinatari intră în joc!

REF:- INSTRUCTION TO CREDIT YOUR BANK ACCOUNT

BARCLAYS BANK PLC ⊘ eessaammw@rediffmail.com via softnet.ro 4:19 PM (3 hours ago) to odin_alin

BARCLAY'S BANK PLC

---

[1] Postat pe platforma autorului Despre tehnologia informației și nu numai ... http://vasilebaltac.blogspot.ro/ la data de 3 decembrie 2011

CLAPHAM JUNCTION BRANCH

7 ST JOHNS HILL,

SW 11 1 TN, LONDON

WWW.barclaysbank.co.uk

Attention : Beneficiary

REF:- INSTRUCTION TO CREDIT YOUR BANK ACCOUNT

This is to notify you about the status of your fund presently in my desk.

After due vetting and evaluation of your Inheritance file which The Ministry of Finance of the Federal Republic of Nigeria Forwarded us to see to your Immediate payment.

From our findings you have been going through hard ways by paying a lot of charges to see to the release of your Fund ($25 000, 000, 00) which has been delayed. We advice that you stop further communication with any Correspondence from Nigeria . You don't have to pay much charges to receive your Inheritance fund as you met up with the whole requirements, your representatives in other country may tell you to still go ahead with them But on your own risk.

The only thing required from you is to obtain Non-Resident Clearance Form/Receipt which we are not asking you to pay the fee to us here in United Kingdom as the Government of Nigeria have instructed us, for handling/processing of your Payment with other customers. We will help you to see that you obtain the form so that our bank will effect Immediate transfer of your inheritance sum ($25 000, 000, 00) in to your designated bank account.

If you follow up our directives your fund will reflect in your account within five working Bank days from the day you obtain this form. Do not go through anybody again but through this Bank if you really want your fund

.1. Full Names: ------------------------------ ---

2. Residential Address: ------------------------

3. Phone Number: ------------------------------ -

4. Fax Number: ------------------------------ ---

5. Occupation: ------------------------------ ---

6. Sex: ------------------------------ ----------

7. Age: ------------------------------ ----------

8. Nationality: ------------------------------ --

9. *Country:* ----------------------------- ------

10. *Payment Method:* -------------------------

Please the above information shall be forwarded to this email: (bobdiamondbarclays@gmail.com) for immediate attention.

Yours sincerely,

Mr BOB DIAMOND

Chief Executive Officer

Barclays Bank Plc

ESCROCHERIE VIRTUALĂ ESTIVALĂ(2011)[1]

Este sezon de concedii. Oamenii sunt mai puțin atenți și pot cădea victime a tot felul de escrocherii. Canalul de televiziune DISCOVERY a avut de altfel zilele trecute o serie de emisiuni destinate avertizării celor ce călătoresc. Prevenirea este importantă.

O escrocherie estivală ce se propagă pe Internet este cea descrisă în emailul de mai jos primit de mine azi 23 august 2011. Pentru protejarea persoanei am schimbat numele si prenumele folosite ca momeală. Precizez că este al treilea email de acest gen primit în ultimele luni și care se referă la persoane diferite.

From: Ionescu Nelu

Date: Tue, Aug 23, 2011 at 1:27 PM

Subject: Hi

To:

Hi,

I really don't mean to inconvenience you right now but I made a quick trip to Scotland UK and had my bags stolen, in which contains my passports and credit cards. I know this may sound odd, but it happened very fast. I've been to the embassy and they're willing to help me fly without my passport but I just have to pay for my tickets and settle some bills. Right now I'm out of cash plus i can't access my bank without my credit card here. I've made contact with them but they need more verification. I was thinking of asking you to lend me some funds now and I'll pay back as soon as I get home. I need to get on the next available flight.

---

[1] Postat pe platforma autorului Despre tehnologia informației și nu numai ... http://vasilebaltac.blogspot.ro/ la data de 23 august 2011

Please reply as soon as you can if you are ok with this so I can forward the details as to where to send the funds. You can reach me via Carmelite hotel's desk phone if you can, the number is +447035907125 or via my alternative email ionescunelu@yahoo.com

Thanks

Dr. Nelu IONESCU

Mail: Romania (adresa corectă a persoanei de la care se pare că am primit mailul)

e-mail:ionescunelu@yahoo.com

În emailul primit adresa expeditorului de la From: este cea corectă. Faptele descrise sunt plauzibile. Hotelul Carmelite există la Aberdeen, dar desigur numărul de telefon nu este al hotelului. Cel mai probabil este un număr de telefon mobil folosit de escroci, care au creat și o adresă alternativă la care desigur au acces numai ei.

Escrocheria, ca și scrisorile nigeriene, se bazează pe faptul că un număr mic de destinatari vor cădea totuși victime, se vor preocupa de soarta prietenului și vor trimite bani, contactând "prietenul" la telefonul sau adresa de mail indicate, fără să verifice pe alte canale care este situația.

Sfatul meu este ca dacă primiți astfel de emailuri să contactați persoana în cauză care desigur nu știe nimic și să o sfătuiți să anunțe pe cât mai mulți cunoscuți din lista proprie de emailuri că nu este autorul emailului respectiv și că i se recomandă să-și schimbe parola de acces la cutia poștală.

O recomandare generală este să nu atașați prea multe date personale la sfârșitul emailurilor dvs. Ele pot fi interceptate și de persoane răuvoitoare care au spart probabil cutiile poștale ale altora. În cazul de mai sus, persoana reală obișnuiește să atașeze la mesaje adresa de acasă și toate telefoanele la care poate fi găsit. Eroare ce poate să coste...

Comentariu

Fotograf Corina Am primit si eu asemenea e-mail dar nu i-am dat atenție. Pur si simplu l-am sters. Mai nou, si pe strada se dau turisti straini cu bagaje si carduri furate. Aveti mare grija !

EGUVERNARE

EGUVERNAREA: MODĂ SAU NECESITATE?[1]

Apariţia tehnologiei a condus la dezvoltarea fenomenului de guvernare electronică Despre eGuvernare sau guvernarea electronică se vorbeşte mult şi se scrie sau postează pe net chiar şi mai mult. Ca orice noutate cu o conotaţie pozitivă este preluată adesea fără prea mult discernământ şi folosită dacă nu pentru a epata, cel puţin pentru anumite foloase individuale sau de grup. Are deci toate condiţiile pentru a fi considerată o modă. Moda este trecătoare, eGuvernarea însă nu. eGuvernarea este o necesitate.

De ce este nevoie de eGuvernare

Cetăţeanul este în permanent contact cu administraţia publică, fie ea centrală sau locală. De la naşterea lui când este înregistrat până la decesul lui care şi acesta este înregistrat. Ba chiar interacţiune există şi înainte de naştere şi după deces, desigur prin intermediul altora. Interacţiunea cu administraţia este frecventă şi de-a lungul întregii vieţi: activitatea şcolară, instruirea profesională inclusiv universitară, documentele de identitate, actele de proprietate, permisele de conducere, actele de muncă, căsătoria, schimbarea de domiciliu, divorţul eventual, sistemul de sănătate şi asigurări sociale, justiţia, pensia, etc. (vezi figura de mai jos). Se adaugă interacţiunea ca persoane juridice privind firmele sau diversele organizaţii care trebuie create, modificate, desfiinţate. Interacţiunea cu administraţia se face cu un consum mare de timp şi resurse şi este unul din motivele importante de insatisfacţie ale cetăţeanului.

---

[1] Postat pe platforma Adevarul.ro http://adevarul.ro/blogs/vasile.baltac la 22 aprilie 2015

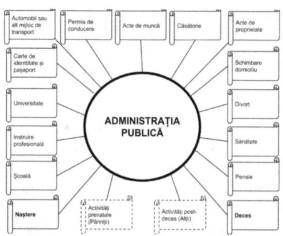

Din această interacțiune s-a născut și birocrația blamată și neacceptată, dar atât de omniprezentă. Apariția tehnologiilor informației a schimbat radical societatea și era de așteptat să schimbe și actul de guvernare, inclusiv interacțiunea cetățeanului cu administrația. Fenomenul s-a produs și în multe țări viața omului s-a schimbat radical, contactul fizic cu autoritățile fiind înlocuit cu accesul prin Internet, mai simplu și mai puțin costisitor. Un număr tot mai mare de cetățeni participă la dezbateri on-line, se manifestă rolul central al Internetului ca sursă de informații publice, un număr în creștere de servicii publice sunt oferite on-line; se fac planuri de dezvoltare in domeniu, cum sunt inițiativele i2010 sau Agenda Digitală la nivelul Uniunii Europene. Generic numim acest fenomen eGuvernare.

Ce este eGuvernarea?

eGuvernarea fiind un termen care s-ar traduce prin guvernare electronică produce confuzii. Mai există persoane tentate să creadă că este vorba de a fi conduși, guvernați, de calculatoare electronice, fie ele mai mici sau super-servere, de decizii care s-ar lua prin algoritmi și nu de oameni. De aici până la teorii ale conspirației rămâne un pas. eGuvernarea este însă pur și simplu folosirea Internet și a sistemelor digitale pentru amplificarea și simplificarea legăturii instituțiilor guvernamentale cu alte instituții, organizații și cu cetățenii. Efectele sunt spectaculoase, dacă se adoptă strategii corespunzătoare și se alocă resursele necesare care trebuie spus că sunt uriașe. Printre acestea un efort concertat de îmbunătățire a infrastructurii locale și naționale și instruire în masă în folosirea noilor

120

tehnologii. eGuvernarea produce şi efecte directe importante. Cetăţeni din zonele rurale, persoane vârstnice, persoane cu handicap, etc. pot beneficia de servicii suplimentare la care fără eGuvernare nu au acces. Programele de eGuvernare pot contribui şi la un mediu înconjurător mai bun. Un astfel efect este reducerea consumului de hârtie. Tăiem copaci pentru a produce hârtie. Orice aplicaţie eGuvernare care reduce consumul de hârtie înseamnă mai păduri salvate. Un altul este reducere traficului auto în marile oraşe, care a devenit de nesuportat. Înlocuirea unei deplasări cu autoturismul sau alte mijloace către administraţia publică prin acces Internet înseamnă o viaţă mai bună şi un aer mai curat.

Este mai convenabil să aglomerăm şoselele digitale din Internet decât drumurile şi şoselele fizice!

Frecvent se consideră că eGuvernarea înseamnă folosirea de calculatoare în primării, agenţii , ministere, etc. Nimic mai greşit! În multe ţări mai puţin dezvoltate şi din păcate adesea şi în România eGuvernarea a însemnat înlocuirea a 10 funcţionari cu 10 funcţionari plus 10 calculatoare personale, care fac ce făceau şi înainte dar folosind calculatorul.

eGuvernarea nu este o problemă de tehnologia informaţiei.

Este vorba de restructurarea actului de guvernare şi optimizat în noul cadru tehnologic digital. eGuvernarea nu poate fi implementată deci numai cu bani şi cu specialişti TIC. Este necesar un efort managerial important cu o puternică voinţă politică de vârf şi o redesenare a proceselor administraţiei publice. În multe ţări proiecte importante eşuează în absenţa acestui cadru. Se vorbeşte chiar de o rată a eşecurilor proiectelor de eGuvernare de 60-80%. România nu face o excepţie, fie dacă ne referim numai la proiectul ratat eRomania despre care vom vorbi cu altă ocazie.

Simte cetăţeanul eGuvernarea?

O simte prin serviciile oferite şi dacă sunt oferite. Sunt inventariate în lume principalele servicii care se oferă prin eGuvernare cetăţenilor şi organizaţiilor. În primul rând este categoria servicii publice pentru cetăţeni în care putem aminti: plata impozitelor şi taxelor pentru cetăţeni, căutarea de locuri de muncă prin centre de ofertare, ajutorul prin servicii sociale, ajutorul de şomaj, ajutorul social, rambursările sau plăţile cu scop medical, bursele de studii, eliberarea actelor personale (acte de identitate, paşapoarte, permise de conducere), înmatriculări de autoturisme (noi, vechi, importate), autorizaţiile de construcţie, solicitări şi reclamaţii către poliţie, accesul la bibliotecile publice (cataloage on-line şi instrumente de căutare), solicitarea şi obţinerea de certificate (naştere, căsătorie), înmatricularea în şcoli şi universităţi, notificarea schimbării adresei de domiciliu, serviciile legate de sănătate (de exemplu prezentarea ofertei medicale a spitalelor, programarea la consultaţii). Apoi serviciile publice pentru entităţi juridice: plata contribuţiilor la asigurările sociale, declaraţii şi plata de impozite, declaraţii şi plata TVA, înregistrările de noi firme, furnizarea de date pentru statistici, declaraţiile vamale, permisele legate de mediu, inclusiv raportările, achiziţii publice. Lista evoluează permanent prin adăugarea a noi şi noi servicii digitale. Multe sunt create în cadrul conceptului de oraş inteligent (smart city) uşurând viaţa locuitorului din marile aglomeraţii urbane. Nu am enumerat aceste servicii pentru alt scop decât acela ca un cititor acum avizat să poată face singur o estimare a nivelului la care se află ţara noastră sau cea în vare trăieşte, care sunt etapele parcurse şi care este drumul încă de parcurs. Unii paşi sunt făcuţi, alţii sunt făcuţi în direcţie inversă sau alţii urmează a fi făcuţi. Acordând note pentru nivelul de implementare a fiecăruia dintre serviciile menţionate se poate concepe un indicator personal al stării eGuvernării. În multe ţări aceste servicii sunt oferite prin Internet şi în plutonul fruntaş în Europa în introducerea eGuvernării sunt ţări ca Austria, Marea Britanie, ţările nordice. Fiecare dintre acestea a investit zeci de miliarde de euro în crearea lor cu o rată de recuperare în satisfacţia cetăţenilor uriaşă. Primii care pot constata aceasta sunt compatrioţii noştri care trăiesc în aceste ţări şi constată uşurinţa cu care pot accesa servicii publice.

De ce la noi nu beneficiem din plin de eGuvernare?

Pe scurt, avem sisteme care funcţionează, multe sisteme lipsesc, corelarea între sisteme este deficitară, abordarea în interesul cetăţeanului este în multe cazuri doar o intenţie, instruirea celor ce le exploatează este lacunară, lipsesc resursele şi cele alocate au fost afectate de plaga incompetenţei şi corupţiei. Unele servicii au fost implementate prea devreme şi nefolosite populaţia nefiind pregătită, vezi cazul informatizării sistemului de sănătate în judeţul Neamţ în anii 1990 sau a plăţii impozitelor locale prin Internet în anii 2000. Altele plantate pe organizarea clasică, dar folosind tehnologiile informaţiei, perpetuează aceiaşi abordare birocratică plimbând cetăţeanul de la un ghişeu la altul. Şi în fine altele, deşi simple, implementate cu întârziere nepermisă cum este cazul recent cu perceperea taxei de trecere a Dunării pe autostrada A2. Dar despre toate acestea într-o postare viitoare.

Comentarii blog

Ilim Articolul este foarte pozitiv si progresist,dar.. eGuvernarea merge numai acolo unde nu e mafie si unde nu fug copii destepti (dar fara proptele) din tara (unii copii "cu pedigree", bineinteles ca pot ramane..) Daca se implementeaza si eGuvernarea asta tot cu oameni lacomi gen "eLearning-SIVECO" ,sau cu afaceri gen Megapower ca apoi sa umple doar fraierii gaurile din bugetul public facut sita, sau cu firme "UTIle" dar cu abonament la stat, obtinut prin licitatii SF,dar care "ne-au procopsit" cu batjocura aia de separatoare de pe bulevarde ca nu cumva sa-ntoarca tramvaiele pe linia continua, ori de automate de taxare in tramvaie,care-ti mai dau si teapa din cand in cand, mai bine lipsa...ne putem lipsi si de aceste e-uri..care vor "sa ne guverneze". Intr-o guvernare care vede ca stringenta reinfiintarea pensiilor speciale doar pentru unii, in timp ce fraierii pot sta mai departe cu ochii in soare, poate ca ar fi necesara si o eGuvernare dar cu conditia sa fie condusa de un creier electronic si nu de acesti "romani patrioti" iar "programul" sa fie scris undeva in nordul Europei de niste softisti anonimi din Suedia sau Finlanda. Oricum initiativa este progresista si merita atentie..dar..lacomia strica omenia si in final batjocoreste tara. Drumul spre iad poate fi pavat cu cele mai bune intentii.. Nu avem nevoie de e-Lacomie. Oricum,din primul paragraf se intelege ca va delimitati de derapajele astea, asa ca ideea este OK. Fericirea unei natiuni vine nu numai cu idei bune ci si cu oameni buni.. Daca ei sunt langa noi si ne facem ca nu-i vedem sau poate ca nu-i dorim,atunci poate ca se procopsesc altii cu ei. Norocul lor sa fie,si al celor care-i primesc.

Vasile Baltac Ar fi de remarcat și ultimul paragraf unde nu numai ca ma delimitez, dar promit o analiza critică a ceea ce se întâmpla la noi! Fără introducerea din postarea prezentă ar fi fost mai greu de înțeles.

cooper sheldon E amuzant sa vorbim de eguvernare, atat timp cat administratia din Romania nu a valorificat si alte resurse logistice la indemana de-a lungul timpului. Progresam in hopuri. Oricum, reclama e sufletul comertului.

gigel gigescu cititi acest material scris de dna judecator Carmen Paduraru: ....autoritatile tarii, dupa 20 de ani de... reala libertate si democratie zicem noi, ne vorbesc, la fel de apoteotic despre instaurarea... GUVERNARII ELECTRONICE, ca fiind un scop in sine, bine planificat. Adica ni se explica, pe toate canalele de presa si prin politica de management al institutiilor publice ca singura, reala si eficienta rezolvare a tuturor problemelor acestei tari si implicit a crizei se va face prin implementarea programului e-Romania, a informatizarii totale adica totul : bunuri, servicii, tranzactii, informatii si... persoane se vor afla in evidenta unica, stocata la nivel central, intr-un supercomputer comandat deja la IBM care va functiona la Bucuresti, cu perspectiva declarata, a guvernarii internationale unice la nivel mondial. Acest program, dupa spusele acestor distinsi domni, inseamna ca va genera lapte si miere si, in sfarsit, dupa atata saracie vom avea o viata imbelsugata si fericita. Statistici si evidente de bunuri si oameni au mai fost si pana acum.La prima vedere, nu deranjeaza nimic.Dimpotriva, e mirobolanta ideea ca iata ce nivel ridicat al tehnicii, printr-un simplu click vei obtine orice informatie, vei sta linistit in fotoliu, vei consulta cuantumul facturilor, vei plati, vei putea studia legislatia, vei urmari cursul procesului, vei solicita copia hotararii si o vei primi online, fara sa mai mergi prin arsita, sa stai la cozi interminabile si sa te certi cu incasatoarea sau arhivarul... La La o prima impresie nu poti avea decat cuvinte de lauda la adresa truditorilor care au conceput un astfel de sistem. Numai ca noutatea care ne trezeste din efuziunile de aprecieri este urmatoarea: sistemul nu functioneaza cu nume pentru persoane, ci cu numere de cod care vor fi unice pe plan mondial. Oops...! Dar de ce numere? Orice om este mandru de numele sau, pentru ca l-a primit de la parinti, pentru ca orice nume are o poveste a lui, pentru ca numele contureaza de multe ori personalitatea si creeaza un confort si o stabilitate psihica deosebita cand esti apelat sau cand te prezinti. La fel de special, ca si cucerirea unei mici planete e momentul in care ne concepem semnatura olografa, scriptica, pe hartie, cand debutam in cariera sau cand ne schimbam numele dupa casatorie... Si atunci, cum sa devenim numere? Cine doreste asta si cu ce scop? Sa ni se explice ca sa intelegem mecanismul gandirii lor! Acum ne trezim ca dintr-un vis... Aaa, am inteles, aceasta este minunata lume de progres si civilizatie asteptata si promisa noua de organismele internationale si de Uniunea Europeana, pe care le-am ascultat ca niste elevi cuminti si silitori chiar! Cei care sustin cu seninatate acest proiect, inainte de a reproduce mecanic niste informatii pe care le-au primit la cursuri de pregatire, la simpozioane, la agape masonice, scoli de Reiki or de new age sau site-uri diverse, ar trebui sa-si verifice constiinta, sa −si priveasca mama sau copilul in ochi si sa-i spuna: de acum nu ma mai cheama, Traian, Emil, Gabriel, Tudor, Mihai, Elena etc, ci sunt numarul cutare iar dupa 1 septembrie, cand va fi legea semnaturii electronice operativa, iti vei lua pensia sau vei fi inscris in catalog dupa ce ti se vor lua amprentele si vei avea un cip ca nu cumva sa devii vreun terorist international si sa nu te putem prinde... Sa-i mai spuna de asemenea ca tot atunci va lua sfarsit criza si ca nu vor mai fi probleme economice, nu vor mai lua foc bebelusii in maternitati,nu vom mai manca alimente care creeaza cancer si alte boli. La o astfel de discutie tare as vrea sa asist pentru ca realitatea e cu totul alta: acest sistem informational care se va crea va urmari doar controlul bunurilor, serviciilor si oamenilor. Nu se vorbeste nicaieri despre faptul ca se va relansa productia interna si ca se vor crea locuri de munca.Dimpotriva, vor disparea multe organisme, structuri, functii si posturi, pentru ca prin aceasta supraveghere electronica generala nu va mai fi nevoie de actualele Garzi financiare, Servicii speciale de securitate, angajati ai ghiseelor ci, va face totul... calculatorul. Mai mult decat atat costurile acestea asa cum ne sunt prezentate in cifrele oficiale sunt de peste 600 de milioane de euro si ni se spune ca e o suma derizorie fata de... avantajele sistemului. Marea masa a populatiei nu intelege nimic din acest lucru. Dar asculta cuminte si aprobator stirile referitoare la singura rezolvare a cozilor de la ghisee si anume intrarea in vigoare a semnaturii electronice sau faptul ca, in sfarsit cu acest sistem vor fi putea fi verificate real si veniturile manelistilor sau ale mogulilor obraznici... Intelectualii insa, tinerii inteligenti ai acestei tari, profesionistii seriosi, medici, profesori, juristi, cadre militare, psihologi, agronomi etc., au obligatia,insa sa aiba o cu totul alta perspectiva si comprehensiune asupra celor ce se intampla si care ar trebui sa ia atitudine la locul lor de munca, la niveliul de decizie la care se afla. Culmea este ca toata lumea priveste cu neincredere si groaza acest proiect, dar... executa in continuare totul fara sa ia atitudine, sa puna intrebari sau sa caute solutii reale. De exemplu in Justitie acest proiect este implementat din 2005. Si totusi increderea justitiabililor este in continua scadere – pentru ca reforma se face cu oameni vii, nu cu papusi electronice. Sau medicul are nevoie de mai mult timp liber pentru a discuta efectiv cu pacientul nu, sa se ocupe de evidenta si de coordonare a legilor medicale, a listelor de medicamente, a formularelor si retetelor cu ceea ce schimba sistemul prea des... Asa s-a intamplat cu sistemul bancar, care a cunoscut de multi ani ce se va intampla si totusi au incurajat creditele prin politici atractive, creand in prezent un numar de 4,5 milioane de persoane, indatorate, fara posibilitatea achitarii ratelor si care sunt in pragul disperarii impreuna cu familiile lor. Acest experiment trist nu trebuie sa se mai repete. Asa ca, dragi oameni ai dreptului, functionari, responsabili ai institutiilor publice, tineri dotati ai acestei tari, luati exemplul Marii Britanii care a anulat, in vara aceasta proiectul Big Brother, pe motiv ca este prea costisitor si incalca libertatile civile. Aveti convingerea ca nu va fi laptele si mierea promise, asa cum Nicolae Ceausescu nu a oferit acestei tari binele promis ci, oamenii stateau in frig, in foame, mureau bebelusii la maternitati pentru ca se lua curentul la incubatoare (parca e asa de actuala aceasta stire!). Am atentionat anul trecut, pe cand parea o utopie atentionarea mea, despre dictatura fara precedent care se pregateste. Iata ca acum este tot mai evident ca traim acest lucru.De ce este fara precedent? Pentru ca acum nu mai e de tipul dictaturii explicite de interzicere, cu inchisori, torturi si executii cum a fost odata, acum este de tip Matrix, ataca in principal la nivelul constiintei, a mentalului, a spiritualitatii profunde a omului, incatuseaza viata privata, te face robul unui sistem tehnologic, te inscrie intr-o baza de date devenind un simplu numar controlabil la orice pas." de mentionat ca la Bruxelle exista un computer urias, numit...Fiara, care inmagazineaza datele personale ale tuturor cetatenilor lumii... de ce oare???

Ilim @gigel gigescu O intamplare de acum o zi: Matusa mea si-a ingropat sotul de 81 de ani.A apelat la o firma de pompe funebre care a profitat de faptul ca ea era intr-o stare psihica jalnica si i-au incarcat factura la inmormantare cu suma de 107 milioane de lei. Ulterior, am cautat pe internet date despre firma respectiva (avantajele eGuvernarii nu-i asa?) si am avut o surpriza:patronul fusese condamnat in 2009 la 1 an de puscarie cu suspendare pentru santaj,talharie si amenintarea cu arma (pistol de jucarie) . Vi se pare corecta aceasta sentinta data de un judecator in anul 2009 unui infractor destul de periculos pentru amenintare cu arma ,talharie si santaj? Nu credeti ca un computer ar fi dat o sentinta mai justa? Dovada este ca in anul 2015, acest patron de pompe funebre a profitat de starea psihica a unei batrane pensionare la necaz si i-a "suflat" toate economiile din casa. Poate o intrebati pe ea daca prefera un calculator care nu o inseala sau un patron borfas care-i ia si pielea dupa ea...

Mihail Sadeanu Articolul postat pe blogul indicat este foarte reuşit şi vine să atragă atenţia tuturor factorilor responsabili asupra necesităţii stringente pentru realizarea cadrului complet operaţional al unei guvernări digitale, respectiv a unei platforme complexe de tip e-Government în România. Declararea unei strategii la nivel naţional pe termen lung pentru o societate bazată pe Guvernarea Digitală şi implementarea unei platforme complete de tip e-Government, care să servească interesele poporului român trebuie să reprezinte o preocupare majoră, prioritară, a agenţiilor guvernamentale şi a ministerelor specifice implicabile într-o astfel de reformă. Două subsite-uri oficiale ale portalului informaţional al EU, "DIGITAL AGENDA FOR EUROPE – A Europe 2020 Initiative", prezintă o stare de lucruri despre România în domeniul societăţii digitale: 1).- ec.europa.eu/digital-agenda/en/scoreboard/romania unde se poate vedea scorul general al situării României [citez]: "Romania has an overall score[1] of 0.31 and ranks 28th out of the 28 EU Member States. Relative to last year, Romania has progressed in terms of Connectivity, as more people subscribe to fast broadband networks (59% of fixed subscriptions are to a fast connection today, in comparison to 54% in 2013 – Romania ranks 2nd in this area). However, low levels of digital skills (only 20% of Romanians possess basic digital...while Romania has the lowest share of ICT specialists -1.3%- in the workforce of all EU countries) and trust (only 7.7% of internet users use online banking and only 17% shop online - the lowest of all EU countries) seem to be holding back the development of its digital economy. Romania falls into the cluster of low performance[2] countries, where it performs below average". 2).- ec.europa.eu/digital-agenda/en/romania unde informaţiile postate, referitoare la stadiul agendei digitale au rămas la nivelul anului 2011. Pentru a putea avea o bază reputabilă de referinţă a ceea ce ar trebui (sau ar fi trebuit) efectuat de la bun început se poate consulta textul oficial al strategiei digitale la nivel naţional a Guvernului SUA, intitulat "Digital Government: Building a 21st Century Platform to Better Serve the American People" ce include cele 3 mari obiective ale strategiei guvernării digitale, modelul conceptual şi cele patru principiile atotcuprinzătoare ale strategiei respective este prezentat la adresa: www.whitehouse.gov/sites/default/files/omb/egov/digital-government/digital-government.html Documentul de suport, având acelaşi titlu cu cel al strategiei poate fi descărcat de la adresa:

www.whitehouse.gov/sites/default/files/omb/egov/digital-government/digital-government-strategy.pdf În avans de publicarea acestei strategii, a mai fost făcut public un plan strategic de implementare a reformei federale a SUA în domeniul IT prin cadrul documentul intitulat "25 POINT IMPLEMENTATION PLAN TO REFORM FEDERAL INFORMATION TECHNOLOGY MANAGEMENT". Acest document de referință poate fi descărcat de la adresa: www.dhs.gov/sites/default/files/publications/digital-strategy/25-point-implementation-plan-to-reform-federal-it.pdf Astfel de planuri strategice, elaborate pe baza unei experiențe îndelung acumulate și cu participarea experților consacrați din domeniul IT&C, pot servi drept exemplu pentru o strategie de tip e-Government la scară națională în România. Atragerea tuturor experților dovediți din domeniul IT&C cu îndelungă experiență profesională la nivel de management strategic ar putea conduce la aprobarea documentelor de suport pentru primirea de fonduri de investiții din partea EU, pe termen mediu-lung, prin cadrul programelor și al proiectelor IT&C specifice. Un exemplu de portal e-Government, foarte detaliat, intitulat "Centrul de Guvernare Electronică" oferind servicii la scară națională apelabile în trei limbi străine (Română, Engleză și Rusă) și structurat pe 3 mari domenii – Guvern pentru Cetățeni (G2C), Guvern pentru Business (G2B), Guvern pentru Guvern (G2G) - este cel al Guvernului din Republica Moldova, la adresa: www.egov.md/index.php/ro/ Dr. Ing. Mihail Sădeanu

Berliba Vlad Spuneti ca oamenilor le e frica ca vor fi guvernati de algoritmi si calculatoare electronice. Temerile sunt cat se poate de reale. Mai intai trebuie ca platformele digitale sa fie bazate pe hardware si software cu specificatii libere ori in lume, in momentul de fata numarul dispozitivelor hardware cu specificatii deschise este aproape inexistent lucru care lasa loc la abuzuri din partea companiilor hardware prin implantarea de cod cu potential nociv asa cum a fost cazul recent la companii de renume. Iar legat de software si aici lumea in general si societatea noastra in particular sta destul de prost intrucat se foloseste mult software proprietar al carui surse sunt inchise. Modelul merge mai degraba spre o societate digitala tot mai inchisa cu potentialul de a forma o inchisoare tehnologica. Dezbaterile in cadrul societatii romanesti in directia asta sunt cvasi inexistente. La nivel decizional nu se intrevede necesitatea dezvoltarii si sutinerii de proiecte hardware si software cu specificatii libere. Frica e reala ... algoritmii inteligenti din motoarele de cautare, sistemele de operare, telefoanele digitale colecteaza toate datele pe care le prind de la utilizatori fara ca utilizatorul sa poata sa gestioneze aceste aspecte si lasand loc la abuzuri. Legea este permisiva si sustine astfel de practici incalcand dreptul nerespectand dreptul la proprietate privata care ar trebui sa-i revina cumparatorului de tehnologii si care nu detine in intregime bunul cumparat si in concluzie nu poate dispune de el dupa cum doreste.

Tomescu Tom Doar " eOpinia cetatenilor " poate face ca proiectul " eGuvernarea " sa fie unul viabil. Altfel ... ar fi doar o acutizare a starii de fapt cand din 300 s-aufacut 600 de parlamentari. Numarul celor cu dosare penale si a celor condamnati nu-l stie nimeni cu exactitate. Fiindca este " eSecret " Deci eGuvernarea ...inseamna o transparenta totala. Un numar mic de guvernanti ...si un popor intreg de " ePaticipant "

ÎN ERA DIGITALĂ VOTĂM CA ÎN EPOCA DE PIATRĂ?[1]

Fiind un cetăţean conştiincios am votat de fiecare dată (vezi imaginea) şi mă întreb ce se va întâmpla în 16 noiembrie şi după aceea pentru că nu mai am loc de noi timbre. A stârnit multă emoţie situaţia votării la centrele din străinătate şi chiar în ţară în apropierea comunităţilor studenţeşti în ziua de 2 noiembrie. Cozi anormale, oameni care nu au putut vota deşi au fost prezenţi la centrele de votare cu multe ore înainte de ora de închidere oficială, proteste vocale etc. Despre eGuvernare însă să auzim numai de bine!

Dreptul de vot

Personal consider că a nu-ţi putea exercita dreptul de vot în situaţia în care tu chiar vrei să votezi este o încălcare gravă a drepturilor cetăţeneşti şi cineva ar trebui să răspundă pentru aceasta. Popularizarea prin mass-media a situaţiei votului de ieri din ţările Europei de Vest nu face decât să ne discrediteze ca ţară şi ca membră UE. Nu cunosc decât din relatări care sunt cauzele acestei regretabile situaţii. Se pare că un motiv major a fost necesitatea completării unei declaraţii pe propria răspundere că persoana în cauză nu a mai votat. O măsură potrivită în contextul prezumţiei de fraudă la alte evenimente electorale. Mă întreb însă care este caracterul de confidenţialitate a unei asemenea declaraţii si de ce formularul nu a fost disponibil pentru doritori pe Internet sau cu câteva zile înainte ca imprimat la secţiile de votare? Persoanele aflate la depărtare de domiciliul de bază puteau să completeze declaraţiile şi doar să le semneze în faţa unui membru

---

[1] Postat pe platforma Adevarul.ro http://adevarul.ro/blogs/vasile.baltac la 3 noiembrie 2014

al comisiei de votare. Timpul petrecut în secția de votare ar fi fost considerabil redus.

De ce nu aplicație eGuvernare?

Mă mai întreb (retoric) de ce nu există o aplicație digitală pe lângă multele finanțate cu larghețe în România. O aplicație prin care Ministerul de Interne să permită cetățenilor români aflați în afara domiciliului să-și declare un domiciliu temporar doar în vederea votului. Declarația personală și desigur voluntară s-ar putea face online sau prin prezentare la consulate. Pe baza declarațiilor Ministerul de Interne care știe precis câți cetățeni au drept de vot, ar ști și câți sunt în afara domiciliului permanent și vor să voteze. Liste alfabetice ar exista în acest caz la secțiile de votare din țările alese de fiecare și votul s-ar exercita fără pierdere de timp exact cum se procedează la secțiile de votare arondate domiciliului permanent. Mi s-ar putea spune că o astfel de aplicație ar costa mult și depășește posibilitățile informaticienilor noștri. Hai să zâmbim! Aplicații mult mai complexe au fost elaborate și puse în funcțiune în România cu firme autohtone. Ministerul de Interne are evidența informatizată a cetățenilor români și o astfel de aplicație ar fi un subsistem simplu de dezvoltat și implementat. Desigur nu pentru alegerile din anul 2014! Efectul psihologic ar fi și el de menționat. Știindu-se că există o evidență a votului în afara domiciliului de reședință cu siguranță că turismul electoral ar fi diminuat. Evident, daca se dorește această diminuare! Nu va fi posibil până în 16 noiembrie să se elaboreze o aplicație, dar afișarea pe site a declarației în vederea completării în prealabil prezentării la vot ar simplifica procedura.

Ce fac alții

În anul 2014 am avut ocazia să văd cum alte țări se preocupă de creșterea respectului față de timpul cetățeanului, chiar dacă este vorba de cetățenii altor țări. Am solicitat o viză pentru Australia. Tot procesul de prezentare a cererii a fost prin Internet și rezultatul l-am primit prin e-mail într-un timp record. În urmă cu mai mulți ani a fost necesar, la altă cerere de viză în această țară, să trimit pașaportul la Belgrad la ambasada de acolo. O surpriză plăcută similară a fost cererea de viză pentru Canada unde toate documentele le-am trimis prin Internet, rămânând să fac o scurtă vizită la consulat pentru aplicarea vizei în pașaport. Două exemple de aplicații de eGuvernare care simplifică interacțiunea cetățean – administrație și fac viaţa cetăţeanului mai uşoară. Unul din scopurile eGuvernării. Aplicaţiile de eGuvernare sunt în România mult sub standardele Uniunii Europene din care facem parte. A trebuit ca un prim-ministru să observe cozile la plata taxelor şi impozitelor locale înainte de 15 martie pentru a se începe introducerea plăţii prin Internet şi prin card. Sper că şi actualul prim-ministru, mai ales că este şi candidat, văzând cozile la unele secţii de votare să ia o măsură de demarare a unei aplicaţii de eGuvernare care să elimine cozile, fenomen care ne aminteşte de un trecut demn de a fi uitat sub acest aspect.

Votul electronic, amintit în aceste zile mai mult după ureche, este dificil de implementat din motive de garanţie a autentificării. Până atunci, votul prin corespondenţă ar putea fi o alternativă.

Ştampile şi timbre pe actul de identitate ca acum 50 ani

Referirea mea la epoca de piatră nu se referă numai la formularele pe care trebuie să le completezi la secţie şi la faimoasele ştampile care se mai .. pierd din când în când. După ce ai votat ţi se pune un timbru pe spatele cărţii de identitate cică pentru a evita astfel votul multiplu.

O carte de identitate a unui alegător conştiincios Foto Arhiva autorului

Fiind un cetăţean conştiincios am votat de fiecare dată (vezi imaginea) şi mă întreb ce se va întâmpla în 16 noiembrie, şi după aceea, pentru că nu mai am loc de noi timbre. Mi se poate replica prin sfatul să cer o nouă carte de identitate. Da, dar aceasta necesită timp şi bani care nu mi se compensează prin nimic, mai ales că prezenta carte de identitate expiră în anul ... 2053. Acest model de carte de identitate neinspirat introdusă în anii 1990 îmi produce neplăceri prin dimensiunile ei anormal de mari, ar trebui să aibă dimensiunile actualului permis de conducere auto. Călătoresc des în Uniunea Europeană şi văd cum agenţii de frontieră se uită nedumeriţi la data de valabilitate a CI şi la timbrele de pe spate. O problemă reală apare la înregistrarea pentru cartea de îmbarcare la cursele aeriene unde pentru actele de identitate se cere un termen de valabilitate de regulă mai mic de 10 ani şi când scriu 2053 mi se refuză textul. Dvs. ce aţi face? Eu trec datele din paşaport, dar nu sunt totuşi obligat să am paşaport când călătoresc în UE!

În rest, parafrazând un post de radio din alte vremuri, despre eGuvernare şi avantajele ei ... să auzim numai de bine!

Comentarii blog

Menumorut Se vota in epoca de piatra..? Cum..? Ca si azi..cu ghioaga..?

un_roman Ce fac altii: inaintea alegerilor, se inregistreaza (prin e-mail) sa poata vota la cea mai apropiata sectie de votare de peste hotare. In ziua alegerilor, se prezinta la vot. Si atat. Consulatele stiu exact cate persoane se vor prezenta. Dar la noi se poarta hartogaraia. Iar declaratia aia nu previne turismul electoral. Nici abtibildele alea. Sunt doar hartii. Si da, ar fi fost mult, mult mai elegant sa puna declaratia aia online, de descarcat. La fel cum au afisat programul pt ziua votarii, puteau sa mai adauge un rand cu adresa url.

Serban Duca Sa fim seriosi! Politicienii romani nu vor renunţa nicio data la "contactul" cu votantii reprezentat de ulei, zahăr, galeti sau mici, argumente electorale dovedite mult mai eficiente decât programe si promisiuni despre care pana si cei mai săraci cu duhul au înţeles ca sunt vorbe in vânt. Si cu suntem urmasii Romei stim ca "verba volant" dar galeata sau tricoul roşu rămâne!

Marcel Cristea You going a bit too far with that "stone age" analogy, notwithstanding the need to make a point, even Romanians can understand. How about the ancient Greeks (the real founders of democracy and elections) casting stones as votes. Having said this I think you're on to something other missed and I applaud you for keeping it real and not getting carried away like some other authors of questionable intellect writing pages of gibberish. Yes; there are a multitude of remedies to a flout election process, some employed very successfully by other societies. Mail in ballot is a very simple procedure when citizens make a request for ballots by phone or by mail and once they fill in the form mail it back out. Another form will be electronic voting when people complete the ballot online. Are those methods full proof? Nothing is, especially when we are dealing with

Romanians but it will be preferable to all this election hoopla and all those terrible spectacle of loud peoples standing in lines and being trample on.

Vasile Baltac Stone age is only a metaphor! An equivalent of "Ca pe vremea lui Pazvante" :-) I left electronic vote for another posting, but it seems that Adevarul will post tomorrow an article on this subject.

Vasile Baltac A fost publicat articolul adevarul.ro/news/politica/votul-electronic-solutia-fug-politicienii-romani-1_5459156f0d133766a8891837/index.html

Aladin Marcele, puteai sa scrii frumos in limba romana. Probabil ca ai fi scris cu mai putine greseli si dezacorduri decit in engleza :-) Articolul e in romana, restul postarilor sint in romana.

Aladin Domnule Baltac, azi, marti,am votat in midterm elections in California. M-am dus la sectia de vot, mi-am spus numele si adresa, m-au gasit pe un tabel, am semnat in dreptul numelui si mi s-a dat un buletin de vot. Aici nu ti se cere nici un act de identitate cind votezi. Buletinul de vot are cite un oval in dreptul fiecarui candidat sau al legii propuse spre adoptare. Innegresti cu pixul ovalul din dreptul candidatului dorit si gata. Pe urma bagi buletinul de vot in urna. Urna are un scanner care citeste buletinul de vot - procedura simpla care inregistreaza automat voturile pt. fiecare candidat. Daca nu esti acasa in ziua votului, ceri un absentee ballot (buletin de vot pt. absenti) pe internet, primesti buletinul de vot prin posta si il trimiti inapoi prin posta. Daca traiesti peste hotare, faci acelasi lucru. Am citit despre votul electronic disponibil in Estonia si mi s-a parut extrem de convenabila si eleganta aceasta varianta, mai ales pt. cei din diaspora.

ORAŞUL INTELIGENT – UN VIS ÎN PRAG DE ALEGERI[1]

Trăim într-o lume nouă – lumea digitală. Interacţionăm online, folosim dispozitive digitale diverse, comunicăm prin mijloace variate, practicăm forme noi de comerţ şi banking, partajăm informaţie. Dar trăim mai ales în lumea fizică şi aceea, în cea mai mare parte din timp, este oraşul nostru. De ce nu ar fi acesta un oraş inteligent (smart city)?

Oraşele sunt determinante pentru prezentul şi viitorul nostru, 70% dintre europeni trăiesc în zone urbane şi consumă 70% din energie, 56,4% din populaţia României este urbană şi peste 10% locuieşte sau trece prin Bucureşti.

Evadăm din când în când din oraş, dar ne lovim la întoarcere de realităţile lui. Chiar dacă ne numărăm printre cei din ce în ce mai puţini care trăiesc într-un mediu cu adevărat rural, tot intrăm în contact cu oraşul pentru un motiv sau altul.

Lumea digitală a venit peste noi cu tot felul de oportunităţi la care generaţiile dinaintea noastră nici nu au visat. Ar fi atunci logic şi în interesul nostru să suprapunem cele două lumi: lumea fizică să fie şi o lume digitală. Aceasta însemnă un oraş inteligent sau smart city, un oraş în care trăim într-o lume digitală, sau printr-o definiţie clasică.

Un oraş cu folosirea tehnologiilor digitale pentru ridicarea standardului de viaţă, reducerea costurilor şi o comunicare mai bună cu cetăţenii.

Este cazul să nu exagerăm total rolul tehnologiilor. După mine, deşi sunt un promotor al tehnologiilor digitale, oraşul inteligent este mai puţin „totul în jurul IT" şi mai mult pe optimizarea funcţiilor sale de deservire a

---

[1] Postat pe platforma Adevarul.ro http://adevarul.ro/blogs/vasile.baltac la 28 aprilie 2016

cetăţeanului. Aceasta deoarece orice implementare de succes a conceptului de oraş inteligent trebuie să se centreze pe cetăţean şi pe nevoile sale. Cineva m-ar putea întreba: dacă nu pe cetăţean atunci pe cine să se centreze? Simplu, într-o variantă nedorită pe administraţie şi pe nevoile ei şi ne întoarcem astfel înapoi cu zeci sau sute de ani.

Oraş inteligent este acela în care toate funcţiile sale – guvernarea, economia, mobilitatea, mediul, populaţia, modul de viaţă – sunt inteligente. Crearea oraşului inteligent nu mai este o utopie, a devenit o necesitate. Dintre oraşele Uniunii Europene cu peste jumătate de milion de locuitori, 90% au caracteristici de oraş inteligent, iar strategia „Europa 2020" include angajamente clare pentru promovarea oraşelor inteligente şi investiţii în infrastructura digitală şi dezvoltarea capitalului uman şi social aferent.

Tehnologiile ne oferă o gamă foarte variată de soluţii, unele sunt deja vizibile, dar, desigur, soluţiile nu se implementează de la sine. Am găsit planuri pe mulţi ani la multe oraşe europene: Amsterdam, Viena, Barcelona etc. Nu am găsit nicăieri planurile nici pentru Bucureşti, nici pentru alte oraşe mari ale ţării noastre. Nu că nu sunt iniţiative, ele există şi unele rezultate se şi văd, dar de ce Viena are planuri etapizate cu jaloane clare până în anul 2050 şi Bucureştiul nici măcar pe 5 ani? Aş vrea să greşesc şi aceste planuri să existe...

Până a vedea aceste planuri, o să vă povestesc un vis.

Am visat (cu ochii deschişi) că:

- Nu mă mai deplasez la administraţia publică de sector sau municipiu decât cel mult odată pe an
- Taxele, actele personale (acte de identitate, paşapoarte, permise de conducere), înmatriculările de autoturisme (noi, vechi, importate), autorizaţiile de construire, solicitările şi reclamaţiile de orice fel, solicitarea şi obţinerea de certificate (naştere, căsătorie) le rezolv de acasă online
- Nu mi se mai cer copii după documente sau tot felul de legalizări notariale inutile şi costisitoare, funcţionarul găseşte singur în bazele de date orice informaţie despre mine de care are nevoie
- Nu mi se mai cere aceeaşi informaţie în mai multe locuri, de exemplu copii după diverse acte
- Contorizarea utilităţilor este inteligentă, colectarea datelor se face automat

- Administrația comunică prompt prin website-uri și rețele sociale și nu am eu timp să tot citesc emailurile, sms-urile, mesajele etc. care mă informează cu tot ce se întâmplă în cartierul sau orașul meu
- Am Wi-Fi gratuit în toate piețele și parcurile mari
- Vechile cabine telefonice sunt acum puncte de acces gratuit Wi-Fi
- Am Wi-Fi gratuit în mijloacele de transport în comun care au fost dotate și cu prize USB să-mi încarc telefonul
- În stațiile de transport în comun am afișaj electronic care îmi spune când vine următorul autobuz sau tramvai și chiar este corelat cu realitatea momentului
- Sistemul inteligent de fluidizare a traficului funcționează impecabil și există contract de mentenanță a lui
- Iluminatul stradal este inteligent cu reglare luminozitate la prezența pe stradă
- Mă programez la medicul de familie prin Internet
- Există cursuri gratuite de competențe digitale pentru pensionari și familiile sărace (eventual cu premii pentru absolvenți prin tragere la sorți)
- Pot accesa informații și servicii de administrație publică pe telefoane inteligente, tablete, televizoare inteligente
- și multe altele ....

Vis nerealist? Mergeți în capitale sau orașe vest-europene și veți vedea că tot ce am descris mai sus și multe altele există în beneficiul locuitorilor lor.

Recent, la Facultatea de Administrație Publică din SNSPA s-a organizat o conferință cu titlul „București, un Oraș Inteligent" la care au fost invitați candidați la primăriile de sector si Capitală pentru a vorbi despre viziunea lor referitoare la transformarea Bucureștiului într-un Oraș Inteligent. Au participat relativ puțini candidați, dar sper ca printre cititorii acestei postări să se afle și viitori primari și consilieri câștigători ai apropiatelor alegeri. Și poate își pun în agendă, în afara nenumăratelor probleme mai stringente, și pe cele legate de eGuvernarea locală. Dacă tot nu reparăm gropile din asfalt, măcar să-l scutim pe cetățean să conducă autoturismul printre ele pentru a-și plăti taxele sau pentru a scoate o adeverință. Cu alte cuvinte:

„Eliberați drumurile, aglomerați Internetul."

Mai ales că avem Internet de mare viteză recunoscut mondial.
De ce nu am avea și o administrație publică performantă măcar digital?

Comentarii blog

Caius Iulius Caesar Domnule Baltac, mi se pare foarte interesant ceea ce ati schitat pentru un viitor de dorit al orasului nostru. De asemenea, apreciez ca ati identificat foarte bine tendinta ca "smart city" sa fie de fapt doar o etalare, goala de continut, a obligatiilor cetateanului in fata administratiei locale si a serviciilor guvernamentale. In ceea ce priveste rezolvarea tuturor problemelor esentiale a orasului on-line am obiectii serioase, reiesite din practica profesionala zilnica: in primul rand ca nimic nu inlocuieste o discutie fata-in-fata, iar in privinta autorizatiilor de construire (cu avize cu tot...), actelor de proprietate este practic imposibil. Mai mult, "cetateanul" nostru crescut in lumea digitala dispune de o formidabila abilitate ... de a nu sti sa se exprime clar (nu mai vorbesc de erorile de gramatica, semantica si logica). In final, un oras complet digitalizat este foarte vulnerabil la catastrofe naturale sau antropice, pentru ca oamenilor le vor lipsi competentele esentiale de comunicare scrisa, interactiune directa, prezentare argumentata in fata unui auditoriu a situatiei, etc. Ramane de vazut care sunt limitele acceptabile ale informatizarii vietii de zi cu zi, mai ales a proceselor tehnologice de alimentare cu apa, energie electrica, transport. Oamenii needucati in spiritul intelegerii reciproce vor reactiona violent in lipsa regulilor impuse din exterior - cam asa se vede acum. Exista orase care au testat renuntarea la "traficul inteligent" si au apelat la educarea participantilor la trafic spre propriul lor bine - si rezultatele au fost neasteptat de bune. Tot omul sfinteste locul. Cu stima

cornel jurja Si copii se vor face tot asa. Te masturbezi, cauti o adresa de mail a unei domnisoare sau doamne pe care o placi , dai "send" si gata!Cand se naste copilul iese si cu testul ADN de paternitate, pentru a fi sigur ca "sendul" tau a ajuns la tinta si nu al altuia!

PREȚUL (IN)COMPETENȚEI DIGITALE (I)(2010)[1]

Am văzut recent un plic primit prin poștă de o firmă. Impresionant, cu o fereastră neagră care parcă prevestea ceva sumbru. Expeditor ANAF prin Unitatea de Imprimare Rapidă – DGFP Vâlcea. În interior o decizie de imputare a unor întârzieri la plata taxelor. Deci ceva neplăcut cu adevărat.

Plic primit de un contribuabil

Plicul ANAF[2]

Am tot studiat plicul și hârtia cu decizia din interiorul lui în încercarea de a evalua cât a costat emiterea și expedierea lor. Hârtia este de bună calitate, nu pare a fi reciclată. Fereastra neagră este din plastic pentru o protecție suplimentară a numărului de dosar fiscal pe care îl acoperă. Datele variabile din decizie sunt printate, deci a existat și un astfel de cost de printare individualizată. Ele au rezultat dintr-o bază de date. Încă un

---

[1] Postat pe platforma de blog a autorului "Despre tehnologia informației și ... nu numai" http://vasilebaltac.blogspot.ro/ la 28 august 2010

[2] Astfel de plicuri continuă să fie expediate cu costuri mari și în anul 2016

cost, acela de găsire a contravenienților și trimitere a datelor despre ei la Unitatea de Printare Rapidă. Aflăm deci că există și așa ceva în MFP, cel mai probabil pentru reducere de costuri. Poșta Română a făcut și ea reduceri, pe plic se menționează un contract cu Oficiul Râureni.

În lipsa de date primare mi-a fost greu să evaluez cât a costat operația. Cu siguranță însă mai mult de 4 lei(!) cât era suma imputată. Din media aflu că au existat și cazuri de imputare a 2 lei(!).

Povestea mi-a amintit de o carte cunoscută de programare a calculatoarelor de prin anii 1970 în care se prezenta cazul unui cetățean american care a primit o factură de la societatea sa de distribuție energie electrică în valoare de 0(zero) dolari. A zâmbit și a ignorat-o. După încă o somație a fost înștiințat că datorită faptului că nu a plătit factura în valoare de 0 (zero) dolari va fi deconectat(!). Exemplul era dat pentru a atrage atenția programatorilor că există cazul particular zero și nu trebuie ignorat.

După 40 ani, iată că analiștii ANAF au ignorat o regulă elementară. Probabil că decizii de imputare cu 0 (zero) lei nu au trimis, dar cele cu sume mai mici de costul emiterii somației puteau fi oprite. Aflăm dintr-un comunicat că nu se mai trimit cele sub 10 lei. Probabil acesta este costul individual al emiterii unei decizii. Să mai adăugăm că multe astfel de decizii sunt greșite. Firmele au plătit la timp sau cu întârzieri mult mai mici, dar bazele de date nu au fost actualizate corect. Deplasări, justificări, alte hârtii...

O amnistie fiscală generalizată pentru sume sub 10 lei și aducerea la zi a bazelor de date ANAF, ar fi fost cu siguranță mult mai puțin costisitoare pentru statul român.

Vorbind despre (in)competențele digitale ne referim cel mai des la utilizator. Cazul de mai sus ca și altele la care mă voi referi în viitor ne arată că sunt încă mulți pași de făcut și la nivelul celor care administrează aplicații IT și mai ales în managementul administrației publice.

Comentarii blog

leul care tace *As mai adauga faptul ca aproape la fiecare plic trimis de catre diversi operatori se percepe o taxa absolut inutila. In diverse formulare (pentru telefonie mobila, banking etc) exista un camp in care poti sa'ti treci adresa de email. In conditiile in care eu trec acea adresa, de ce nu sunt instinta prin posta electronica de diverse plati. Este mult mai ieftin. Spre exemplu, eu primesc factura la telefonul mobil atat prin plic cat si printr'un sms si modem sms. Useless! Sa auzim numai de bine in rest!*

Anonim Perfect de acord. Mai sunt multe de facut la nivel de programare, pentru a reduce niste costuri. Problema nu este numai în România: Nu odata s-a întâmplat, ca, în Germania am primit atentionare prin posta, ca sunt în restanta cu 0,10 €. Am facut si eu imediat calculele, ca si tine (ca o proiectanta, care am fost, gata sa evaluez orice manopera, plus materiale). La Electrica, în timp de iarna, când eu sunt plecata din românia, îmi trimite lunar factura pe A4 pentru 2,50 RON, reprezentând abo TV-Radio. La eon-gaz aceeasi poveste. Gabi

Anonim Felicitari pentru acest material. Am patit si eu ceva de acest gen: Am primit in 2008 ca drepturi de autor 8 lei de la Uniunea Compozitorilor -ADA. Nu m-am asteptat sa-mi verse acesti bani. Ei mi-au cerut doar contul de card. Banii au intrat dupa ce s-a incheiat perioada de declarare a veniturilor pentru impozit global (15 mai) Am fost amendat cu 5 lei. M-am dus si am platit amenda fara sa mai cer audienta la directorul finantelor pentru anularea ei, (aveam dovada intrarii banilor dupa data scadentei pentru ca abia atunci ei deveneau "venit") ceea ce ar fi durat mai mult. Ei m-au amendat in avans ! Mircea

Vasile Baltac Nu cred ca a citit cineva de la UDMR postarea mea, dar ma bucur ca solutia propusa si de mine in 28 august ar putea solutiona mini-criza cozilor inutile la ghisee a celor care incaseaza drepturi de autor

UDMR: Normele de aplicare ale Ordonantei 58 vor fi modificate. Contributiile vor fi retinute de angajator, pentru ca cetatenii sa nu mai stea la cozi de Alina Neagu HotNews.ro

Miercuri, 1 septembrie 2010, Reprezentantii UDMR au propus, in sedinta de luni a Executivului, ca normele de aplicare ale Ordonantei de urgenta nr. 58/2010, in ceea ce priveste drepturile de autor, sa fie modificate, a anuntat vicepresedintele executiv al formatiunii politice, Laszlo Borbely, citat de Agerpres. "Am cerut in sedinta de Guvern ca nu cetateanul sa mearga si sa stea la cozi, ci firma, compania, cel care poate sa adune si sa mearga acolo si sa plateasca pentru ca asta e obligatia lui", a afirmat Borbely, adaugand ca Ministerul Finantelor ar putea veni chiar in sedinta de miercuri a Executivului, aflata in desfasurare la aceasta ora, cu o serie de modificari in acest sens.

Anonim as intreba anaful de ce trebuie sa plateasca postasii ~40 ron pt.un AR pierdut?. este o nesimtire aceasta suma cind o scr. cu ar costa ~5 lei

PREȚUL (IN)COMPETENȚEI DIGITALE II(2010)[1]

Incompetența digitală costă țările miliarde de euro anual

eRomania și ghișeele de plată a taxelor aferente veniturilor din drepturi de autor

Se spune că una dintre admirabilele calități ale omului este uitarea. Dacă nu am uita am fi striviți sub uriașa cantitate de informație. Uitarea în contextul lumii digitale merită un eseu și chiar s-au scris și cărți despre necesitatea de a uita. Mai bine zis de a șterge, desigur cu discernământ, din informația pe care o primim sau generăm.

Metodele de căutare și arhivare de ultimă generație simplifică procesul și atât timp cât ne-am asigurat că avem spațiu de stocare și instrumente de căutare potrivite putem să nu mai ștergem chiar așa de mult din informația primită.

La nivel individual necesitatea uitării (ștergerii) este se pare deci o problemă cu soluții convenabile. Mai grav la nivel individual este problema informației publice despre o persoană, informație stocată de alții și în afara posibilităților de ștergere de către persoana respectivă. Un exemplu banal: mulți tineri azi entuziasmați de fenomenului blogurilor postează pe ele texte, fotografii, filmulețe de care peste 10-15 ani să zicem se vor dezice. Nu este anormal. Se spunea pe vremuri în Anglia că majoritatea studenților de la Cambridge și Oxford au păreri de stânga și la maturitate majoritatea acelorași foști studenți au convingeri de dreapta. Explicabil, prin cariera pe care le-o oferă absolvirea acestor prestigioase și elitiste universități. Doar, că informația despre persoanele respective este reținută și o căutare chiar și

---

[1] Postat pe platforma de blog a autorului "Despre tehnologia informației și ... nu numai" http://vasilebaltac.blogspot.ro/ la 1 septembrie 2010

peste ani şi ani oferă unui potenţial angajator informaţii precise, dar nerelevante , utilizate eronat dacă angajatorul este incompetent. Şi lista exemplelor poate continua...

Mă voi referi însă la alt aspect. Uitarea la nivel individual este acceptabilă, la nivel de instituţii este condamnabilă. În urmă cu 10 ani, confruntat cu cozile formate la ghişeele administraţiei locale înaintea datei limită de plată de 15 martie, primul ministru al acelor timpuri a emis o ordonanţă inteligentă: toate primăriile din oraşe să permită cetăţenilor plata taxelor şi impozitelor prin mijloace electronice, inclusiv Internet. Măsura a prins greu. Au ieşit la suprafaţă multe probleme: lipsa infrastructurii Internet şi bancare, lipsa de educaţie digitală sau de încredere a cetăţenilor, etc. Dar acţiunea a fost bună şi multe deficienţe iniţiale au fost corectate tocmai prin existenţă unor astfel de aplicaţii.

Am fost poate nu surprins, dar mâhnit de ignorarea completă a acelei experienţe de către actualul guvern, care decis intempestiv plata unor taxe suplimentare aferente drepturilor de autor. Nu comentez corectitudinea măsurii, chiar cred că are o anumită logică.

Aplicarea ei şi unele declaraţii ulterioare pot fi date exemple clasice de curs de incompetenţă. În primul rând incompetenţă managerială. Nu înţeleg de ce era necesar să se depună individual şi lunar declaraţii cu prezentare personală la ghişee. Urăsc ghişeul, coada la el, aplecatul cu 45 grade, că deh.. tu eşti în picioare, funcţionarul stă jos, privirea gogoliană (suflete moarte) a acestuia. Era infinit mai simplu de reţinut la sursă taxele respective, aşa cum se face cu salariile. Se muta deranjul de la miile de oameni plătiţi ca drept de autor la angajatori, care rezolvau problema plăţilor pentru toată instituţia, cu aceiaşi oameni cu care o fac acum cu personalul curent. Nu înţeleg de ce s-au anunţat amenzi mari şi au speriat pe cei care oricum plătesc, marii evazionişti nefiind speriaţi de ele.

Incompetenţă în al doilea rând de management în era digitală. Miniştrii anului 2010 ar trebui să ştie că unui cetăţean al Uniunii Europene trebuie să îi ofere în primul rând posibilitatea de a plăti o taxă sau impozit prin Internet. După ce au fost văzute cozile de la ghişee am aflat cu toţii că până în 25 septembrie şi apoi mai nuanţat până la sfârşitul anului eRomania va rezolva definitiv problema. Astfel de termene ignoră realităţile dure ale dezvoltării şi implementării de aplicaţii IT la scară macro.

Una dintre întrebările de examen pe care le pun studenţilor se referă la etapele prin care trece o aplicaţie semnificativă de IT şi care sunt definirea specificaţiilor, proiectarea, codificarea, testul alfa, testul beta, instruirea utilizatorului şi organizarea suportului tehnic.

Toate fazele, mai ales primele şi ultimele îl implică puternic şi pe utilizatorul aplicaţiei, care este alt minister decât cel care s-a angajat cu termenele. Instruirea beneficiarului ar putea crea probleme suplimentare, mai ales fiind arhi-cunoscută tendinţa de superficialitate în actualizarea bazelor de date care se manifestă în administraţia publică. Îmi amintesc de reacţia unui experimentat bancher la entuziasmul meu de a fi plătit printre primii un impozit pe Internet. Mi-a zis că risc să primesc penalizare pentru că nu am plătit. Şi cam aşa a fost .... Funcţionarul de "suburbie" nu fusese instruit cu tehnica de actualizare a plăţilor făcute prin Internet.

O aplicaţie de acest gen lansată prematur fără teste şi instruire suficiente va compromite nu numai persoana respectivă şi ministerele implicate, dar şi ideea de IT şi eGovernment.

Părerea mea este că ar fi bine ca mai întâi să avem aplicaţia funcţională şi testată suficient şi apoi să facem pariuri pe ea.

Şi un amănunt, pentru a nu crea confuzii la nivel de administraţie fiscală: această postare este pro bono!!!

Comentariu

Anonim

Buna Ziua!
Eu sunt Vlad, unul dintre membrii Radio Whisper, un radio anti-manele dedicat bloggerilor si nu numai.

Am vizionat cu atentie blogul tau si vreau sa spun ca am fost foarte fascinat de ceea ce am gasit. Am fost atras de subiectele interesante si de originalitatea articolelor. Felicitari ! Încep sa îl citesc cu drag.

Noi promovam la radio diferite articole ale bloggerilor, iar azi am promovat un articol de-al tau ; am specificat sursa articolului si am deschis si un subiect pe baza acestuia. Daca doresti, poti sa ne recomanzi orice articol si noi îl vom promova.

Cu scuzele de rigoare pentru acest mesaj de tip spam,acest mesaj este dedicat tie si la cei care merita care ii citim aproape zi de zi.

Ne-ar face placere, de asemenea, sa stim ca ai dori sa ne sustii în acest proiect de radio si sa accepti o eventuala colaborare.

Pe Radio Whisper se difuzeaza toate genurile de muzica, exceptând manele si piesele necenzurate, avem si câteva emisiuni, stiri etc. Ne-am propus sa realizam un proiect mare, iar pentru asta avem nevoie de sustinerea si ajutorul tau si al celorlalti colegi bloggeri. Dorim sa cream o echipa numeroasa, de oameni cu un talent aparte si m-am gândit ca, poate, ai vrea sa ni te alaturi si sa colaboram, binenteles, pe unul dintre domeniile care îti place. Dorim, de asemenea,sa iti acordam un scurt interviu. Pentru noi sunt importante ideile si modul de a gândi al bloggerilor si al ascultatorilor nostri.

Îti multumesc pentru timpul acordat, iar acum îti propun sa adaugi linkul sau bannerul nostru pe blogul tau si sa ne dai add la id-ul asculta.whisper sau un email asculta.whisper@yahoo.com pentru a discuta mai multe.www.radiowhisper.com

Multumesc,Cu stima Vlad!

EROMANIA(2010)[1]

Sunt uimit de reacțiile stârnite de proiectul eRomania. Presa speculează că va fi folosit pentru spionarea cetățenilor, că se cheltuie bani prea mulți, unii profesioniști cârtesc pe diverse liste sau bloguri, de asemenea, că sunt bani prea mulți alocați.

Pe acest blog mi-am exprimat nu demult părerea că suntem în fundul unei prăpastii digitale așa de mari ca țară europeană (vezi mai jos postarea despre Digital Divide) încât mi se pare că 500 milioane de euro, și aceștia incerți, sunt prea puțini bani alocați pentru recuperarea decalajului față de media europeană. Am autoturism și vreau autostrăzi, dar să nu uităm că o Românie digitală cu adevărat ne va scuti de multe călătorii fizice prin tranzacții virtualizate.

Estimez că România trebuie să investească nu 500 milioane, ci multe miliarde de euro pentru a ajunge ca românul obișnuit să facă mai mult decât să caute pe web știri, să trimită emailuri și acelea fără subiect sau să descarce muzică și filme, dacă se poate fără bani.

Mi se pare corect să discutăm abordarea eRomania, dar sub aspectul priorităților și a eficienței dezvoltării și implementării aplicațiilor eGovernment. Și să nu uităm instruirea. Putem dezvolta aplicații minunate care chiar să și meargă, dar dacă oamenii nu vor știi să le folosească vor fi bani risipiți. Ne paște decalajul digital din a doua generație, dar de spre aceasta am scris deja în articolul *Education and the Second Generation Digital Divide*

---

[1] Postat pe platforma de blog a autorului "Despre tehnologia informației și ... nu numai" http://vasilebaltac.blogspot.ro/ la 13 aprilie 2010

NATIVI VS. IMIGRANȚI DIGITALI ÎN ADMINISTRAȚIA PUBLICĂ(2012)[1]

Recent Ziarul Financiar a publicat un articol de Adrian Seceleanu în care sunt reflectate părerile mele despre redirecționarea spre agricultură a banilor obținuți din licențe telecom. Articolul este redat și pe acest blog.

Am găsit pe site-ul ziarului un comentariu interesant. Răspund aici pentru că am la dispoziție mai mult spațiu și poate că îl vor citi mai multe persoane interesate.

Comentariul sună cam așa:

"Baltac afirmă că Guvernul ar trebui să investească bani cu prioritate în informatizarea administrațiilor din mediul rural și în școlarizarea funcționarilor în utilizarea computerelor."

Serios? sunt funcționari publici tineri, care dobândesc cunoștințe ample in utilizarea PC, cu studii superioare si chiar de masterat, care pot activa pe astfel de posturi, având calificare in domeniu.

De ce sa ii "cosmetizam" pe cei care nu au noțiuni de utilizare PC, utilizarea PC fiind in ziua de azi o condiție obligatorie la angajare. O părere personala este ca dificultatea utilizării sistemelor de operare PC, de către funcționari, aglomerează si mai mult ghișeele oficiilor si administrațiilor locale.

Autorul comentariului propune să fie înlocuiți funcționarii mai vârstnici care nu prea au îndemânare în folosirea IT cu tineri care deja stăpânesc utilizarea PC. Oricine știe că în administrația publică vârsta medie este de peste 40 ani și ne putem pune întrebarea ce facem cu cei care nu sunt tineri. Ii dăm afară? Autorul comentariului are dreptate că dificultățile lor de utilizare IT aglomerează adesea ghișeele și aș putea menționa din

---

[1] Postat pe platforma autorului Despre tehnologia informației și nu numai ... http://vasilebaltac.blogspot.ro/ la data de 30 august 2012

experiență multe alte efecte. În cartea mea Tehnologiile informației - noțiuni de bază menționez cu referire la costurile incompetenței digitale:

Mulți manageri și funcționari publici din România nu au încă o instruire suficientă în folosirea noilor tehnologii informatice. Cei mai în vârstă au uneori cunoștințe depășite despre calculatoare, dar rar despre sisteme informatice pentru conducere. Atunci când acceptă să facă investiții TIC, sunt de acord doar cu aplicații simple (procesare de text, contabilitate, e-mail pentru a face economie la faxuri etc.). În multe cazuri pretind ca alții să acceseze informațiile în locul lor. Managerii și funcționarii mai tineri au cunoștințe mai bune despre echipamentele și aplicațiile informatice moderne și pot fi considerați "parțial alfabetizați" în TI (procesare de text, utilizarea calculului tabelar, "expunere" la Internet) și își folosesc calculatoarele personale. Dar nici ei nu au întotdeauna o instruire corespunzătoare în privința sistemelor informatice pentru management și nu dispun de suficientă putere de decizie.

Există studii[1] care arată că instruirea insuficientă în utilizarea tehnologiilor informației conduce la un cost al ignoranței digitale care poate fi cuantificat prin productivitate mai slabă cu circa 20% și creștere considerabilă a timpilor de execuție a sarcinilor curente sau proiectelor.

Tot în același loc fac referire la nativii digitali și imigranții digitali:

Decalajul digital între generații este amplu. Tinerii au crescut cu acces la tehnologiile informației și Internet și le consideră ca normale. Nu întâmplător acestora li se mai spune nativi digitali. Persoanele de vârsta doua și a treia trebuie să învețe să folosească aceste tehnologii și constată că au de învățat de la cei tineri. Prin similitudine cu cei care își schimbă țara de reședință pe parcursul vieții, celor care nu au crescut în școală cu tehnologiile digitale li se mai spune imigranți digitali.

Vârsta medie a managerilor și funcționarilor publici din România este de peste 40 de ani. O persoană la această vârstă va accepta mai greu să înceapă să utilizeze un calculator sau Internet. Aceasta nu este o particularitate românească. Statisticile arată că vârsta medie a utilizatorilor Internet este de 32 de ani în SUA, în timp ce vârsta medie a utilizatorilor de computere este de 39 de ani. Cu toate acestea, în SUA și alte țări dezvoltate mediul social și economic induce oamenilor o atitudine favorabilă introducerii tehnologiilor informatice.

---

[1] De exemplu AICA Italia
http://www.aicanet.it/attivita/pubblicazioni/Cost%20of%20Ignorance-June-2009.pdf

În România şi în multe dintre ţările Europei Centrale şi de Est, atitudinea oamenilor mai în vârstă se caracterizează încă prin reluctanţa la apropierea de computere, din teama de a pierde respectul celor mai tineri sau din alte motive. Rezultatul este ceea ce se poate numi "efectul de respingere". Ca urmare a acestei respingeri, computerele încă sunt adesea considerate un fel de "jucării moderne", având totuşi "anumite merite" şi uneori acceptate ca şi "modă". Fenomenul nu are o fundamentare tehnică reală, tehnologiile informaţiei sunt uşor de asimilat, ceea ce şi urmăreşte să demonstreze această carte.

Aceste rânduri sunt o pledoarie pentru instruirea tuturor celor care nu au primit în şcoală competenţele digitale necesare (imigranţii digitali) şi programul ECDL este un instrument care şi-a dovedit utilitatea pe plan internaţional cu zeci de milioane de certificări. Elocvent este exemplu Irlandei cu peste 11% din populaţie certificată ECDL sau Egiptului unde 1,5 milioane de funcţionari publici au certificatul sub numele de ICDL.

Pe de altă parte să nu fim foarte entuziaşti privind tineretul (nativii digitali). Mulţi nu trec de faza Facebook şi nu stăpânesc utilizarea IT la locul de muncă. Anual dau examen cu mine sute de viitori absolvenţi de administraţie publică şi văd rezistenţa la asimilare a unor noţiuni de bază. Este greu de imaginat să nu ştie ce este Wi-Fi pe care se conectează cu smartphone-ul, adesea în condiţii de insecuritate digitală, sau semnătura electronică obligatorie deja prin legislaţie în anumite tranzacţii. Redau în imagine un răspuns aberant dat de un nativ, nu de un imigrant digital, de un student care se presupune că a citit cursul.

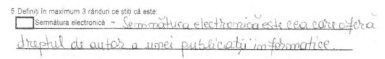

Extras dintr-o fişă de examen 2012 Foto Arhiva autorului

Nu neg că autorul comentariului are dreptate. Sunt funcţionari publici tineri, care dobândesc cunoştinţe ample în utilizarea PC, cu studii superioare şi chiar de masterat.

Întrebarea este dacă sunt suficienţi, cum facem ca toţi funcţionarii publici să ştie să utilizeze IT şi aplicaţiile de eGuvernare să ne facă viaţa mai simplă cu mai puţin timp şi nervi consumaţi la ghişee.

TAROM, PATRIOTISM ŞI ERA DIGITALĂ[1]

Călătoresc destul de mult cu avionul. Şi cu treburi şi ca turist.
Plecând cel mai des din Bucureşti aleg să zbor cu TAROM, compania
noastră naţională.

Aş putea să-mi arog sentimente de patriotism şi să afirm că o fac pentru
a cheltui mai mulţi bani în ţară, că vreau să contribui cu un extrem de
modest impact la dezvoltarea economică a noastră şi nu a altor ţări. Aş
putea de asemenea să fiu bănuit că zbor prioritar cu TAROM pentru că
practică preţuri mai mici decât concurenţa. Cei care zboară des ştiu însă că
TAROM nu are întotdeauna cele mai avantajoase oferte şi companiile low-
cost sau ofertele speciale ale concurenţei gen red-ticket sunt sigur opţiuni
mai bune pentru cei care vor să fie strânşi la pungă.

Şi atunci de ce TAROM? Departe de mine de a fi ipocrit, pot spune totuşi
că în decizia mea atârnă şi puţin patriotism gen "Buy Romanian". Sigur este
şi obişnuinţa din vremurile când zborul cu TAROM era obligatoriu pentru
români şi folosirea altor companii pe rutele deservite de TAROM interzisă.
Monopolul a dispărut de mulţi ani şi putem să spunem fără a exagera că şi
TAROM s-a schimbat. Duse sunt vremurile când stewardesele erau
supraponderale şi în prag de pensie şi se uitau la tine de sus şi la propriu şi
la figurat. Sau când demnitarii români cu bilete de clasa economic stăteau
la business, iar cei cu bilete scumpe nu îşi prea găseau locuri în partea din
faţă a avionului. Călătoria cu TAROM a devenit civilizată şi normală deci
din destul de multe puncte de vedere. Cursele decolează de regulă conform
orarului şi ajung fără întârzieri notabile la destinaţie. Apar, desigur, şi
excepţii de neînţeles pentru pasageri, cum ar fi parcarea uneori a avionului
la sosire chiar lângă o poartă modernă cu aşa numitul burduf la Otopeni,
dar debarcarea pasagerilor se face pe uşa din spate şi transportul cu
autobuzul. Mi s-a întâmplat recent la revenirea de la Geneva. Ba uneori mai

[1] Postat pe platforma Adevarul.ro http://adevarul.ro/blogs/vasile.baltac la 13 aprilie 2014

cobori cu scara la sol, urcând apoi pe scările aeroportului la aceeaşi poartă. Venind vorba de Geneva mi s-a părut anormal ca zborul de la Bucureşti din 4 aprilie 2014 rezervat din timp în februarie să fie anulat probabil din lipsă de pasageri, fără a ţi se oferi alternativă măcar parţial cu TAROM.

Rămâne pe avioanele TAROM şi problema comportamentului unor pasageri, discuţiile lor în limbaj colorat şi cu voce tare, ridicarea de pe scaune înainte de oprirea completă a motoarelor avionului, bagajele de mână în exces, şi altele, dar fenomenele se pot vedea şi pe cursele altor companii aeriene care vin sau pleacă din România. Pasagerii fiind în linii mari aceiaşi!

TAROM şi era digitală

Ceea ce nu înţeleg însă este modul în care compania TAROM se comportă în era digitală în care ne aflăm. Pasagerii de azi nu mai sunt cei de ieri. Românii au şi ei laptopuri, tablete, telefoane inteligente, au acces la Internet, vor să aibă avantajele lumii digitale. Cei care călătoresc cu avionul chiar în proporţie mai mare decât ansamblul populaţiei. Serviciile informatizate au devenit obligatorii într-o lume care devine an de an mai digitală, în care omul s-a săturat şi nu mai vrea ghişee, cozi, aşteptare inutilă. Pasagerii tineri sunt cei mai mulţi nativi digitali, pentru ei necesitatea aplicaţiilor informatice este considerată de la sine acceptată. TAROM are acum management privat şi mă aşteptam la o abordare la nivel modern a prezenţei TAROM în era digitală. Ce constat de fapt? TAROM oferă ca orice companie serioasă posibilitatea de check-in prin Internet cu printarea cărţii de îmbarcare şi eventual la aeroport numai predarea bagajului de cală la ghişeele de drop-off. Numai că de pe un calculator de tip desktop (staţionar sau laptop) o poţi face pentru 32 aeroporturi cu curse TAROM, dar de pe telefonul inteligent numai pentru 28 aeroporturi. Este de înţeles că unele autorităţi locale din motive de securitate nu acceptă o carte de îmbarcare pe telefon, dar de ce aplicaţia nu-ţi permite să faci alegerea locului şi printarea ulterioară la hotel de exemplu rămâne un mister. În una din ţări nu aveam posibilitatea să fac check-in de pe telefon, dar am putut de pe o tabletă cu exact acelaşi sistem de operare! În cel puţin două cazuri după ce am făcut rezervarea locului sistemul s-a blocat şi am putut primi cartea de îmbarcare numai la aeroport după coada de rigoare la ghişeu. Îmi este greu să nu fac legătura cu faptul că TAROM folosea până de curând serviciile de check-in ale unui important partener SkyTeam şi a trecut pe un alt partener posibil mai ieftin dar cu probleme de exploatare.

Banii plătiţi pe biletul TAROM îl fac pe pasager să pretindă aceleaşi servicii digitale ca la orice companie serioasă europeană. Nemaivorbind de faptul că zburând recent cu una din companiile străine nu am putut face check-in online pentru că deşi zborul avea indicativul companiei respective, era executat în regim co-share de TAROM şi probabil că interconexiunea bazelor de date nu s-a făcut. O altă problemă serioasă a erei digitale este promovarea companiei în mediul online. Ajunge să zbori odată cu o companie străină, că primeşti regulat newslettere şi oferte speciale. Primesc astfel de mesaje de la KLM, Air France, British Airways, Austrian, Lufthansa, Emirates, etc. dar nu de la TAROM. O aplicaţie cum este WorldMate mă anunţă prompt secunda când începe check-in online la TAROM, dar nu şi TAROM. Cu reţelele sociale situaţia este şi mai evident în defavoarea TAROM. Compania este prezentă pe Twitter numai că TAROM are numai 3.564 followers (persoane care o urmăresc) şi până la începutul de aprilie 2014 numai 634 mesaje. Greu de concurat cu KLM cu 878.000 followers şi 303 mii mesaje. Mai mult KLM actualizează prezenţa pe Twitter la fiecare 5 minute şi garantează un răspuns în 45 minute! Air France are 400.000 followers în cele două limbi franceză şi engleză şi 75.000 mesaje comparabil cu British Airways. Nici Alitalia nu stă prea rău cu 50.600 followers şi 2.353 mesaje. Toate aceste companii operează şi în România şi sigur printre cei care le urmăresc sunt şi pasageri români. Şi pe Facebook există o pagină TAROM, numai că este agreată (Like) de numai 32.393 persoane. Pentru comparaţie KLM are 5.500.00 persoane, de 155 ori mai multe! Air France 3.615.000, British Airways 1.225.000 şi Alitalia 1.100.000 persoane. Dacă pentru check-in s-a subcontractat aplicaţia de la un furnizor extern şi serviciul este oferit este cât de cât satisfăcător, prezenţa în mediul online nu poate fi îmbunătăţită prin subcontractare externă. Este posibilă cu o activitate internă susţinută şi un departament de profil competent, în contact direct cu departamentele operaţionale şi de marketing, cu conducerea, şi suficient încadrat cu specialişti. Pasagerul modern nu mai poate fi atras numai cu avioane moderne, servicii la bord sau pe aeroporturi. Pasagerul anului 2014 are telefon inteligent sau tabletă, adesea pe amândouă, este prezent pe Facebook, Twitter, LinkedIn, YouTube, citeşte blogurile firmelor, vrea buletine de ştiri şi date actuale privind zborurile prin sms şi e-mail. Este greu să nu faci o paralelă cu situaţia eGuvernării în România, unde rămânerile în urmă ne plasează de prea mult timp la coada clasamentelor Uniunii Europene. TAROM este companie de stat, dar pentru a fi competitivă trebuie obligatoriu să se comporte ca una privată și asta nu numai printr-un management privat ale cărui performanțe la așteptăm cu toții, inclusiv in sfera serviciilor digitale!

Comentarii blog

adu bradeanu @Vasile Baltac ,fără supărare,nu contest că Tarom-ul la mărimea lui nu-și permite tot felul de servicii moderne(nu poate fi comparat de alianța KLM-Air France,cea mai mare companie din lume ca cifră de afaceri,este stupid) dar ,puteți să-mi explicați la ce ajută Twitter sau Facebook Taromul?Să vorbesc cu pilotul dacă a fost la teatru?să -i văd pozele de la mare cu soacra?Astea sunt site-uri doar pt.pierde vară și inadaptați sociali, punct. Apoi se pare că stați bine cu nervii și nu aveți ocupații complexe ca să suportați tot timpul fluxul de reclame stupide venite prin telefon,ce doar mănâncă timp și nervi,inutile în mod real. Comportamentul conaționalilor din păcate nu poate fi controlat de Tarom,acesta e gradul de civilizație la care suntem. Taromul are alte probleme esențiale de rezolvat care să-l pună în primul rând pe linia de plutire economic și apoi să se ocupe și de alinturile adresate clienților.

Vasile Baltac TAROM, tocmai ca la marimea lui ar trebui sa-si permita o prezenta mai activa pe retelele sociale. Nu costa mult deloc si il informeaza pe pasager fie cu oferte, fie cu modificari de curse sau alte informatii generale. De fapt, am semnalat ca TAROM este prezent si pe Twitter si pe Facebook, dar informatiile sunt sarace si numarul de persoane care le umaresc este foarte mic. Uitati-va la GDF Suez, Enel sau OMV Petrom si veti vedea ca tot firme romanesti sunt foarte active. De ce KLM sau Czech Airlines (companie mica comparativ cu KLM Air France) au aplicatie sa ma avertizeze ca pot face check-in si TAROM nu. Parerea mea este ca legatura cu clientii nu este un alint, iar evitarea cozilor de la ghisee cu atat mai putin.

radu bradeanu Să vă explic de sunt fițe sau chiar alint. Lumea este făcută exclusiv pt. cei ce vor să trăiască în ea cine nu,e treaba lui.Ca atare dacă eu vreau ca mâine să plec în Trinidad Tobago,EU,și nu altcineva(poate secretara ,dar verific) mă interesez cum rezolv problema DIN TIMP,cu atenție,căci nimeni nu are cum să știe mai bine ca mine ce vreau și nu sunt nici impotent intelectual.,nu așteptînd așa zisele oferte(orice negustor își laudă exagerat marfa,obositor dealțfel),chiar cu ajutorul internetului,evitând acolo unde este cazul cozile evident. Chestia asta îți ia maxim 10 minute chiar și de pe site-ul TAROM. Vorbim aici exclusiv de persoane care știu să folosească un PC, leptop,etc. Chiar mură-n gură ca la bebei e chiar penibil,creierul trebuie folosit ,altfel se atrofiază și rămâi uimit când ești manipulat,părerea mea. O zi bună.

PUNCTE DE VEDERE

INFORMATICA ŞI POLITICA (1999)[1]

Gândurile de mai jos au fost publicate în anul 1999. Au trecut 8 ani. Legislaţia a fost completată între timp cu multe legi bune. Sunt ele însă aplicate? S-a schimbat radical situaţia informaticii în România anului 2007? Las cititorului posibilitatea să concludă singur!

Martie 2007 şi Octombrie 2016

Ştim cu toţii că informatica la noi nu se dezvoltă aşa cum trebuie, că suntem plasaţi fără şanse în coada tuturor clasamentelor europene de specialitate. Nu se întrevede deocamdată ca perspectivă imediată o ieşire din această situaţie de care chiar şi vecinii ne compătimesc. Mi se întâmplă frecvent să aud că aceasta s-ar datora lipsei de sprijin din partea guvernanţilor şi politicienilor, a lipsei unui lobby eficient.

În consecinţă asociaţii profesionale sau patronale, firme de profil, foruri profesionale şi academice se întrec în a organiza simpozioane, mese rotunde, aniversări, deschideri de târguri şi expoziţii la care înalţi demnitari, politicieni cât mai în vogă, chiar şi ambasadori sunt invitaţi şi vin, sunt văzuţi, ţin discursuri, arată ce important este domeniul şi ... rămânem cam cu atât. Nu există legi sau acte normative care să sprijine domeniul prin diferenţiere de celelalte. Singura notabilă excepţie este reducerea gradată a taxelor vamale pentru produsele de tehnologia informaţiei, dar ea decurge dintr-o obligaţie asumată de România în cadrul Organizaţiei Mondiale a Comerţului în cadrul unui acord promovat de Administraţia Clinton şi la care au aderat majoritatea ţărilor lumii.

Desigur nimeni dintre cei amintiţi nu va pregeta să declare că este nevoie de un cadru legislativ care să facă să înflorească societatea informaţională, să crească producţia şi serviciile de software, să se

---

[1] Postat pe platforma de blog a autorului "Despre tehnologia informaţiei şi ... nu numai" http://vasilebaltac.blogspot.ro/ la data de 25 martie 2007

înmulţească reţelele de calculatoare şi tot ce reprezintă tehnologiile informaţiei. Este tot la fel de adevărat că se mai aud din când în când voci izolate care critică Internetul ca rai al pornografiei sau spionilor. Se mai întâlneşte câte un ministru care în discuţii private îţi spune că vrei să faci cu calculatoare sau telecomunicaţii "poartă de aur la bordei". Dar astfel de ieşiri sunt puţine şi înăbuşite de restul declaraţiilor. Doar ştim cu toţii că trăim în Era Informaţiei, că Toefler a zis că a început o nouă revoluţie industrială, un nou Val, deci nu putem fi retrograzi. Este greu de tras o linie de demarcaţie în clasa politică, punând unii pentru şi alţii contra. Toate partidele politice au înscrise în platformele-program prevederi care sunt clar în favoarea TI&C. Îmi amintesc că am fost consultat în ultimii 9 ani şi am contribuit cu formulări în acest sens privind politicile privind informatica la cel puţin patru partide sau grupări din tot spectrul politic actual. Le-am citit şi pe cele la care nu am fost consultat. Tot favorabile erau. A fost adoptate în diverse etape chiar şi strategii naţionale de informatizare.

Atunci de ce oare avem în continuare frustrarea fiului premiant care se vede nedreptăţit faţă de fraţi mai puţin dotaţi dar care primesc multe: programe de restructurare, plăţi compensatorii, bani de la organizaţii internaţionale, scutiri de plata taxelor şi impozitelor şi altele.

Există motive care ţin de istorie şi motive care ţin de prezent. Contemplez scena TI în România de peste 37 ani şi în toate ipostazele. L-am auzit şi citit pe Moisil în anii '60. Era începutul şi sfârşitul gloriei calculatoarelor în scena politică din România. S-au dat bani, au fost create institute, fabrici, centre de calcul. S-a creat prima societate mixtă româno-americană. Poate şi faptul că doi succesivi primi miniştri ai regimului pre-decembrist îşi disputau la începutul anilor '70 supremaţia poziţiei de lider al infrastructurii industriale a TI arată cum era văzută informatica. A urmat rapid declinul economic şi degradarea sistemului politic şi TI&C a ajuns domeniu proscris: consumator de importuri vestice, de cupru tot din import, de licenţe. În plus inspira teamă prin complexitate. Nimeni nu mai îndrăznea să fie avocatul domeniului, tratat ca un lux la care se poate renunţa. Sprijinul care a existat totuşi din partea unor persoane la diverse nivele şi nu a sistemului era în anii '80 acordat tacit şi fără a aştepta recunoaştere publică.

Oare în deceniul post-decembrist nu a rămas cumva în subconştientul multor politicieni ceva din acest reflex de respingere ?

Este o ipoteză care conduce spre prezent. Ce-ți poate aduce susținerea TI&C ? Poate aprecierea și voturile comunității de profil. Importantă, dar fără efecte pe termen scurt și nici cantitativ decisive. În plus membrii acestei comunități fac parte din clasa mijlocie care are păreri proprii și care de multe ori nu plac, este greu de manipulat. Avantaje din privatizare nu au cum să fie, vechile unități industriale fiind azi în principal clădiri cu o utilitate incertă. Alocarea de resurse pentru sector s-ar lovi de opoziția marei mase de persoane din structurile de decizie care nu au atins vreodată tastatura unui calculator sau terminal. Așa că mai bine ignorare sau recunoaștere platonică, bună în special pentru imaginea externă. Un caz tipic este reprezentat de strategiile de informatizare elaborate sub diverse denumiri între 1990-1998 și care au rămas documente frumoase primite cu condescendență de occident, dar fără urmări practice.

Care ar fi totuși șansa în clasa politică actuală ?

Există una. Avem și politicieni receptivi la nou. Există și politicieni și înalți funcționari guvernamentali care sunt plecați din domeniu. Nu sunt puțini și sunt prezenți în multe structuri ale statului. Ei înțeleg de este nevoie de TI&C, au uneori chiar și interese directe. Posibile inițiative ale lor vor fi primite fără entuziasm, dar nu vor fi blocate. Rămâne să-i convingem pentru un demers colectiv.

Și mai este o soluție.

Comunitatea TI&C să găsească resurse pentru a convinge societatea că este nevoie de ea, că viitorul va fi mai bun dacă tehnologiile informației pătrund în infrastructura țării. Dar despre aceasta poate cu altă ocazie.

CUTREMURELE ȘI SFATURI PE INTERNET[1]

Pericolul unui cutremur catastrofal în jumătatea sud-estică a României și recentele cutremure din Italia și Portugalia au condus, firesc, și la o recrudescență a sfaturilor postate pe Internet privind comportamentul în caz de cutremur.

Douglas Copp, auto-intitulat expert mondial în salvare de vieți în zone calamitate de cutremur

Un document tradus și în limba română este atribuit lui Douglas Copp, auto-intitulat expert mondial în salvare de vieți în zone calamitate de cutremur. Ca unul ce am trăit la București cutremurul din 4 martie 1977 am fost puțin mirat de recomandarea de a nu sta sub tocuri de ușă. La vremea respectivă a fost o concluzie că amplasarea sub tocuri de ușă este un mod de a diminua riscul de moarte sau vătămare gravă.

Nu sunt expert în cutremure și am căutat mai departe pe Internet. Există multe site-uri care îl promovează pe Copp, dar și destule voci de experți care îl combat. Astfel dr. Marla Petal consideră sfaturile lui Copp periculoase și afirmă că:

Recently many well-meaning people, wanting to be safe have unwittingly fallen victim to Douglas Copp, and his "Earthquake Tips". If you took the time to read Copp's advice and you thought it might have some merit, or if you passed it on to anyone else, please read this and pass this back up or down the lines.

Pe site-ul www.cutremur.net se spune privitor la aceleași sfaturi Copp că:

---

[1] Postat pe platforma de blog a autorului "Despre tehnologia informației și ... nu numai" http://vasilebaltac.blogspot.ro/ la 8 aprilie 2009

Anumite sfaturi sunt pertinente, dar altele sunt mai mult decat riscante.

Personal, înclin să cred în părerile unor experți autorizați. Cel mai bine este ca fiecare să decidă singur ce este bine și ce este rău de urmat. În contextul dat al posibilității unui cutremur catastrofal în București redau ambele păreri (a doua numai în limba engleză).

Extras din articolul lui Doug Copp despre "Triunghiul vieții", editat de Larry Linn (traducerea nu-mi aparține)

Numele meu este Doug Copp. Sunt seful Salvării si Managerul pentru dezastre al Echipei Americane Interna⬚ionale de Salvare (ARTI), cea mai experimentata echipa de salvare. Informa⬚iile din acest articol vor salva vie⬚i in caz de cutremur.

M-am tarat in interiorul a 875 de clădiri prăbușite, am lucrat cu echipe de salvare din 60 de tari, am fondat echipe de salvare in mai multe tari si sunt membru a mai multe echipe de salvare din diferite tari. Am fost Expertul Na⬚iunilor Unite in Micșorarea Dezastrelor (UNX051-UNIENET) timp de doi ani. Am lucrat la fiecare dezastru major din lume din 1985, exceptând dezastrele simultane.

In 1996 am făcut un film care a demonstrat metodologia mea de supravie⬚uire ca fiind corecta. Guvernul Federal Turc, orașul Istanbul, "Universitatea din Istanbul", Case Productions si ARTI, au cooperat pentru a filma acest test știin⬚ific.

Am prăbușit o școala si o casa cu 20 de manechini înăuntru. Zece manechini s-au "aplecat si acoperit" si 10 manechini i-am folosit in metoda de supravie⬚uire "triunghiul vie⬚ii". După ce cutremurul simulat a avut loc, am intrat printre dărâmături si am intrat in clădire pentru a filma si a documenta rezultatele. Filmul, in care am practicat tehnicile mele de supravie⬚uire sub condi⬚ii direct observabile si știin⬚ifice, relevante pentru prăbușirea de clădiri, au arătat ca ar fi fost 0% supravie⬚uitori pentru metodele cu "aplecat si ascuns". Ar fi fost mai probabil 100% supravie⬚uire pentru oamenii care ar fi folosit metoda mea, "triunghiul vie⬚ii". Acest film a fost văzut de milioane de telespectatori la televiziunea din Turcia si restul Europei si a fost văzut in USA, Canada si America Latina, pe programul TV RealTV.

Prima clădire in care am intrat, a fost o școala in Mexico City, in timpul cutremurului din 1985. To⬚i copii erau sub băncile lor. Fiecare copil a fost zdrobit pana la grosimea oaselor lor. Ar fi putut supravie⬚ui daca s-ar fi întins jos, lângă băncile lor, pe culoarele dintre bănci. M-am întrebat de ce copiii nu erau pe culoarele dintre bănci. Nu am știut atunci ca acelor copiii l-i s-a spus sa se ascundă sub ceva stabilit dinainte, când clădirile s-au prăbușit, greutatea tavanelor care au căzut pe obiectele de mobilier, le-au zdrobit pe acestea din urma, lăsând un spațiu sau vid lângă ele. Acest spațiu este ceea ce eu numesc "triunghiul vieții". Cu cat obiectul e mai mare, cu atât e mai puternic si se va compacta mai puțin. Cu cat obiectul se va compacta mai puțin, cu atât va fi mai mare vidul (golul) si cu atât mai mare probabilitatea ca persoana care folosește acest gol pentru siguranța nu va fi rănita.

Data viitoare când priviți clădiri prăbușite, numărați "triunghiurile" pe care le vedeți formate. Sunt peste tot. Este cea mai comuna forma pe care o vei vedea intr-o clădire prăbușita. Sunt peste tot. Am antrenat Departamentul de Pompieri din Trujillo (populația de 750.000) cum sa supraviețuiască, sa aibă grija de familiile lor si sa-i salveze pe alții in caz de cutremur.

Seful salvării din Departamentul de Pompieri din Trujillo este profesor la Universitatea Trujillo. M-a însoțit peste tot. Si-a dat declarația personala: "Numele meu este Roberto Rosales. Sunt seful salvării din Trujillo. Când aveam 11 ani, am fost prins înăuntrul unei clădiri prăbușite. Aceasta situație a apărut in timpul cutremurului din 1972, care a omorât 70.000 de oameni. Am supraviețuit in "triunghiul vieții", care a existat lângă motocicleta fratelui meu. Prietenii mei, care au nimerit sub pat si sub mese, au fost zdrobiți si omorați. (da mai multe detalii, nume, adrese, etc.). Sunt exemplul viu al "triunghiului vieții". Prietenii mei sunt exemplul "aplecat si acoperit".

DOUGG COPP sfătuiește:

1) Oricine care pur si simplu "se apleacă si se acoperă" când clădirile se prăbușesc, este zdrobit si ucis. De fiecare data, fără excepție. Oamenii care se pun sub obiecte, ca birouri sau mașini, sunt întotdeauna zdrobiți.

2) Câinii, pisicile si copii mici sunt uneori in mod natural ghemuiți in poziția fetala. Si tu ar trebui sa faci la fel in caz de cutremur. Este un instinct de supraviețuire natural. Poți supraviețui intr-un mic gol. Du-te lângă un obiect, lângă o canapea, lângă un obiect mare si voluminos, care se va comprima intr-o oarecare măsura, dar care va lăsa un gol lângă el.

3) Clădirile din lemn sunt cele mai sigure clădiri in timpul unui cutremur. Motivul este simplu: lemnul este flexibil si se mişca cu forța cutremurului. Daca acea clădire din lemn se prăbuşeşte, sunt create mari goluri de supraviețuire. De asemenea, clădirile din lemn au mai putina greutate concentrata care se poate prăbuşi. Clădirile din cărămizi se vor sparge in cărămizi individuale. Cărămizile vor cauza multe răni, dar mai puține trupuri zdrobite decât lespezile din beton.

4) Daca eşti in pat, pe timp de noapte si apare un cutremur, pur si simplu rostogoleşte-te jos din pat. Un vid de siguranța va exista in jurul patului. Hotelurile pot obține o rata mai mare de supraviețuire in cutremure, daca pun un semn pe spatele uşii fiecărei camere, spunându-le ocupanților sa se întindă pe podea, lângă baza patului, in timpul unui cutremur.

5) Daca apare un cutremur in timp ce te uiți la televizor si nu poți scăpa uşor ieşind pe geam sau pe uşa, atunci întinde-te jos si ghemuieşte-te in poziție fetala, lângă canapea sau un obiect mare.

6) Toți care se aşează sub uşa de la o intrare când clădirea se dărâmă sunt omorâți. Daca stai sub o uşa de la o intrare si tocul uşii cade înainte sau înapoi, vei fi zdrobit de tavanul de deasupra. Daca tocul cade in părți, vei fi tăiat in doua de intrarea uşii. In oricare din cazuri vei fi omorât.

7) Niciodată sa nu mergi la scări. Scările au un moment de frecventa diferit (se leagănă separat de partea principala a clădirii). Scările si restul clădirii se lovesc reciproc in continuu, pana când are loc prăbuşirea scărilor. Oamenii care se duc pe scări înainte sa se prăbuşească, sunt ciopârțiți de treptele scării. Sunt mutilați oribil. Chiar daca imobilul nu se prăbuşeşte, nu mergeți pe scări. Scările sunt cea mai de aşteptat parte a clădirii de a fi avariate. Chiar daca scările nu sunt prăbuşite de cutremur, s-ar putea prăbuşi mai târziu, când ar putea fi aglomerate cu oameni. Ar trebui întotdeauna sa fie verificate chiar daca restul clădirii nu este avariat.

8) Mergeți lângă zidul exterior al clădirilor sau in afara lor daca este posibil - este mult mai bine sa fi lângă exteriorul unei clădiri decât in interior. Cu cat eşti mai in interior fata de perimetrul exterior al clădirii, cu atât este mai mare probabilitatea ca drumul tău de scăpare sa fie blocat.

9) Oamenii din interiorul vehiculelor sunt zdrobiți când şoseaua de deasupra cade intr-un cutremur si le zdrobeşte vehiculele; ceea ce s-

a întâmplat cu lespezile dintre punțile de trecere ale Autostrăzii Nimitz. Victimele cutremurului din San Francisco au stat în interiorul vehiculelor. Au fost toți omorâți. Ar fi putut cu ușurința sa supraviețuiască ieșind afara si întinzându-se lângă vehiculele lor, spune autorul. Toate mașinile zdrobite au avut goluri de aproximativ 1,5 m lângă ele, cu excepția mașinilor care au avut coloane căzute direct peste ele.

10) Am descoperit, in timp ce mă târam înăuntrul unei instituții ziaristice si al altor instituții cu multa hârtie, ca hârtia nu se tasează. Se găsesc goluri mari in jurul teancurilor de hârtie.

O părere fundamental diferită

DOUGLAS COPP - WORSE THAN URBAN LEGEND: DANGEROUS ADVICE! AND NOW FOR SOME GOOD ADVICE FOR EARTHQUAKE SAFETY

Marla Petal, Ph.D. is Director of Bogaziçi University, Kandilli Observatory and Earthquake Research Institute's Disaster Preparedness Education Program. Her doctoral research is on the causes of deaths in the 1999 Kocaeli Earthquake and implications of these findings for public education. September, 2004

Recently many well-meaning people, wanting to be safe have unwittingly fallen victim to Douglas Copp, and his "Earthquake Tips". If you took the time to read Copp's advice and you thought it might have some merit, or if you passed it on to anyone else, please read this and pass this back up or down the lines. If you haven't, and just want a few good tips for earthquake safety you can skip all the way to #7 and #8.

To refer to these kinds of stories as urban legend is to be excessively charitable. Apparently Copp has fooled and victimized many. Some of them were the good people at the Albuquerque Journal in New Mexico. Some of them were search and rescue volunteers and general public in Turkey. Now some of them are the recipients of Copp's "earthquake tips" circulated on the Internet. Beware of

Copp and his American Rescue Organization. Many of my colleagues have briefly and summarily dismissed him. However, since this advice has been widely circulated among people wanting to protect themselves, family, friends and neighbors, I am compelled to add a detailed response.

#1: SHOULD YOU BELIEVE ANYTHING DOUG COPP HAS TO SAY?
PROBABLY NOT.

In an investigation of more than 15,000 words, a 4 day series of 7 articles July 11-14th, 2004 the Albuquerque Journal more than atones for being briefly taken in by Copp's claim to be "the most experienced rescuer in the world, equipped with the only device that could detect the scent of

decaying flesh" (http://www.abqjournal.com/terror/196540nm07-11-04.htm) The Journal flew Copp to New York on the corporate plane immediately after 9/11. It wasn't until in the air that publisher Lang recognized Copp to be "bogus" and "unprofessional" and later on the ground that he discovered that Copp's "rescue crew" consisted of a video producer, camera operator, filmmaker and archeologist (also taken in by his claims).

According to Albuquerque Journal reporter Leslie Linthicum, in New York Copp promoted an offthe-shelf gas detector with his own sticker slapped on, blackened his face for the camera, freeloaded and lounged in a donated hotel room, failed to check in with the command center, ignored instructions of authorities, and was a shameless self-promoter hawking video to Inside Edition and making claims to having been in 2,000 seriously life-threatening situations and 892 collapsed

buildings. He claimed to have rescued 40 people at ground zero. He claims to be been written up in 50,000 newspapers. Later he managed to collect $649,885 in victim compensation based on claims now being investigated by the Justice Department.

Linthicum dug deeper. Copp claims to have a degree in engineering, be a U.N. expert, and to have video of himself rescuing a 12 year old from the debris of a 1999 earthquake in Turkey. She learned that Copp has no engineering degree but failed an engineering course in university. Phillip Boulle of the U.N. International Decade for Natural Disaster Reduction in sworn affidavit says, "Copp hasfraudulently misrepresented himself regarding the United Nations". The video from Turkey? The translator for the French rescue team "Secouristes Sans Frontieres" whose operations he apparently insinuated himself into says, "that's not possible". Already discredited amongst professional urban search and rescue teams, none of Copp's multitude of claims of leading search and rescue efforts and saving lives, spending hours underground could be substantiated.

In case you don't have time to read all of Linthicum's articles, I think it fair to summarize that she tracked sources across the country and across the world. The pithiest quotes:

•NY Fire Dept Chief John Normal, in charge of the rescue and recovery effort calls Copp's claims of heroism at ground zero "a fraud" and "a bald-faced liar".

•Chase Sargent, Virginia Beach VA fire battalion chief and FEMA task force member "Anybody who's legitimate in this business knows who this knucklehead is"

•T. H. Lang, publisher of Albuquerque Journal - began to detect that Copp's story "sounded arrogant, braggadocio. It was astoundingly preposterous."

•Stephen Lentz, New Mexico Archeologist was writing a screenplay about Copp, but says "he didn't do anything", that he "blackened his face by rubbing soot on it, so he would look like he had been in a dangerous place". Lentz now likens him to a circus promoter and says, "I think basically he was a fraud and a bombast".

•Ron Hadani, volunteer who Copp said would vouch for him said of what he observed, "it was not serious rescue work"

According to Linthicum in the Albuquerque Journal, Copp now claims that among his debilitating physical ailments are swelling of the brain and immune problems that affect his thinking. That should be enough to dismiss him. But to be fair, Copp's earthquake tips actually pre-date the recent evidence of compromised brain function.

#2. HOW ABOUT COPP BEFORE HIS 9/11 ESCAPADE?

No less gullible than the rest Turkish rescue volunteers of AKUT and many others in the media gravitated to Copp's sensationalist claims. In Turkey, following the devastating 1999 Kocaeli earthquake, this led to disinformation on a massive scale. Based on Copp's so-called "evidence", mass media outlets publicized the advice to "get down next to a refrigerator", "get out of your car and get down by it", "assume a fetal position" and "make a big box of books or newspaper" to crouch down next to in case of earthquake.

For those of us who are researchers and public educators in the field of earthquake mitigation and preparedness, Copp's advice is plainly dangerous. But now that Doug Copp has gotten your attention about earthquake safety, I'd like to address some of the claims he makes that may have piqued your curiosity - because it's always good to hone our ability to think critically - and there are things you can and should do to be safer from earthquakes.

#3. THE MYTH OF ANTICIPATING THE "TRIANGLE OF LIFE"

Yes, Copp is correct that there are places that after a building collapse are called "triangles of life". These "life safe voids" are the first places that search and rescue workers look for survivors. It's generally true that the larger the object and stronger the less it will compact. But don't be fooled. The force of earthquakes moves large and heavy objects. We don't know a) whether it is possible toanticipate where the life safe voids will be before the collapse, and b) whether it is possible to get there during the strong shaking of an earthquake. What we don't know in advance (but is worthy of research) is the expected collapse patterns in particular buildings or where these life safe voids will be when the shaking stops. If your building tilts in one direction, the "large and heavy object" that you are near, could crush you against the wall....

Copp says "People inside of their vehicles are crushed when the road above falls in an earthquake and crushes their vehicles" and that in the Loma Prieta earthquake everyone killed would have survived if they had been able to get out of their cars and sit or lie next to them, because of the lifesafe void nearby. The problem is similar: observing a crushed car with a life safe void next to it doesn't mean much. The car itself may have moved after the shaking started. There is a lot of evidence of cars and truck overturning in strong shaking. If everyone got out of their cars and got down next to them, a lot of people would be dead or seriously injured from the weight of the car jumping or sliding on them.

Copp likes to base his evidence on the Turkish "experiment" that he was involved with. Unfortunately, unbeknownst to all involved, this was not an experiment at all, but rather a voluntary organization's search and rescue exercise. My colleagues in Turkey corroborate that a building scheduled for demolition was used as a search and rescue training opportunity. They did decide to put the mannequins in different spots to see what would happen. And indeed they reported finding mannequins unharmed next to large and heavy objects.

What is the problem with this? Simply this: To collapse the building, they tied ropes around the columns and yanked them out, causing the building to pancake. They did NOT simulate an earthquake. Earthquakes come in waves. They cause lateral shaking. They cause a variety of different kinds of damage. Since this experiment didn't produce anything resembling shaking it really doesn't tell us anything at all about what would happen during an earthquake. It could be that the large and heavy furniture would end up at the other end of the room, nowhere near where it

began. Assuming even for a moment that an experiment could be done to support the hypothesis, the reality is that the particular results from a pancake collapse, while certainly the most fatal, represents the least common type of reinforced concrete building collapse. There are at least 4 other major types of collapse. Less than 3% of damaged buildings in the Kocaeli earthquake were pancaked. So these results would tell us precious little about what might happen to people in all the

other buildings... the other 97% of damaged buildings as well as the many undamaged buildings.

Formulating the questions in order to advise EVERYONE about what to do when the shaking starts is much more complex than the evidence in front of Copp's eyes.

#4. The "IF I CAN SAVE ONE LIFE" FALLACY.

Search and rescue workers desperately want to save lives. In reality, worldwide their experience is of bringing out at least 98 dead bodies to 2 live ones. Some would like to turn the one life they saved into a cautionary anecdote for the other millions of people who were potential victims. There is a place for these stories, but extrapolating to the millions is not scientific. It really doesn't matter if one or if ten people are found alive next to a refrigerator, unless you look at 100 or 1,000 refrigerators after an earthquake to see what might have happened to people who might have been near them at the time of the shaking. When you give advice to people about what to do during an earthquake, you are basically advising everyone who feels the shaking.

In Kocaeli we would have loved to be able to advise the 20,000 who died so that even a few lives could be saved. But remember that in order to save any of them, we would have to advise all 15,000,000 people who felt the shaking and were in a position to take some action. Suppose that our advice could save 1,000 people from death in pancaked buildings (highly unlikely) but if it also put 0.00007 percent of all the people who felt the shaking at risk of death and serious injury we would have done more harm than good. In other words, the behavior that Copp thinks may save someone in a particular collapsed building may put them at MORE risk in other collapsed or non-collapsed buildings.

When I show Californians pictures from Turkish publications with people crouched down next to refrigerators and kitchen counters, instead of under the nearby kitchen table, their jaws drop in horror. Obviously these people are in danger from the refrigerator sliding and toppling and emptying its contents, the hot things on the stove, the appliances on the counter and the packed contents of the cabinets overhead. Obviously they should be under the kitchen table, or outside the kitchen door. But this is exactly the lunacy that these kinds of "I found one person alive here" anecdotes can lead to. Some people in Turkey will die in the next earthquake because of this.

Having said that, most of my scientific colleagues and I have come to the uneasy compromise that IF people are occupying a self-built adobe structure with a heavy roof, and with no seismic-resistant design measures, and if they are on the ground floor and can run out quickly to a safe and open place outside, they should do so when the shaking begins. Otherwise, they should still drop, cover and hold on. Adobe collapses are much more survivable when the roofing is of lightweight material.

But the reality is that protection from earthquake deaths takes place way before the shaking begins. It will take a lot of well-designed research to learn if there is, in fact, ANY behavior that is better than luck in saving someone from a building collapse, and that can be guaranteed not to endanger more people than it helps! As with other helping efforts: "First, do no harm."

#5. COPP'S OUTRAGEOUS ERRORS

Copp makes lots of outrageous claims for which there is no research, like "Everyone who simply "ducks and covers" WHEN BUILDINGS COLLAPSE is crushed to death -- Every time, without exception." "Everybody who gets under a doorway when buildings collapse is killed." At best these

are extreme statements that are hypotheses to be tested. It would be great for search and rescue workers and social science researchers to get together to investigate hypotheses like these.

Copp also says "Get Near the Outer Walls Of Buildings Or Outside Of Them If Possible...because of the greater the probability that your escape route will be blocked." There is no evidence of this. A contrary hypothesis suggests that especially in concrete building with infill tile walls, the tiles fall out and so could you. This is also a good *subject for research, but at present it's nothing more than an untested hypothesis.*

Please understand that even the best scientific methods don't always provide perfect or even helpful results. Nevertheless, scientific methods should be used to investigate our hunches. There are many important questions that we haven't begun to answer - but absolute claims like this are just total rubbish and no substitute.

#6. COPP'S HALF TRUTHS

Copp recommends the "fetal position" in order to "survive in a smaller void". The idea of being small is fine. Getting down low prevents falling injuries, and making yourself a smaller target means there is less to be hit. However, when we tried this informally in Turkey on an earthquake simulation shake table, the "curled up in a ball" fetal position made us prone to rolling around. This didn't actually feel safe to us. What felt much safer was to get down as low as possible on our knees and shins so that we had some control over our movements and could still crawl to a more secure place.

Indications from research in Kocaeli is that Copp may be right in his advice to get down "next to a sofa, next to a large bulky object that will compress slightly but leave a void next to it." Many Kocaeli survivors would agree that this would have been both possible and safe in that earthquake. This is a good hypothesis that should be further investigated.

Copp says "Wooden buildings are the safest type of construction to be in during an earthquake."

He's right... They're also the worst in case of fire after an earthquake. So while we those in wooden homes can take some comfort, be prepared to put out fires when they are still small with fire extinguishers and blankets.

Copp says "If you are in bed during the night and an earthquake occurs, simply roll off the bed." Actually, the safest people in earthquakes in both California and Turkey were those who stayed in bed. If the building tilts and the bed moves... the foot of the bed probably isn't the best place to be. Copp says that he "discovered, while crawling inside of collapsed newspaper offices and other offices with a lot of paper, that paper does not compact." Large voids are found surrounding stacks of paper. This might be good information for the grocery store, but only if the shelves are bolted to the floor or ceiling. Frankly if you live in a building that you think is a collapse risk, ethically the only good advice is to suggest that you to find another place to live, rather than to rely on a pile of paper or a container of books in every room to save your life. This may seem pathetic, but at least 3 different publications in Turkey have photos of people crouching down next to enormous containers of paper products in the middle of their living rooms. Let's get real - our job is to live with earthquakes. This kind of advice makes the tasks of public education and preparedness harder than it already is.

Copp's one piece of good advice: "Never go to the stairs." That, as it happens, is sound advice.

#7. SO WHAT SHOULD YOU DO?

•Think through personal scenarios in the places you live and work. What spots seem safer than others?

•Make your environment safer by fastening tall and heavy furniture and audiovisual equipment, Move heavy objects down low.

•Keep shoes and flashlight by your bed.

•During the shaking, drop down to the ground. Cover your head and neck. Hold on to your cover or something stable.

Why do we persist in saying these things? What is the proof? Research into the causes of deaths and injuries in several countries has now shown several important patterns: a) Fatalities are almost always associated with head, neck and chest injuries. These are the most vulnerable areas of the body that need to be protected. b) Many injuries are caused by falling. If you get down yourself, or brace yourself, you can avoid falling. c) A huge proportion of night time injuries are to feet and legs... even in places with minor damage.... picture frame on floor, no shoes, no lights, parents/children trying to find each other in the dark.... d) At least half of all injuries are from nonstructural objects. Many of these injuries are serious, made more so by the intense demand on limited medical resources. We can't be complacent about any unnecessary injuries when limited medical resources will be needed to save lives. e) The smaller target you present to falling objects the less chance there is of something hitting you.

#8. AND NOW THAT YOU'RE THINKING ABOUT IT...

Urban earthquake mitigation requires all of us to be involved in three major activities: assessment and planning, reducing our physical risks, and developing our ability to respond.

ASSESS & PLAN

(Think and act now.)

•*Sit down with your family and discuss possible scenarios.*

•*Decide on meeting places inside and outside of your neighbourhood.*

•*Identify an "out-of-area contact" for quicker communication and peace of mind.*

•*Designate others nearby to pick up your child from school in case of emergency, and make a meeting plan with them.*

PROTECT YOURSELF PHYSICALLY

(Take measures to reduce your physical risks.)

•*If you aren't sure about the structural soundness of you home, workplace or school, have it assessed by a qualified engineer.*

•*Retrofit where possible. Move out, and tear down where not possible.*

•*Fasten large and heavy furniture.*

•*Secure water heaters.*

•*Have a fire extinguisher on each floor and have it serviced regularly.*

DEVELOP YOUR ABILITY TO RESPOND

(Be ready to be part of the solution.)

•*Have enough water, food, and prescription medications for a week.*

•*Keep a first aid kit.*

•*Check your "Go Bag" in your car and by your door.*

Disaster preparedness is not accomplished overnight. It takes place in a series of small steps taken at home, at work, at school, in your neighborhood and in your region. It is accomplished by actions by individuals, families, organizations, institutions, and government.

The 100th anniversary of the 1906 San Francisco earthquake is not far away. This is a good time to make yourself a promise, and take one of these small steps today.

DUMNEZEU, ŞTIINŢĂ, DUALISM(2010)[1]

Am primit prin e-mail nu demult un text despre "Dumnezeu vs. ştiinţă". Nu intenⓍionam să-l trimit mai departe mai ales că se termina cu "Dacă ai citit pană aici şi zâmbeşti când ai terminat, trimite mai departe prietenilor si familiei."

L-am citit şi la prima vedere mie povestea mi s-a părut ca fiind un sofism. Mai ales că şi credinţa şi lipsa ei reprezintă în fond tot un exemplu de dualitate.

Iar pe dualitate (o;1) se bazează lumea digitală căruia îi sunt dedicat.

Am cerut însă părerea despre istorisire unui prieten (Cristi I.) care are preocupări profesionale de filosofie. Comentariul lui este deosebit de interesant şi îl reproduc mai jos, după textul primit iniţial.

Las cititorului plăcerea de a le compara şi eventual comenta.

Dumnezeu vs. ştiinⓍa

Într-o sala de clasa a unui colegiu, un profesor Ⓧine cursul de filozofie...

- Să vă explic care e conflictul intre ştiinⓍa şi religie...

Profesorul ateu face o pauza si apoi ii cere unuia dintre noii săi studenⓍi sa se ridice în picioare

- Eşti creştin, nu-i aşa, fiule?

- Da, dle, spune studentul

- Deci crezi în Dumnezeu?

- Cu siguranⓍa

---

[1] Postat pe platforma de blog a autorului "Despre tehnologia informaţiei şi ... nu numai" http://vasilebaltac.blogspot.ro/ la 10 martie 2010

- *Dumnezeu e bun?*

- *Desigur, Dumnezeu e bun.*

- *E Dumnezeu atotputernic? Poate El sa facă orice?*

- *Da*

- *Tu eşti bun sau rău?*

- *Biblia spune ca sunt rău.*

Profesorul zâmbeşte cunoscător. Aha! Biblia! Se gândeşte puțin. Uite o problema pt. tine.

- *Sa zicem ca exista aici o persoana bolnavă şi tu o poți vindeca. Poți face asta. Ai vrea sa îl ajuți? Ai încerca?*

- *Da, dle. As încerca.*

- *Deci eşti bun.*

- *N-as spune asta.*

- *Dar de ce n-ai spune asta? Ai vrea sa ajuți o persoana bolnava daca ai putea. Majoritatea am vrea daca am putea. Dar Dumnezeu, nu...*

Studentul nu răspunde, aşa ca profesorul continua.

- *El nu ajuta, nu-i aşa? Fratele meu era creştin si a murit de cancer, chiar daca se ruga lui Isus sa-l vindece. Cum de Isus e bun? Poți răspunde la asta?*

Studentul tace.

- *Nu poți răspunde, nu-i aşa? El ia o înghițitura de apa din paharul de pe catedra ca sa-i dea timp studentului sa se relaxeze.*

- *Hai sa o luam de la capăt, tinere. Dumnezeu e bun?*

- *Pai..., da, spune studentul*

- *Satana e bun?*

Studentul nu ezita la aceasta întrebare

- *"Nu"*

- *De unde vine Satana?*

Studentul ezita.

- *De la Dumnezeu.*

- Corect. Dumnezeu l-a creat pe Satana, nu-i aşa? Zi-mi, fiule, exista rău pe lume?

- Da, dle.

- Raul e peste tot, nu-i aşa?Si Dumnezeu a creat totul pe lumea asta, corect?

- Da

- Deci cine a creat răul?

Profesorul a continuat.

- Daca Dumnezeu a creat totul, atunci El a creat si răul. Din moment ce răul exista si conform principiului ca ceea ce facem defineşte ceea ce suntem, atunci Dumnezeu e rău.

Din nou, studentul nu răspunde.

- Exista pe lume boli? Imoralitate? Ura? Urâ▨enie? Toate aceste lucruri groaznice, exista?

Studentul se foieşte jenat.

- Da

- Deci cine le-a creat?

Studentul iarăşi nu răspunde, aşa ca profesorul repeta întrebarea.

- Cine le-a creat?

Niciun răspuns. Deodată, profesorul începe sa se plimbe in fata clasei. Studen▨ii sunt uimi▨i. Spune-mi, continua el adresându-se altui student..

- Crezi in Isus Cristos, fiule?

Vocea studentului îl trădează si cedează nervos.

- Da, dle profesor, cred.

Bătrânul se opreşte din mărşăluit.

- Ştiin▨a spune ca ai 5 sim▨uri pe care le foloseşti pt. a identifica si observa lumea din jurul tău. L-ai văzut vreodată pe Isus?

- Nu, dle. Nu L-am văzut.

- Atunci spune-ne daca l-ai auzit vreodată pe Isus al tău?

- Nu, dle, nu l-am auzit.

- L-ai simțit vreodată pe Isus al tău, l-ai gustat sau l-ai mirosit? Ai avut vreodată o experiența senzoriala a lui Isus sau a lui Dumnezeu?

- Nu, dle, mă tem ca nu.

- Si totuși crezi in el?

- Da.

- Conform regulilor sale empirice, testabile, demonstrabile, știința spune ca Dumnezeul tău nu exista. Ce spui de asta, fiule?

- Nimic, răspunde studentul. Eu am doar credința mea.

- Da, credința, repeta profesorul. Asta e problema pe care știința o are cu Dumnezeu. Nu exista nici dovada, ci doar credința.

Studentul rămâne tăcut pt. o clipa, înainte de a pune si el o întrebare.

- Dle profesor, exista căldura?

- Da

- Si exista frig?

- Da, fiule, exista si frig.

- Nu, dle, nu exista.

Profesorul își întoarce fata către student, vizibil interesat. Clasa devine brusc foarte tăcuta. Studentul începe sa explice.

- Poate exista multa căldura, mai multa căldura, super-căldura, mega-căldura, căldura nelimitata, căldurica sau deloc căldura, dar nu avem nimic numit "frig". Putem ajunge pana la 458 de grade sub zero, ceea ce nu înseamnă căldura, dar nu putem merge mai departe. Nu exista frig - daca ar exista, am avea temperaturi mai scăzute decât minimul absolut de -458 de grade. Fiecare corp sau obiect e demn de studiat daca are sau transmite energie, si căldura e cea care face ca un corp sau material sa aibă sau sa transmită energie. Zero absolut (-458 F) înseamnă absenta totala a căldurii. Vedeți, dle, frigul e doar un cuvânt pe care îl folosim pentru a descrie absenta căldurii. Nu putem măsura frigul. Căldura poate fi măsurată în unități termice, deoarece căldura este energie. Frigul nu e opusul căldurii, dle, ci doar absenta ei.

Clasa e învăluita in tăcere. Undeva cade un stilou si suna ca o lovitura de ciocan.

- *Dar întunericul, profesore? Exista întunericul?*

- *Da, răspunde profesorul fără ezitare. Ce e noaptea daca nu întuneric?*

- *Din nou răspuns greşit, dle. Întunericul nu e ceva; este absenta a ceva. Poate exista lumina scăzuta, lumina normala, lumina strălucitoare, lumina intermitenta, dar daca nu exista lumina constanta atunci nu exista nimic, iar acest nimic se numeşte întuneric, nu-i aşa? Acesta este sensul pe care îl atribuim acestui cuvânt. In realitate, întunericul nu exista. Daca ar exista, am putea face ca întunericul sa fie si mai întunecat, nu-i aşa?*

Profesorul începe sa-i zâmbească studentului din fata sa. Acesta va fi un semestru bun.

- *Ce vrei sa demonstrezi, tinere?*

- *Da, dle profesor. Vreau sa spun ca premisele dvs. filosofice sunt greşite de la bun început si de aceea concluzia TREBUIE sa fie si ea greşita.*

De data asta, profesorul nu-si poate ascunde surpriza.

- *Greşite? Poți explica in ce fel?*

- *Lucrați cu premisa dualității, explica studentul... Susțineți ca exista viața si apoi ca exista moarte; un Dumnezeu bun si un Dumnezeu rău. Considerați conceptul de Dumnezeu drept ceva finit, ceva ce putem măsura. Dle, ştiința nu poate explica nici măcar ce este acela un Gand. Foloseşte electricitatea si magnetismul, dar NIMENI nu a văzut sau nu a interes pe deplin vreuna din acestea doua. Sa consideri ca moartea e opusul vieții înseamnă sa ignori ca moartea nu exista ca lucru substanțial. Moartea nu e opusul vieții, ci doar absenta ei. Acum spuneți-mi, dle profesor, le predați studenților teoria ca ei au evoluat din maimuța?*

- *Daca te referi la procesul evoluției naturale, tinere, da, evident ca da.*

- *Ați observat vreodată evoluția cu propriii ochi, dle?*

Profesorul începe sa dea din cap, încă zâmbind, când îşi da seama încotro se îndreaptă argumentul. Un semestru foarte bun, intr-adevăr.

- *Din moment ce nimeni nu a observat procesul evoluției in desfăşurare si nimeni nu poate demonstra ca el are loc, dvs. Nu predați studenților ceea ce credeți, nu? Acum ce sunteți, om de știința sau predicator?*

Clasa murmura. Studentul tace pana când emoția se mai stinge..

- Ca sa continuam demonstrația pe care o făceați adineauri celuilalt student, permiteți-mi sa va dau un exemplu, ca sa înțelegeți la ce mă refer. Studentul se uita in jurul sau, in clasa. E vreunul dintre voi care a văzut vreodată creierul profesorului? Clasa izbucnește in ras. E cineva care a auzit creierul profesorului, l-a simțit, l-a atins sau l-a mirosit? Nimeni nu pare sa fi făcut asta. Deci, conform regulilor empirice, stabile si conform protocolului demonstrabil, știința spune - cu tot respectul, dle - ca nu aveți creier. Daca știința spune ca nu aveți creier, cum sa avem încredere in cursurile dvs., dle?

Acum clasa e cufundata in tăcere. Profesorul se holbează la student, cu o fata impenetrabila. In fine, după un interval ce pare o veșnicie, bătrânul răspunde.

- Presupun ca va trebui sa crezi, pur si simplu....

- Deci, acceptați ca exista credința si, de fapt, credința exista împreuna cu viața, continua studentul. Acum, dle, exista răul?

Acum nesigur, profesorul răspunde:

- Sigur ca exista. Îl vedem zilnic. Raul se vede zilnic din lipsa de umanitate a omului fata de om. Se vede in nenumăratele crime si violente care se petrec peste tot in lume. Aceste manifestări nu sunt nimic altceva decât răul.

La asta, studentul a replicat:

- Raul nu exista, dle, sau cel puțin nu exista in sine. Raul e pur si simplu absenta lui Dumnezeu. E ca si întunericul si frigul, un cuvânt creat de om pentru a descrie absenta lui Dumnezeu. Nu Dumnezeu a creat răul. Raul este ceea ce se întâmpla când din inima omului lipsește dragostea lui Dumnezeu. Este ca frigul care apare când nu exista căldura sau ca întunericul care apare când nu exista lumina.

Profesorul s-a așezat.

PS: Studentul era Albert Einstein. Albert Einstein a scris o carte intitulata Dumnezeu vs. știința în 1921....

Comentariul lui Cristi I.

Nu sunt desigur un profesionist - cine s-ar putea considera specialist în teodicee, doar un trăitor în duh :) - , dar povestirea cred ca reia, într-o forma puțin cam teatrala, câteva din argumentele standard pro si contra credinței in Dumnezeu, mai exact, intr-un Dumnezeu atotputernic si bun, deoarece un gnostic nu ar avea vreo problema cu imaginea "demiurgului rău".

E adevărat ca teologia creştina defineşte, cel puțin de la Sf. Maxim, răul ca absenta a binelui, nu ca un principiu ontologic plenar, ceea ce ar face obiectul ereziei maniheiste. In sens primar, răul este îngăduit ca o consecință inevitabila a Creației: e vorba de distanta lui Dumnezeu in raport cu ceea ce creează, distanta sau retragere fără de care totul s-ar "topi" intr-o prezenta divina mereu egala cu sine. Ceea ce lipseşte însa din argumentația de mai sus, atribuita lui Einstein, este problema libertăţii, cheia doctrinei creştine a răului. Faptul ca omul e creat după chip si intru asemănare presupune "povara" libertăţii, darul cel mai de preț al omului, elementul divin din el, iar alegerile sale greşite, plecând de la păcatul originar, sunt cele care dezlănțuie in lume variatele manifestări ale răului.

In fine, din cate ştiu, explicația teologica a îngăduirii in lume a răului angajează necesitatea de a fi ispitiți, puşi la încercare, pt. a putea sa ne "îmbunătăţim", pt. a putea progresa spiritual: cum spunea Mefisto, "sunt aceea parte a puterii, care vrând sa facă rău, face doar binele oricând", in sensul ca pune in mişcare economia mântuirii si serveşte planului divin. Iar suferința aparent nemeritata are o valoare purificatoare in concepție creştina: este crucea pe care trebuie sa o duci pt. a accede la Mântuire si Viața veşnica.

Acestea cred ca ar fi câteva explicații standard; cat priveşte pe Einstein, din cate ştiu, el era adeptul filosofiei spinoziste, care asuma o forma de panteism si solicita acceptarea eliberatoare a faptului ca tot ce se întâmpla se integrează intr-o ordine pe deplin necesara si confirma apartenenta noastră la Întreg, dar nu antrenează credința intr-un Dumnezeu personal.

Cam acestea ar fi comentariile mele, atâta cat mă pricep; in rest, s-ar putea face comentarii punctuale pe fiecare dintre argumentele pro si contra, care desigur ca au toate nişte premise ascunse mai mult sau mai puțin discutabile, in timp ce unele sunt intr-adevăr circulare la o analiza atenta.

Comentarii blog

Vasile Baltac For the original text in English and some challenging commentaries, please visit http://frbobscorner.com/2008/05/29/god-versus-science/

ana eu pricep foarte putin din lumea asta mare, dar pe cat posibil cred ca am inteles regulile de baza. argumentatia de mai sus uneste doua planuri ale existentei care sunt inclusive (cel "pamantean" in cel spiritual) dar care nu functioneaza deloc dupa aceleasi reguli, mai cu seama cele pamantene. din punctul meu de vedere, dintr-un singur motiv se intampla acest lucru: ne-am supra solicita creierasul nostru care in lipsa explicatiilor empirice ar da error. cert e ca mai exista o dimensiune (cel putin) in care existam, dar pe care o sufocam destul de mult prin activitatile cotidiene. totul ar putea avea explicatii, dar ar pierde din farmec. daca exista Dumnezeu? pe argumentatia de mai sus intre bine si lipsa binelui, apoi si binele acesta trebuie sa existe undeva, si fericirea, si empatia, si dragostea, si lacrimi, si suflet. ca pana la urma sunt si ingeri, si tentatii (dar acestea din urma sunt mai banale, pentru ca: 1. totul are valoarea pe care i-o dai tu; 2. "daca ai crede cat un bob de mazare ai putea muta muntii" - parca asa era) - asa ca tentatiile sunt cel putin controlabile. depinde de noi de in final. uite ca am comentat. cu drag, ana

Andrei Dorobantu Am cautat cam peste tot, si pe net si in toate cartile pe care le am, inclusiv in "Subtle is the Lord", cea mai frumoasa si mai ampla analiza a vietii si operei lui Einstein, cea scrisa de Abraham Pais (el insusi un mare fizician) : NU EXISTA nici o carte "God vs Science" pe care s-o fi scris Einstein, nici in 1921, nici in alt an !!!

Povestea circula de ceva timp pe Internet la noi si de vreo doi ani in lume. E suficient de buna in sine, asa ca "inventarea" lui Einstein ca elevul cu care sta de vorba profesorul (student, in sensul nostru, nu prea putea sa fie in poveste pentru ca nu stiu sa fi participat vreodata la cursuri de filosofie) este o supralicitare oarecum inutila.

Pe de alta parte, Einstein are ziceri superbe in general si printre ele are cateva absolut speciale despre religie si credinta. Le gasiti in atachmentul in care am pus si versiunea in engleza a dialogului, care dateaza din 2008 (s-ar putea sa fie prima "aparitie"). Citatele vi le trimit asa cum probabil nu le-ati vazut pana acum, in germana, pentru marea lor frumusete in original. Mai adaug inca unul, formidabil: "I want to know God's thoughts; the rest are details".

Comentariile lui Cristi sunt atat de potrivite incat as fi caraghios sa mai adaug ceva. Tot ce imi permit totusi sa mai spun este ca IN NICI UN CAZ "elevul" nu ar fi raspuns "da" atunci cand este intrebat daca crede in Iisus Hristos!

Einstein chiar a fost un tip formidabil: mie mi-au trebuit peste 30 de ani sa accept acest lucru si sa-mi dau seama cat de extraordinara este fizica lui - cum spunea un coleg de laborator, chiar si atunci cand a gresit, a fost genial. Dar nu doar atat: lui i se potriveste vorba care spune ca "un yoghin care nu se ia in ras de cel putin doua ori pe zi nu este un yoghin adevarat". Se poate vedea asta din multe spuse de el despre el. A fost insa un credincios? Nu cred. Religios? Nici. Poate ca am putea spune ca a fost un mistic, un mistic, în sensul definiției termenului, adică un inițiat al Misterelor, Mistere care aici sunt cele ale Naturii, cu majusculă. Inițiat, în sensul că a fost unul dintre cei –nu foarte mulți- profund conștienți de existența unei realități ultime, accesibilă prin experiență directă (în cazul său, celebrele "Gedanken Experimente") sau/și intuiție. Într-un fel, Einstein este fizicianul care se potrivește cel mai bine cu înțelesul inițial al termenului, pentru că fizikoi a fost cuvântul cu care au fost numiți primii filosofi.

CLASA ECONOMICĂ SAU CLASA BUSINESS - MULT ZGOMOT PENTRU NIMIC![1]

Informația că prim-ministrul Dacian Cioloş a zburat la München cu clasa economic a stârnit multe controverse în spațiul public, de la apreciere până la acuzații de ipocrizie. În realitate, a fost un gest normal al unui om responsabil.

Transportul public a creat încă de la apariția lui necesitatea unei diferențieri pe clase. Clasele superioare înseamnă confort sporit şi în anumite societăți putem adăuga izolarea unor pături sociale de celelalte. Diferențiere pe clase care continuă să existe şi în prezent la transportul public pe calea ferată, naval sau aerian.

A dispărut în transportul public urban (autobuze, tramvai etc.), dar nu de mult timp şi nu peste tot în lume. Îmi amintesc încă de tramvaiele bucureştene din anii 1950 care aveau vagoane de clasă superioară de călătorie. Biletul la clasa II-a costa 25 bani, cel la clasa I-a 50 bani. Posibil să mă înşel, nu mergeam cu clasa I-a!!

Democratizarea societății se reflectă azi şi în percepția oamenilor asupra călătoriei la clase superioare de transport. Dacă persoana care călătoreşte la o clasă superioară o face plătind din banii lui clasa respectivă sau dacă foloseşte un avion sau iaht privat, este privit cel mult cu invidie sau admirație, funcție de starea privitorului.

Daca este persoană cu funcție publică, încep să apară semne de întrebare, de regulă dacă decontarea călătoriei se face din bani publici. Cele mai vizibile sunt călătoriile cu avionul. În avion, mai ales în cele mici şi medii, este greu să ascunzi identitatea unui călător față de ceilalți şi urcarea

[1] Postat pe platforma Adevarul.ro http://adevarul.ro/blogs/vasile.baltac la 9 septembrie 2016

şi coborârea din avion sunt acţiuni colective. Paradoxal, apare mai ciudată poziţia celui care foloseşte o clasă inferioară decât a celuia care foloseşte clasa la care opinia generală îl îndreptăţeşte. Interesant este şi faptul că atenţia se îndreaptă spre situaţia din avion şi nu asupra traseului până la avion, multe persoane publice intrând în avion pe trasee stabilite prin protocol şi separate de restul pasagerilor.

Clasa economică şi clasa business

Din ce în ce mai puţini români nu au zburat cu avionul, mai ales în Europa. Este aproape o evidenţă pentru toată lumea care a fost într-un avion că, pe distanţe scurte şi medii, diferenţa între clasa economică şi cea de business este mai mult formală. Scaunele sunt aceleaşi, cu excepţia uneori a distanţei între ele, doar că la clasa business nu este ocupat scaunul din mijloc, dar numai dacă sunt trei scaune pe partea respectivă a rândului, funcţie de tipul de avion.

Lipsa de diferenţiere este vizibilă la anumite tipuri de avion prin mobilitatea separatorului de clasă care este poziţionat de echipaj funcţie de numărul de pasageri de la business. Dar şi la clasa economică adesea ai norocul să ai scaunul vecin neocupat şi să te simţi confortabil. Mâncarea este mai bună la business, dar oare merită diferenţa de preţ? Accesul la toaletă este mai bun la business, o cabină la mai puţini pasageri. Aceasta în teorie, în practică pasagerii la clasa economic, dau perdeaua la o parte şi se duc la cabina cea mai apropiată sau liberă care este cea de la business. La călătoria în grupuri, de exemplu deplasări în interes de serviciu, oamenii mai discută între ei, deci călătoria şefilor la business este contraproductivă. Se pare că acesta a fost recent cazul prim-ministrului Cioloş.

Diferenţa de preţ între economic şi business pe distanţe intra-europene este de la simplu la de trei ori. Cu preţul unui bilet la business către Amsterdam, de exemplu, pot călători trei persoane la economic. Şi atunci mai există o motivaţie a celor care merg în Europa la clasa business? Foarte des clasa business o vezi, de aceea, ocupată 20-30% şi unele companii aeriene au şi desfiinţat-o pe zboruri scurte.

Pe distanţe lungi, la zboruri de 7-12 ore, lucrurile se schimbă. Călătoria la clasa business sau clasa I este mult mai odihnitoare cu scaune care se transformă în pat, poţi dormi comod şi ajungi la destinaţie pregătit pentru o zi normală care este, adesea, de lucru.

Cine zboară la business?

Percepția publică este că demnitarii de nivel înalt și oamenii de afaceri bogați sunt cei care zboară sau mai bine zis trebuie să zboare la clase superioare. În toate țările există reglementări privind cheltuirea banilor publici și presupun că și la noi numai demnitarii cu grad de la ministru în sus pot călători cu clasa business. Mi se pare normal. Persoana respectivă are dreptul la un grad de confort sporit în virtutea obligațiilor ce îi revin de regulă imediat după ajungerea la destinație. Un drept care nu este însă și o obligație.

La fel, în cazul oamenilor de afaceri care călătoresc pentru de regulă tratative. Companiile private stabilesc și ele ierarhizarea dreptului de călătorie cu clase superioare, funcție de mărimea firmei și poziția persoanei respective în ierarhie.

Cine călătorește pe banii lui face ce vrea, dar de regulă dacă i-a obținut prin muncă, nu îi aruncă în stânga și în dreapta și mai ales către companiile aviatice!

Demnitari români la clasa economic

Fotografierea domnului Cioloș în avion la clasa economic a stârnit multe discuții în mas-media. Atât dânsul, cât și alți demnitari au afirmat că este un gest normal, în contextul Europei unde zborurile sunt relativ scurte. Nu prea au fost crezuți...

Comentatorii doresc neapărat să-l scoată pe prim-ministru fie prea modest, fie cam ipocrit. Patul lui Procust modern: fie îl lungim pe om, fie îi tăiem din picioare!

Călătoresc destul de mult și m-am întâlnit deseori la clasa economic cu demnitari care ar avea drept să zboare la business. Printre ei și cel puțin trei foști prim-miniștri. Unii o fac din respect față de banii publici, alții pentru a călătorii cu ceilalți membri ai delegației.

Mi s-a întâmplat, însă, și venind acasă de la Bruxelles să-i văd pe unii europarlamentari români la business și pe alții la economic în același avion, fapt mai greu de explicat. Se zice că echipajele TAROM invită la business persoane publice marcante care au bilete la economic. Nu am asistat personal la astfel de situații și o iau numai ca o legendă urbană. Dacă o fac, este un reflex al perioadei de dinainte de 1990, când demnitarii erau transportați de TAROM cu clasa business, bilete desigur având dintre cele normale. TAROM ar trebui să clarifice public dacă echipajele au acum acest drept, mai ales că se relatează că i s-ar fi propus acest lucru domnului Cioloş, care a refuzat.

Oameni de afaceri la clasa economic

Am întâlnit des şi oameni de afaceri a căror poziţie le-ar permite să călătorească la clase superioare, dar merg cu clasa economic. Nu însă dintre cei care au făcut bani suspect de repede şi pe care nu-i vezi în curse de linie, deoarece au avioane personale sau le închiriază.

Există multe legende. Cea mai cunoscută se referă la un personaj foarte cunoscut şi apreciat.

Fondatorul IKEA, nonagenarul Ingvar Kamprad - cu o avere, conform Forbes Magazine, de 23 miliarde dolari - zboară numai la clasa economică.

I-am cunoscut în anii 1970 pe William (Bill) Norris, preşedintele Control Data Corporation - CDC, şi pe Robert (Bob) Schmidt, prim vicepreşedinte. Control Data era în acei ani una dintre primele cinci mari corporaţii de calculatoare din lume. La Bucureşti a fost creată o societate mixtă de producere de echipamente periferice pentru calculatoare Rom Control Data, motiv pentru care aveam contacte la vârf în CDC. Norris era, fără discuţie, ceea ce acum se descrie ca un miliardar. Una dintre ştirile de presă care m-a impresionat a fost despre un jurnalist care l-a descoperit pe Bob Schmidt la clasa economică. Întrebându-l de ce o face, jurnalistul a avut surpriza sa-l audă pe Bill Norris răspunzându-i de pe scaunul din faţă:

- A vrut să călătorească cu mine!

Ca şi Ingvar Kamprad, şi Bill Norris era cunoscut prin modestie, muncă şi economii. L-am surprins odată în ascensor la sediul lor din Minneapolis. Era după ora opt seara, pleca acasă, purta o servietă burduşită de hârtii ca să lucreze şi acasă. Avea mai mult de 70 ani.

Redau momentul pentru mulţi tineri IT-işti cărora acum soarta le surâde şi au făcut bani mulţi în termen scurt. Îi pot păstra prin muncă şi modestie. Şi m-aş bucura să-i văd călătorind prin Europa cu clasa economică.

„Plăcerile" călătoriei cu TAROM sau de la/spre București

Este corect să afirmăm că multe s-au schimbat la TAROM în ultimii ani. Piloți exemplari, echipaje care au medie de vârstă comparabilă cu a alor companii, etc.

Dar... există și un revers pe care l-am dori cât mai repede redus la zero.

Am călătorit de vreo două-trei ori cu TAROM la clasa business. În toate cazurile ca segmente ale unor călătorii lungi înspre Asia de Sud-Est.

Prima dată, acum mulți ani până la Istanbul. Eram singuri la business, cabină care se întindea numai pe trei rânduri. Două stewardese supraponderale au stat tot timpul de vorbă lângă noi înainte de decolare, în timpul zborului și după aterizare. Subiectele nu erau legate de serviciu și cu siguranță pe noi nu ne interesau.

A doua oară, mai recent, până în Dubai. Eram tot singuri la business, două persoane. Compartimentul s-a umplut rapid cu persoane care erau rude sau prieteni ai echipajului, inclusiv un copil de câțiva anișori, simpatic foc, fiu al unei stewardese în concediu, care a chiuit tot timpul alergând între clasa business și economic. La întoarcere, cabina de business s-a umplut și cu un echipaj de rezervă care a adoptat poziții relaxate. Și atunci te întrebi pe bună dreptate, de ce să mergi cu clasa business la TAROM?!

La clasa economică ai alte „plăceri" create de pasageri. În călătoriile de la și spre București, indiferent de compania aviatică, ai parte mai des decât ți-ai dori de expresii prea neaoș românești, de pasageri care se ridică de pe scaun înainte de oprirea avionului, de sărit peste rând la controlul pașapoartelor. Dar asta nu mai este responsabilitatea TAROM...

Dintre pasageri îi poți remarca cu plăcere tinerii care sunt studenți sau angajați în vestul Europei, civilizați, frumos îmbrăcați, liniștiți.

Mai apare și câte unul, român de-al nostru, venit de peste mări și țări care face repetiții în avion cu vecinii de scaun cum să-și uimească rudele de acasă cu „realizările" lor. Săptămâna trecută era unul cu „green card" care o întreba pe vecină dacă în „Europa" se face frig noaptea?!!

Și din ce în ce mai des la TAROM apar unii care urcă primii. Nu vă gândiți la oameni cu copii sau persoane cu dizabilități. Sunt persoane tinere, de regulă, care vin la aeroport însoțite de polițiști care îi acompaniază până se urcă în avion și avionul pleacă. De obicei, sunt liniștiți în avion și resemnați cu expulzarea. Posibil cu gândul la întoarcere.

Călătoria la economic este cu siguranţă mai instructivă decât la business!

Comentarii blog

Andrei Popa Ar trebui cumparate cateva avioane moderne pentru guvern si presedinte sa poate calatori linistiti nu alaturi de prostime.

Stanila Ion Nu cateva, unul singur. Dar ce te faci cu "carcotasul roman" stimulat de niste "ziaristi" facuti la apelul bocancilor ?

Remus Octavian Mocanu Cred ca e o buna idee sa iei locurile de la mijlocul avionului, unde pisaciosii n-au sanse sa se frece prin fatza ta in trecere spre buda. Acum 3 saptamani m-am intors din caraibe, un zbor de 3 ore in care am stat in primul rand (la economic). Nu m-am dus niciodata la toaleta si mi se pare normal asta: ma pis inainte sa ma sui in avion. Zeci de pasageri insa au facut continuu coada, stand in picioare, frecare continua, copii tremurand si parinti linistindu-i, enervant... E prima data cand mi se intampla. Probabil am nimenit in acelasi avion cu o gramada de nesimtiti care dupa ce au baut ca vitele bere sau racoritoare au ratat sa se duca sa se pise inainte de imbarcare.

Ghe Stoian Nu este DELOC adevarat, Dle Baltac ca-i DOAR "mult zgomot pentru nimic". Tarifele difera, iar Dl.Ciolos a demonstrat (pentru a cata oara, oare ?) ca nu risipeste aiurea bugetul (si ar fi avut dreptul legal, dar, moral, nu !) ! Lucru pe care nu l-ar facut 99% dintre actualii (in viitor fosti) hoti, dottori, sarlatani si tupeisti (psd-isti, unpr-isti si alde restul de sarlatani !) !

Vasile Baltac Accept că poate titlul postării este neinspirat! Conţinutul articolului demonstrează că am apreciat gestul domnului Cioloş. Dar să nu uităm că o parte a mass media l-a considerat fără temei ca un gest de faţadă, ipocrit. Personal, aş legifera ca pe distanţe scurte toţi funcţionarii publici, inclusiv demnitarii să călătorească la clasa economică. Pentru acţiuni de protocol de nivel înalt să existe avioane de protocol.

CĂLDURĂ MARE ....(2012)[1]

"Termometrul spune la umbră 33 de grade Celsius... Sub arşiţa soarelui, se opreşte o birje, în strada Pacienţei, la numărul 11 bis, către orele trei după-amiaz'. Un domn se dă jos din trăsură şi cu pas moleşit s-apropie de uşa marchizei, unde pune degetul pe butonul soneriei. Sună o dată... nimic; de două, de trei... iar nimic; se razimă în buton cu degetul, pe care nu-l mai ridică.. În sfârşit, un fecior vine să deschidă."

I. L. Caragiale, Căldură mare, 1901

Dupǎ 111 ani, în Bucureşti azi 15 iulie 2012 sunt 39 de grade Celsius la umbră. La televiziunile de ştiri unii fecori ne anunţǎ cǎ este de rǎu cu Bruxelles-ul, la altele cǎ este bine sǎ-i trimitem undeva pe cei de acolo...

Închid deci televizorul pentru a nu cǎdea în astenie şi trec pe Internet. Emailurile care scapǎ de filtrele ce le-am pus pentru auto-protecţie mǎ anunţǎ cǎ este bine sǎ mǎnânc piersici, sau alte fructe proaspǎt importate din Turcia sau Grecia, cǎ leacul cancerului a fost descoperit încǎ şi încǎ odatǎ, etc., etc.

Douǎ mesaje însǎ mi-au atras însǎ atenţia ca un vârf al teoriei conspiraţiei. Aflu deci din unul cǎ Adrian Nǎstase este victima unei tentative de asasinat ritualic masonic (!?), el de fapt nefiind mason contrar altor afirmaţii în media. Se face referire şi la un blog care nu existǎ.

Cauza asasinatului: opoziţia la acţiunile anti-româneşti ale unui aşa zis District Transilvania (masonic, desigur). Te şi întrebi amuzat, atotputernicii masoni (dupǎ unii) sunt aşa de slabi (dupǎ alţii) cǎ nu le reuşesc tentativele?!

---

[1] Postat pe platforma de blog a autorului "Despre tehnologia informaţiei şi ... nu numai" http://vasilebaltac.blogspot.ro/ la 15 iulie 2012

Mai aflu că un alt mesaj trebuie să-l trimit și altora, "să știe toți ROMÂNII !...Nu ne vindem țara! O dăm gratis!" Ideea este că "Intre CRIZĂ ȘI TERORISM, ROMÂNIA si AFGANISTAN sunt singurele puteri ale lumii in domeniul materialelor strategice! AMERICA nu are zăcăminte de URANIU. Tot așa cum RUSIA nu deține zăcăminte de WOLFRAM, etc.."

Emailul l-am mai primit de câteva ori. Încerc să verific măcar o afirmație: AMERICA nu are zăcăminte de URANIU. În statistici însă (http://www.bgs.ac.uk/mineralsuk/statistics/worldStatistics.html), surpriză, SUA apare ca mare producător, vezi pag. 110.

Nu merg mai departe si văd ca emailul reprodus de altfel si pe multe bloguri este un hoax (înșelătorie). Mai găsesc și alte păreri similare:

http://peceresoare.wordpress.com/2011/02/16/farsa-pacaleala-cu-rezervele-de-wolfram-ale-romaniei/

Căldură mare, monșer....

Aștept și mesaje de tip bilețelele Sfântului Anton, vezi http://vasilebaltac.blogspot.ro/2009/03/internetul-si-biletelele-sfantului.html.

INSTRUC⬚IUNI DE FOLOSIRE ... A SĂPUNULUI![1]

Probabil mai sunt oameni în România carte nu folosesc săpunul pentru igiena zilnică. Totuşi oare câţi nu ştiu ce este şi cum se foloseşte?

Am intrat într-o farmacie a unui lanţ cunoscut şi cum valoarea medicamentelor cumpărate a fost destul de mare am primit ca bonus un ... săpun. O altă marcă decât folosesc eu în mod obişnuit.

Forma şi aspectul comercial erau cele obişnuite

Mirarea mea a fost foarte mare când am citit pe cutie ... instrucţiuni de folosire!

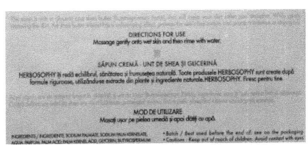

Instrucţiuni de folosirea săpunului Foto Arhiva autorului

Incredibil!

Producătorul se gândeşte că fără aceste instrucţiuni (negru pe alb scrie în română "Masaţi uşor pe pielea umedă şi apoi clătiţi cu apă." şi în engleză "Massage gently onto wet skin and then rinse with water") am fi probabil tentaţi să mâncăm bara de săpun!? Un gest care le-ar atrage responsabilitatea unei tentative de otrăvire ....

---

[1] Postat pe platforma Adevarul.ro http://adevarul.ro/blogs/vasile.baltac la 29 septembrie 2016

Pe când instrucțiuni pe salam de exemplu "Tăiați felii groase după plac, introduceți-le în cavitatea bucală, mestecați-le și apoi le înghițiți" !!! Sau pe butelia cu apă plată "Turnați în pahar și îngurgitați lent. Puteți bea și direct din butelie!"

Greu de crezut în AD 2016 că există instrucțiuni de folosire pentru un produs ca săpunul care se folosește probabil cam de 5000 de ani!

Proliferează însă tot felul de avertismente similare cu un grad de imbecilitate ridicat.

Un pachețel de unt servit la micul dejun într-un hotel era marcat Butter (Unt), dar am citit pe etichetă ca untul respectiv "Contains milk (Conține lapte)"??!! Știu că există oameni sensibili la lactoză, dar câți dintre ei nu știu că untul obișnuit se face din lapte?

Existența multor regulamente care ne protejează de abuzuri îi face pe unii producători să ne creadă idioți?! Mai ales că prezența unor ingrediente nocive este adesea ascunsă cu dibăcie.

INTERVIURI, ALOCUȚIUNI ȘI ARTICOLE

TRECUT, PREZENT ŞI VIITOR ÎN IT-UL ROMÂNESC[1]

Editorul „Adevărul" dl. Răzvan Băltăreţu (RB) mi-a adresat câteva întrebări ca documentare pentru un articol. Redau mai jos răspunsurile mele (VB) în care fac referiri la trecutul, prezentul şi viitorul industriei IT din România. Precizez că m-am rezumat să răspund la întrebări, tematica fiind mult mai vastă şi fiind posibile multe precizări

Distrugere sau restructurare

RB: Aţi prins perioada în care, în România, au fost construite şi dezvoltate primele computere mari şi mici. Ce a distrus, pe plan local, această economie?

VB: Această industrie nu a fost distrusă, a fost numai restructurată din temelii. Avem în prezent o industrie IT puternică în care lucrează circa 200 de mii de angajaţi. Structura ei este fundamental diferită de cea de dinainte de 1990.

În anii 1970 industria de calculatoare a fost construită cu tehnologii foarte avansate pentru perioada respectivă: circuite integrate, cablaje imprimate multistrat, conexiuni de tip wire-wrapping, echipamente periferice performante etc. Cele mai importante echipamente periferice erau produse într-o societate mixtă româno-americană Rom Control Data şi erau cele mai performante din ţările estice. S-a născut în anii 1970 şi industria autohtonă de software de bază şi aplicaţii. Dimensionarea fabricilor de profil a fost făcută după necesităţile tehnologice ale acelor ani, suprafeţe de zeci de mii de mp fiecare, spaţii uriaşe climatizate, mii de oameni angajaţi în fiecare fabrică, majoritatea cu studii superioare. După ce la sfârşitul anilor 1960 s-au luat licenţe de la CII-Franţa. Frieden-Olanda si CDC-SUA, dezvoltarea a continuat prin efort propriu şi industria a produs

[1] Postat pe platforma Adevarul.ro http://adevarul.ro/blogs/vasile.baltac la 4 februarie 2016

noi şi noi tipuri de calculatoare, minicalculatoare, calculatoare personale, echipamente periferice etc.

În anii 1980 prin politica antinaţională a lui Ceauşescu de interzicere a importurilor vest s-a afectat puternic competitivitatea la nivel mondial a acestei industrii, iar prin folosirea unor componente electronice scumpe importate din ţările din est preţurile finale practicate erau exagerate. Competitivitatea externă a fost însă în continuare ridicată pentru ţările estice, calculatoarele româneşti fiind exportate cu succes în Cehoslovacia, Germania de est, Ungaria, China, ţări din Orientul Apropiat.

Revoluţia tehnologică şi-a spus cuvântul. Circuitele integrate pe scară largă au redus dimensiunile calculatoarelor, necesarul de oameni pentru fabricaţie a scăzut drastic, spaţiile de producţie nu mai era necesar să fie mari. Pe plan mondial, cercetarea în domeniu s-a polarizat în SUA iar fabricaţia de componente în Asia de sud-est.

În anul 1989 industria de calculatoare de la noi era depăşită tehnologic pe plan mondial, dar continua să fie competitivă în ţările din est, care dispuneau şi ele de un nivel tehnologic mult sub cel mondial. România dispunea însă la începutul anului 1990 de un mare număr de specialişti bine pregătiţi atât in software, cât şi in hardware. Succesele personale ale celor care au emigrat în vest în anii 1970-1980 şi rapida trecere la economia de piaţă în IT o demonstrează pe deplin.

Liberalizarea pieţii IT din anii 1990 a distrus rapid vechile structuri. Cu mii de oameni şi clădiri de zeci de mii de mp, vechile fabrici nu puteau concura cu firme private de câţiva oameni care foloseau subansamble importante din Asia cu cheltuieli de regie infime. Posesoare de terenuri valoroase în zonele Pipera şi Băneasa, unităţile industriei de calculatoare şi componente electronice au devenit ţinta rechinilor imobiliari şi, cu largul concurs al autorităţilor statului, au fost privatizate fără garanţii că se va păstra specificul industriei. Institutul de Tehnică de Calcul a fost vândut unei firme de profil feroviar, IPRS unui afacerist arab şi lista celorlalte este bine cunoscută. Un exemplu elocvent: la licitaţia de privatizare a Institutului de Tehnică de Calcul, experienţa a doi competitori cu manageri care au activat ca director ştiinţific, director al institutului, fondatori după 1990 de firme de software de succes, a fost punctată tehnic de FPS/AVAS la fel ca a unei firme de transbordare vagoane marfă firma care a si fost declarată câştigătoare.

Este adevărat că vechile structuri industriale, cu excepţia Institutului de Tehnică de Calcul, nu mai aveau şanse în contextul pieţei libere şi a nivelului tehnologic la care se aflau. Institutul avea şanse, dar a avut nenorocul unui management incompetent. Existau soluţii. O soluţie după mine ar fi fost transformarea unităţilor de tehnică de clacul în parcuri tehnologice IT, care puteau păstra şi dezvolta forţa de muncă de înaltă calificare. Am propus în 1994 un proiect de transformare a zonei industriale Pipera în parc tehnologic de software, proiect adoptat şi apoi aruncat la coş de FPS.

Amplasarea acestei industrii în nordul Bucureştiului a făcut ca interesele imobiliare să primeze într-un mediu de decizie corupt, în care interesele strategice de dezvoltare solida a unei industrii naţionale să nu mai aibă loc.

Industrie de hardware în România

RB: Cum credeţi ca mai poate avea succes o companie româneasca - cu sediul aici, cu angajaţi romani (majoritar) - care începe sa dezvolte hardware, nu doar software? Se mai poate vorbi de individualitatea naţiunilor sau totul e al chinezilor acum?

VB: Viitorul în România este al firmelor de software şi aplicaţii informatice. Există o piaţă internă pentru ele, există şi piaţa mondială deschisă în perioada Internet fără frontiere sau bariere. Dezvoltarea de hardware în sensul de creare de noi calculatoare, tablete, telefoane şi alte dispozitive inteligente este de domeniul trecutului. În lume există un pol de concepţie aflat în SUA şi un pol de fabricaţie în China. Nici chiar Europa nu mai concurează cu aceştia.

Cred însă în viitorul unor firme care concep subansamble şi componente pentru industria IT, de exemplu senzori şi traductori specializaţi, surse de alimentare, componente pentru Internetul lucrurilor(IoT- Internet of Things), etc. Cu cât componenta de inteligenţă este mai mare în aceste produse cu atât mai mare va fi succesul.

Proiectul Vector Watch

RB: Fondatorii Vector s-au avântat intr-un domeniu costisitor, de bani si timp, cu ceasul inteligent. D-voastră aţi prins toata evoluţia tehnologiei computerelor romaneşti. Analizaţi, va rog, acest produs. Putem vorbi de primul mare startup al României? De primul produs IT de mare succes in Occident?

VB: Personal sunt sceptic şi le doresc din inimă autorilor şi finanţatorilor proiectului să poată să-mi demonstreze că greşesc. Un astfel de proiect este costisitor, presupune infrastructură de componente la care marii producători au acces la prețuri mai mici decât micii producători. Odată realizate prototipurile și omologate conform numeroaselor standarde existente în lume, numai o producție de mare serie poate amortiza costurile. O producție de mare serie implică automatizare și din nou costuri ridicate. Concurența cu Apple îi va costa mult pe toți producătorii.

Se adaugă unele rețineri legate de viitorul ceasurilor inteligente care fac parte din categoria wearable și nu au parte de o primire chiar entuziastă ca vânzări pe plan mondial. Personal nu am văzut Vector Watch. Am un Apple Watch pe care l-am primit cadou de Crăciun, altfel chiar ezitam să-l cumpăr nefiind sigur de utilitate. Îmi place pentru că mă anunță discret că primesc apeluri telefonice, mesaje, îmi măsoară activitatea fizică, îmi monitorizează pulsul, îmi arată temperatura exterioară conform Internet, etc. Dar nu merge dacă telefonul Apple este departe de el, ecranul se aprinde numai la anumite gesturi, bateria se descarcă destul de repede, etc. Acum mi-a devenit oarecum indispensabil, dar altul nu aș cumpăra decât dacă ar fi relativ ieftin. Și cred că mulți gândesc la fel în era când telefoanele inteligente devin din ce în ce mai mici și mulți utilizatori le vor chiar din ce în ce mai mari, nu mai mici!

Șansele industriei de IT din România

RB: Ce atuuri ii mai rămân IT-ului romanesc, când dam la o parte orice înseamnă outsourcing si munca in corporații străine? Ii mai rămâne o bază pe care sa se ridice proiecte precum Bitdefender?

VB: IT-ul din România are încă multe atuuri.

Ne place să credem că forța de muncă bine calificată și accesibilă este unul dintre ele. Se evocă des studiul Brainbench sau că a doua limbă vorbită la cantina Microsoft din Redmond, SUA, ar fi româna. Realitatea este că deja sunt numai mituri.

Specialiști de înaltă calificare există în toată Europa, inclusiv țările vecine. Asia se ridică nu numai prin numărul specialiștilor IT, dar și prin calificarea lor. Urmăriți componența universităților vestice și vedeți câți studenți chinezi sunt în ele și pe ce locuri ca rezultate la studiu. China poate deveni nu peste mult timp și furnizorul de software, nu numai de hardware. Odată cu venirea multinaționalelor salariile în IT au crescut în România și nu mai suntem competitivi nici din punctul de vedere al costurilor ca acum 10-20 ani.

Atuul major este în prezent numărul mare în valoare absolută de specialişti şi calitatea lor. România este o ţară mare faţă de cele vecine, există încrederea investitorilor fiind în UE şi NATO şi diversitatea mare de competenţe IT existente.

Corporaţiile străine practică principiul outsourcingului sau serviciilor conexe cu menţinerea cercetării în exterior. Când costurile vor creşte sau de exemplu Ucraina sau Bielorusia vor deveni sigure se vor muta fără regret cum a făcut-o Nokia cu fabrica din Jucu Cluj, De sperat că nu se va întâmpla chiar curând.

Şansa rămâne a unui software sau unor aplicaţii concepute în România şi foarte competitive. Aceasta înseamnă inovaţie transdisciplinară cu oameni din diverse domenii adunaţi în aceiaşi firmă sau grup de cercetare. Internetul lucrurilor este o mare şansă care sper să nu fie irosită, securitatea informatică o alta. Talentele matematice tradiţional înclinate spre IT pot inova şi valorifica noi algoritmi de big data.

De câţiva ani explodează domeniul aplicaţiilor. Sunt milioane, dar mai este loc. Simpla copiere a unor soluţii deja date în Valea Siliciului este însă pierdere de timp şi resurse.

În fine, pentru marea masă de firme mici rămâne debuşeul pieţei interne, suntem pe locul 28 din 28 ţări în Uniunea Europeană ca nivel de dezvoltare a societăţii informaţionale, deci este de lucru mult şi pentru mulţi.

Comentarii blog

Tomescu Tom De ce oare ii este atat de greu " statului "...sa incurajeze producţia de software romanesc ? Pana la urma ... noi chiar putem si lumea stie ca putem Vîn medalii internationale aduse pe banda de elevii romani. De ce statul prefera sa incurajeze lucrarile " stiintifice " ale puscariasilor ... si nu productia generata de o inteligenta reala ? A atator copii destepti care pana la urma emigreaza si ei . Nu vedeti ca totul e cu fundul in sus ...?

INTERVIU RADAR IT - PIA⬚A FINANCIARĂ[1]

CP: Atunci când vorbim despre Agenda României Digitale, e firesc să ne întrebăm cât de pregătită este societatea românească să-şi asume, să adopte şi să utilizeze noile tehnologii. Am depăşit sau nu etapa „alfabetizării digitale" a românilor?

VB: Tehnologiile digitale s-au dezvoltat rapid pe parcursul unei singure generaţii umane, actuala generaţie. Factorii care au condus la această evoluţie revoluţionară au fost miniaturizarea şi scăderea costuri echipamentelor, creşterea vitezei şi scăderea costurilor în telecomunicaţii şi creşterea uriaşă a volumelor datelor înmagazinate şi transmise, cu scădere spre zero a costurilor aferente.

Un smartphone realizat cu tehnologiile cu tuburi din anii 1960 ar avea un volum echivalent cu Casa Poporului, transmiterea unei fotografii cu tehnologiile GSM din anii 1990 ar dura peste 3 ore şi, în fine, documentele recent dezvăluite din Panama Papers ar ocupa pe hârtie peste 300 metri cubi!

Numărul oamenilor care foloseau calculatoarele în anii 1950 era în întreaga lume de câteva mii, iar al celor care folosesc tehnologiile digitale în prezent este de 3,6 miliarde la o populaţie a planetei de 7,34 miliarde.

Folosirea tehnologiilor digitale necesită competenţe digitale de diverse nivele. A apărut necesară o nouă formă de alfabetizare, de data aceasta cea digitală!

Decalajul între cei care ştiu şi pot folosi tehnologiile digitale şi între cei care nu ştiu sau nu pot folosi aceste tehnologii a căpătat şi un nume: prăpastia digitală (digital divide) tradus adesea eufemistic decalajul digital. Un pod peste această prăpastie se poate construi pe patru piloni: existenţa

---

[1] Interviu acordat domnului Cristian Pavel şi publicat în RADAR IT, supliment Piaţa Financiară Ediţia I 2016

tehnologiilor digitale, accesibilitatea lor, conținut digital și competențe digitale. Dacă pentru consolidarea primilor trei piloni s-au făcut în România progrese importante, în principal prin contribuția sectorului privat al economiei, în domeniul competențelor digitale avem încă o situație precară, fiind în coada clasamentelor Uniunii Europene.

Nu putem afirma, din păcate, că în România am depășit etapa "alfabetizării digitale".

CP: Potrivit Internet World Stats (2015), peste 3 miliarde de oameni se bucurau anul trecut, la nivel global, de acces la lumea digitală, peste 11 milioane dintre ei fiind din România. Dar potrivit raportului Digital Economy Lab (DELab), un procent de 43% dintre români nu deține competențe digitale, mult peste media de 25% în țările NMS13 (New Member States) și 14% în EU15. Vorbim despre un handicap surmontabil?

VB: Accesul la lumea digitală în lumea actuală e important, lipsa lui este vădit un handicap. Progresele României din punct de vedere al accesului digital sunt importante. Peste 90% din țară ca suprafață și tot cam atât ca populație are acoperire Internet și infrastructura digitală a țării este remarcabilă.

Auzim des că avem viteze de acces Internet care le depășesc pe cele din multe țări dezvoltate. Nu se spune însă că acest fapt se datorează evoluției din ultimii 25 ani care a succedat rămânerea în urmă catastrofală de dinainte de 1990. Să nu uităm că în 1989 aveam o penetrare națională a telefoniei de numai 11% și țările in care aceasta era de peste 80%-90% au evoluat mai lent către Internet de viteză mare, deoarece investițiile trebuie amortizate. Și nu se discută adesea nici despre numărul redus al celor care folosesc acest acces digital performant, despre decalajul între zonele urbane și rurale, despre modul de folosire a acestui acces.

Infrastructura digitală bună din România este însă un factor care ne dă speranța că handicapul accesului la nivel de persoană și al competențelor digitale poate fi surmontat. Handicapul este real și demonstrat. Statisticile Uniunii Europene ne plasează constant pe ultimul sau penultimul loc (noroc că există și vecina Bulgaria!) între țările Uniunii.

Accesul digital nu este nici el un scop în sine. Lumea digitală împinge societatea spre o productivitate superioară, spre un nivel de viață mai bun, spre o guvernare care dă cetățeanului speranțe. Competențe digitale adaptate activității fiecăruia sunt necesare și la nivel individual și la nivel colectiv. Starea globală digitală este măsurabilă și este măsurată. Un indicator important este DESI (Digital Economy and Society Index) calculat anual de Comisia Europeană. Acest indicator al economiei și societății digitale determină performanța digitală a Europei și urmărește competitivitatea digitală a țărilor din Uniunea Europeană. În componența DESI intră conectivitatea, capitalul uman, cercetarea și dezvoltarea de profil, folosirea Internet, integrarea tehnologiilor digitale și starea serviciilor publice digitale. Cu un DESI de cca 0,31 în anul 2015 România este pe ultimul loc în UE după Bulgaria la mare distanță de campioana Danemarca cu 0,68 și chiar față de media UE de 0,48.

Un astfel de handicap este surmontabil. Experiența unor țări care au plecat acum peste 20 ani de la un nivel apropiat de al nostru cum este Estonia arată că este posibil să se facă pași mari într-un termen relativ scurt. Pentru aceasta este însă nevoie de strategii concrete și implementate mai ales prin coordonare la nivelul cel mai înalt. Nu însă în modul în care s-a procedat la noi până acum. După 1990 au fost anunțate câteva zeci de strategii de "informatizare", eu m-am oprit prin 1998 cu număratul la 17. Niciuna nu a fost dusă până la capăt, deși cheltuieli relativ mari au existat, unele discutabile și chiar anchetate. După mine se manifestă și s-a manifestat în zona politicului și guvernării o lipsă marcată de înțelegere a fenomenului și în consecință o lipsă de voință politică.

CP: Statisticile „negre" nu se opresc aici: la nivelul competen▯elor digitale, România este pe ultimul loc în Uniunea Europeană și numai 16% dintre români au cunoștin▯e digitale de bază, în compara▯ie cu media de 30% a EU15 și 26% în ▯ările NMS13. De unde acest decalaj major într-o țară despre care se spune că adoptă cu ușurință și entuziasm noile tehnologii?

VB. Situația este exact așa cum o prezintă statisticile internaționale. Tinerii primesc în școală doar un rudiment de competențe digitale, cei mai în vârstă nu sunt stimulați să le dobândească.

Viața însă merge înainte. Locurile de muncă din economiile dezvoltate necesită, în covârșitoare majoritate, cel puțin competențe digitale de bază. Personal, după mai multe analize, am ajuns la concluzia că necesarul de persoane cu competenţe digitale de utilizare se dublează în lume la fiecare doi ani şi jumătate. România nu este ocolită de acest trend.

Creşte şi nevoia de profesionişti în tehnologiile digitale, adică acele persoane calificate să dezvolte, implememteze şi întreţină sistemele şi aplicaţiile digitale. Europa este confruntată în prezent cu o criză de astfel de profesionişti atât calitativ privind anumite competenţe, cât mai ales cantitativ. La nivel anului 2020 se estimează că Uniunea Europeană va avea un deficit de un milion profesionişti IT! Acest deficit va fi acoperit în bună parte prin braindrain cu profesionişti din estul Europei, inclusiv România, în dauna desigur a proiectelor din ţările respective.

Tabloul viitorului apare cam sumbru pe termen scurt. Lipsa de competenţe digitale de utilizator nu va opri desigur complet dezvoltarea economică a ţării, dar o va frâna cu siguranţă. Se poate prefigura un nou exod al profesioniştilor noştri către vestul Europei şi America de Nord similar cu cel din anii 1990 şi cu impact negativ asupra economiei şi societăţii noastre în ansamblu.

Şi nu se vede, sau poate mă înşel şi nu văd doar eu, vreo încercare de implementare de măsuri concrete şi eficiente la nivel naţional. Este şi greu într-o ţară în care în perioada de după 1989 s-au succedat la conducerea organismului responsabil de resort mai mulţi conducători decât ani...

Şi vorbind despre organismul responsabil de resort ar fi de amintit o regulă axiomatică deja. Informatizarea nu reuşeşte într-o organizaţie dacă CEO-ul nu se implică şi coordonează direct acţiunea. Explicaţia rezidă în dificultatea proceselor şi opoziţia faţă de progres care se manifestă şi la nivelele micro şi la macro, rezistenţa la schimbare despre care amintea încă de acum 500 de ani Niccolo Machiavelli. CEO-ul unei ţări este primul ministru. Nu întâmplător în ţările cu bune rezultate ca scor digital coordonarea informatizării este făcută de un organism direct legat de primul ministru. Recent s-a anunţat şi la noi o jumătate de măsură în acest sens, dar rămâne de văzut ce formă şi mai ales ce efect va avea.

CP: Care este diferenţa între competenţele digitale la nivel de useri şi la nivel de profesionişti?

VB. Există în lume miliarde de oameni care utilizează tehnologiile digitale şi doar câteva milioane de profesionişti care produc şi întreţin instrumentele necesare.

În urmă cu 40-50 ani accesul la calculator se făcea numai prin intermediul profesioniștilor care îl și programau și îl și operau. Treptat, dar rapid, s-a produs separarea competențelor de utilizare de cele profesionale de programare sau dezvoltare de aplicații.

La nivel de utilizare există cinci nivele de competențe digitale:

–Analfabetism digital, ceea ce lipsă completă de competențe digitale

–Expunere(inițiere) digitală, care presupune înțelegerea utilizării personale a TI, abilitatea de a efectua operații de bază web,a citi și scrie emailuri, etc.

–Alfabetizare digitală, care presupune posedarea competențelor de bază de folosire a sistemelor digitale, Internet, baze de date etc.

–Competență digitală, care presupune un grad ridicat de cunoaștere a unui loc de muncă informatizat cu aplicații diverse

–Excelență digitală, care confirmă atingerea unui nivel foarte înalt de competențe digitale.

Analfabetismul digital este periculos pentru societatea secolului XXI, societate bazată pe informație și cunoaștere. Societatea nouă nu este construită pentru un grup mic de privilegiați, ci mai devreme sau mai târziu pentru întreaga planetă. Tehnologiile informației și comunicațiilor creează un nou mediu, cel digital, în care se înmagazinează și transmit cantități imense de date și informație cu un conținut de cunoștințe inestimabil. Viața în prezent, și mai ales în viitor, nu mai poate fi concepută fără Internet și fără interacțiunea zilnică cu această nouă lume virtuală, dar incredibil de reală. Accesul la ea este din ce în ce simplu, tehnologiile digitale ajută în efortul de alfabetizare digitală.

În toate țările lumii se fac eforturi pentru lichidarea analfabetismului digital. Rezultatele se văd. Un exemplu grăitor este China unde numărul celor ce accesează Internet și implicit au părăsit nivelul de analfabet digital a crescut în numai 5 ani de 30 de ori(!) de la 22,5 milioane persoane în 2010 la 674 milioane în iunie 2015.

Competențele digitale de utilizator sunt diferite și funcție de necesitatea lor. Avem nevoie de ele în viața curentă, în familie, în societate, avem nevoie de ele la locul de muncă. Le-aș numi pe primele competențe digitale de cultură generală și pe celelalte competențe digitale pentru locul de muncă.

Competențe digitale de cultură generală sunt impuse de folosirea generalizată a tehnologiilor digitale care a intrat în viața noastră de zi cu zi.

Indiferent de profesie fiecare persoană cu un nivel chiar minim de instruire, va fi necesar să posede pentru viața în societate care implică acces la multe instrumente digitale, un minim de competențe digitale, care corespund în mare nivelului de expunere digitală descris mai sus.

Competențele digitale pentru locul de muncă sunt mai ample. Cele mai multe dintre locurile de muncă actuale pretind un nivel de competențe digitale specific care poate fi de la alfabetizare digitală la excelență digitală.

Diverse sondaje arată că, în majoritate, angajații consideră că au aceste competențe, realitatea fiind exact pe dos. Această situație se întâlnește și în țări europene avansate din punct de vedere al erei digitale. Un studiu din Austria a arătat că în timp ce angajații au declarat în proporție de 78% că sunt buni și foarte buni în privința competențelor digitale pentru locul de muncă, în realitate testele au arătat că 75% erau slabi și foarte slabi. În Marea Britanie angajatorii consideră că 81% dintre angajați trebuie să posede competențe digitale, dar numai 52% le și au.

Nu avem studii similare în România, dar nici motive să credem că stăm mai bine. Mulți manageri și funcționari publici din România nu au încă o instruire suficientă în folosirea noilor tehnologii informatice. Aceiași situație o întâlnim în unele organizații private. Cei mai în vârstă fie nu au competențe digitale, fie au uneori cunoștințe depășite despre utilizarea sistemelor digitale. În multe cazuri pretind ca alții să acceseze informațiile în locul lor. Managerii și funcționarii tineri au cunoștințe mai bune despre echipamentele și aplicațiile informatice moderne și pot fi considerați "parțial alfabetizați digital" (procesare de text, utilizarea calculului tabelar, "expunere" la Internet) și își folosesc calculatoarele personale. Dar nici ei nu au întotdeauna o instruire corespunzătoare în privința sistemelor informatice pentru management și nu dispun de suficientă putere de decizie.

Incompetența digitală la locul de muncă este costisitoare. Există studii care arată că instruirea insuficientă în utilizarea tehnologiilor informației conduce la un cost al ignoranței digitale care poate fi cuantificat prin productivitate mai slabă cu circa 20% și creștere considerabilă a timpilor de execuție a sarcinilor curente sau proiectelor. Pierderile sunt estimate la mii de euro/ salariat/an cu rezultate globale de pierderi de 19 miliarde euro/an în Olanda și 15 miliarde euro/an în Italia. Putem extrapola aceste rezultate și estima pierderi de miliarde de euro și în România.

În ceea ce privește competențele profesionale constatăm că există deja peste 40 de tipuri de competențe profesionale diferite inventariate de către Uniunea Europeană. Europa în ansamblu se confruntă așa cum am mai amintit atât cu o criză cantitativă de profesioniști IT de zeci de mii în prezent cu estimare de un milion în 2020, cât și de insuficiența unor anumite categorii de profesioniști. Colaborarea mai activă a universităților cu industria IT este considerată cheia soluționării acestei crize.

CP: Ați vorbit în cartea recent lansată, „Lumea digitală", despre „nativii digitali" și „imigranții digitali". Ce reprezintă fiecare?

VB. Decalajul digital între generații este mare. Tinerii, din primii ani de educație, au crescut cu acces la tehnologiile informației și la Internet și le consideră ca normale în mediul în care trăiesc. Nu întâmplător acestora li se mai spune nativi digitali. Persoanele de vârsta doua și a treia constată că trebuie să învețe să folosească aceste tehnologii. Prin similitudine cu cei care își schimbă țara de reședință pe parcursul vieții, cei care nu au crescut în școală cu tehnologiile digitale sunt desemnați ca imigranți digitali.

Nativii digitali sunt cei cu vârstă sub 25 ani în lume și aș zice cei sub 25 ani și în România. Cei peste această vârstă se confruntă cu tehnologiile noi, greu digerabile pentru ei, iar denumirea de imigranți digitali nu se vrea deloc peiorativă. Ea reflectă o similitudine. Imigrantul într-o altă țară se confruntă cu o nouă lume la care dacă nu se adaptează suferă, imigrantul digital se confruntă cu lumea digitală cu tastaturi, cu ecrane tactile, dar mai ales cu aplicații pe care trebuie să le învețe și cu un vocabular plin de jargon tehnic și cuvinte în limba engleză. L-am admirat recent pe Robert de Niro care jucat în filmul "Internul" un rol perfect de imigrant digital, care recunoștea că are de învățat de la nepotul său, dar care apare în film perfect adaptat lumii în schimbare.

Fenomenul imigranților digitali este temporar. Va dispărea în 30-40 ani când biologia își va spune cuvântul și toți adulții vor intra în categoria de nativi digitali.

Vârsta medie a managerilor și funcționarilor publici din România este de peste 40 de ani. Multe persoane la această vârstă acceptă mai greu să utilizeze performant un calculator sau Internet. Aceasta nu este o particularitate românească. Statisticile arată că vârsta medie a utilizatorilor Internet este de 32 de ani în SUA, în timp ce vârsta medie a utilizatorilor de computere este de 39 de ani. Cu toate acestea, în SUA și alte țări dezvoltate mediul social şi economic induce oamenilor o atitudine favorabilă introducerii tehnologiilor informatice.

În România şi în multe dintre ţările Europei Centrale şi de Est, atitudinea oamenilor mai în vârstă se caracterizează încă prin reluctanţă la apropierea de computere, din teama de a pierde respectul celor mai tineri sau din alte motive. Rezultatul este ceea ce se poate numi "efectul de respingere". Ca urmare a acestei respingeri, computerele încă sunt adesea considerate un fel de "jucării moderne", având totuşi "anumite merite" şi uneori acceptate ca " modă ". Fenomenul nu are o fundamentare tehnică reală, tehnologiile informaţiei sunt aşa cum se ştie uşor de asimilat.

Pe ansamblul ţării situaţia este şi la acest capitol îngrijorătoare. Conform Eurostat, în anul 2014 73% dintre persoanele cu vârstă între 55 şi 74 ani din România nu au accesat niciodată Internet, faţă de 38% la nivelul întregii populaţii. Media Uniunii Europene este de 40% faţă de 18%, iar în ţara care stă cel mai bine, Danemarca, numai 8% dintre cei cu vârste de 55-74 ani nu au accesat Internet faţă de 4% din totalul populaţiei ţării. Altfel spus, în România mai puţin de unul din patru vârstnici de peste 55 ani accesează Internet şi ei sunt părinţii, bunicii multor nativi digitali, dar mai ales sunt manageri, oameni de afaceri şi posibil şi educatori ai tinerei generaţii.

CP: Aţi fost în prima linie a proiectului internaţional ECDL Foundation. European Computer Driving Licence a apărut în anul 1997 prin finanţarea primită de la Uniunea Europeană prin programul de cercetare ESPRIT. Cât de mult credeţi că a ajutat o astfel de iniţiativă în România? Câţi români dispun azi de un „permis de conducere a calculatorului"?

VB: În societatea modernă orice persoană adultă trebuie să posede un nivel minim de competenţe digitale, fără de care se poate considera exclus digital. Studiile internaţionale constată că acest competenţe este necesar să acopere cinci domenii: informaţie, comunicaţii, creare de conţinut, securitate informatică, rezolvare de probleme în mediu digital. Autoevaluarea acestor competenţe nu este fructuoasă. Oamenii tind să se supraaprecieze, ca de fapt şi în alte domenii. Nivelele de competenţe trebuie de aceea certificate de către organisme de atestare, aşa cum se întâmplă cu limbile străine, competențele manageriale sau de business, conducerea autoturismelor, etc.

Programul ECDL (European Computer Driving Licence sau Permisul European de Conducere a Calculatorului) este cel mai răspândit program de recunoaștere la nivel mondial a competențelor digitale la nivel de utilizator. Extinderea acestui program în afara Europei a condus la folosirea numelui ICDL (International Computer Driving Licence) pe celelalte continente.

ECDL este un program global, independent de orice vânzător de produse digitale, cu obiectivul de a certifica aptitudini IT de baza si de a promova învățarea acestor noțiuni de-a lungul întregii vieți.

Programa ECDL a fost produsul a ani lungi de studii ai unui grup condus de Consiliul European al Societăților Profesionale Informatice (CEPIS) care reprezintă peste 400.000 de experți europeni in IT din 26 țări.

Administrat de ECDL Foundation cu sediul în Irlanda, - organizația de conducere la nivel mondial a ECDL, programul este proiectat să acopere o arie largă de aptitudini si cunoștințe pentru a permite candidaților sa opereze cu competenta ca utilizatori in orice mediu digital.

Certificatul ECDL este primit după finalizarea unor module de test, care pornesc de la conceptele de baza ale tehnologiei informației, redactarea de documente si pana la folosirea poștei electronice si a Internet. Datorita structurii sale pe module, ECDL oferă o abordare flexibila a învățării la un standard internațional care nu face niciun fel de presupuneri referitoare la cunoștințele personale ale fiecărui candidat.

Modulele de bază care permit obținerea certificatului ECDL sunt clasificate după nivelul de competență digitală pe care persoana care este testată sau organizația din care face parte doresc să îl obțină.

Programul ECDL este sprijinit puternic de un număr crescând de guverne, corporații si instituții in întreaga lume, deoarece îndeplinește cerințele acestora privind o calificare globală care se bazează pe aptitudini bine definite, măsurabile si relevante. Utilizatori de ECDL extrem de diverși, cum ar fi departamente guvernamentale, ministere ale apărării, producători de automobile, companii farmaceutice, companii din industria petrolului, instituții financiare, scoli, colegii si multe altele sunt tot atâtea probe ale eficientei ECDL in a certifica aptitudini IT reale pentru lumea reală.

Programul ECDL este în continuare sprijinit de Uniunea Europeană. Un puternic gest de recunoaștere a fost discursul Președintelui CE Jose Manuel Barosso, în anul 2009, cu ocazia primirii Certificatului Onorific ECDL numărul 9.000.000 când a afirmat că "alfabetizarea digitală este parte a competențelor de bază ca scrisul și cititul și acesta este mesajul pe care Comisia Europeană îl transmite cetățenilor Europei; în aceste momente de situație economică dificilă mulți lucrători va trebui să fie reinstruiți și competențele digitale îi vor ajuta să găsească noi oportunități pentru a viață mai bună." În acest an pentru prima dată în istoria Comisiei Europene o direcție generală a sa a devenit centru de testare ECDL.

Obținerea certificatului ECDL este văzută tot mai mult ca un standard prin care angajatorii pot stabili abilitățile de operare pe computer ale angajaților curenți sau potențiali si prin care personalului ii pot creste perspectivele de angajare viitoare.

În întreaga lume, numărul participanților la programele ECDL/ICDL este de peste 14,6 milioane de persoane, în peste 150 țări și mai mult de 40 limbi și există zeci de mii centre de testare.

ATIC (Asociația pentru Tehnologia Informației si Comunicațiilor din Romania) are dreptul exclusiv de licență si sub-licență pentru ECDL pentru teritoriul României. Pentru derularea programului ECDL s-a creat societatea ECDL România, care administrează licența ECDL si gestionează autorizarea de centre de testare .

În România a fost depășit pragul de 200.000 participanți. Ca procent de penetrare a programului ECDL in totalul populației România se află după țări ca Irlanda, Suedia, Danemarca, Marea Britanie sau Italia, dar înaintea altora ca Republica Cehă, Portugalia, Finlanda, Franța sau Belgia. În anul 2015 clasamentul țărilor conform noilor înregistrări ECDL a fost: Marea Britanie, Italia, Austria, România și Egipt.

Certificările de tip ECDL pot contribui decisiv la răspândirea competențelor digitale de utilizare pentru locurile de muncă dacă sunt sprijinite prin programe guvernamentale. În țara noastră se recunoaște necesitatea competențelor digitale prin existența unui test naționale la examenul de bacalaureat. Acest test acoperă câteva generații de nativi digitali, dar nu rezolvă problema non-nativilor digitali. Testul ECDL este recunoscut oficial ca putând înlocui testul de competențe digitale de la bacalaureat, dar testul de la bacalaureat fiind mai simplu este preferat de mulți elevi, testul ECDL fiind interesant mai ales pentru acei elevi care vor să urmeze studii sau o carieră în afara țării.

ECDL ca instrument de testare a competențelor digitale la locul de muncă este insuficient folosit încă de firmele private sau de stat. În acest timp toate CV-urile prezentate la angajare pretind competențe digitale ale candidaților mult peste realitatea individuală și anumite firme chiar fac teste proprii, deși există instrumentul acreditat internațional.

O importanță deosebită o are programul ECDL pentru sectorul public, competențele digitale promovând eficiența și programele de eGuvernare. Încă din 2001 există de hotărâre de guvern prin care funcționarii publici are trebui să aibă competențe digitale certificate ECDL. Rezultatele sunt modeste, hotărârea respectivă neavând și termene de finalizare. Pentru comparație, o hotărâre similară a guvernului din Egipt a condus la certificarea digitală a un milion de funcționari publici din această țară.

CP: Datele oficiale ale Comisiei Europene arată că, în viitorul apropiat, 90% dintre locurile de muncă vor necesita cunoștințe digitale. De asemenea, forul european estimează că, până în 2020, un număr de 825.000 slujbe vor fi neacoperite din cauza acestui decalaj. Putem spera că învățământul românesc de toate nivelurile va recepta acest mesaj și va adapta programele de instruire a actualelor generații?

VB: Învățământul recepționează mesajul, dar din păcate diferit la diverse nivele. Învățământul pre-universitar beneficiază de dotări și instrumente digitale, de programe de adaptare la cerințele moderne, inclusiv manuale digitale. Dar, rezultatul este mult sub necesitățile țării in această perioadă. Copiii sunt expuși rețelelor sociale și li se pare că aici începe și se termină lumea digitală. Testele de competențe digitală de la bacalaureat sunt prea simple și absolvenți de liceu încă intră în viață aproape analfabeți digital în raport cu cerințele locurilor de muncă. Probabil ca prin corelare cu ansamblul rezultatelor de la bacalaureat nu ar trebui să ne mirăm prea mult!

Învățământul universitar non-IT presupune că studenții au deja competențe digitale de utilizare, deși nu le au, și fac prea puțin pentru completarea și verificarea acestora. Cei mai mulți profesori sunt non-nativi digitali si adesea sunt complexați de studenții mai evoluați digital. Situația nu este mult diferită în alte țări europene. Un studiu al Fundației

Internaționale ECDL vorbește chiar despre o "generație pierdută"cu competențe digitale reduse bazate pe eroarea că tinerii dobândesc singuri cunoștințele digitale necesare locului de muncă.

Un studiu personal asupra stăpânirii unor concepte de bază digitale a relevat rezultate surprinzător de slabe. Studiul a fost efectuat pe Facebook, deci cu persoane cu competențe digitale de cultură generală. Dintre aceștia peste 80% au studii universitare. Cel mai periculos fenomen este absența unor cunoștințe de securitate digitală. 40% nu au știut ce este phishingul, capcana cel mai des folosită de infractorii digitali, 60% nu cunosc rolul criptării, 40% nu știu ce sunt autoritățile de certificare digitală, etc. Absența competențelor de securitate digitală este o plagă mondială. Creșterea infracționalității digitale se produce nu numai din considerente tehnice reale, creșterea rapidă a Internet și lipsa de mijloace de protecție care fac pe oricine vulnerabil. Factorul principal este ignorarea de către utilizatorii de pe toate continentele a unor măsuri elementare de precauție. De ce să ne mai mirăm că la o primărie dintr-o localitate mai mică din România parola de acces la rețeaua de calculatoare era afișată pe perete pentru a nu fi "uitată", când chiar Hillary Clinton, posibil viitor președinte al SUA, trimitea mesaje confidențiale de pe un server personal neprotejat suficient. Repet, oricine poate fi atacat digital, cei fără competențe digitale de securitate sunt victime ușoare.

În ceea ce privește învățământul superior de specialitate, situația este mai bună. A crescut la circa 9000 numărul anual al absolvenților și calitatea lor este foarte bună. Cererea mare pe piața internă și internațională face ca acest număr să fie insuficient. Universitățile nu pot fi blamate pentru lipsa de suficienți absolvenți. Costurile sunt mari, profesorii din ce în ce mai puțini, salariile din sectorul privat și din alte țări fiind mult mai mari.

Formarea de profesioniști IT este o provocare pe care o strategie coerentă o poate valorifica în interesul României. În vestul Europei tinerii evită studiile IT din comoditate și preferă facultăți cu efort de studiu mai redus. La nivelul UE au fost lansate campanii eSkills pentru a-i convinge să aleagă profesii IT. Rezultatele sunt modeste. În România am putea dubla numărul de absolvenți IT și piața încă i-ar absorbi. Investițiile străine ar compensa efortul, dar universitățile singure nu vor rezolva problema fără o strategie națională.

CP: Spre ce să concentrăm cu prioritate optimismul de care încă mai dispunem pentru a schimba în bine viitorul digital al României?

VB: La începutul anilor 1990 pentru mine era clar că industria de tehnică de calcul era într-o stare dificilă datorită decalajului tehnologic produs de deceniul nenorocit de izolare și austeritate al anilor 1980. Dar aveam calculatoare și mai ales peste 100 mii de oameni care cunoșteau domeniul. A urmat o explozie de firme și de idei, au venit apoi multinaționalele din domeniu.

Șansa mare a României este tot capitalul uman, este educația digitală. O reformă a învățământului pre-universitar cu măsuri care să conducă la absolvenți competenți digital ai acestor școli ar fi de mare impact pentru viitor. Până atunci măcar absolvenții de facultate ar trebui să aibă acest nivel.

Pe ansamblu, visez să apuc să văd o agendă digitală coerentă a României, cu jaloane pe care să le urmărească cineva și care să aducă o viață mai bună nu numai unei elite, ci masei mari de cetățeni ai țării, nativi și non-nativi digitali.

INTERVIU PENTRU REVISTA CLUB IT&C (2012)[1]

Revista Club IT&C prin dl. Bogdan Marchidanu mi-a solicitat părerea despre unele probleme actuale ale TI. Îl reproduc mai jos.

Privind spre IT cu un ochi de constructor

Vasile Baltac este un nume de referință pe piața IT românească. Nu doar din perspectivă istorică, ci, poate chiar mai mult, din perspectiva prezentului. Domnia sa a discutat cu Club IT&C, simultan din poziția de fost director științific al ITC, de fondator de companie IT autohtonă și de președinte al ATIC, una din asociațiile de profil cu vechime în România, despre învățămintele pe care istoria acestui domeniu fascinant le poate transmite prezentului. Și chiar viitorului. de Bogdan Marchidanu

Club IT&C: Privind în perspectivă istorică, a fost societatea românească și umană în general pregătită pentru impactul pe care îl va avea tehnologia informației?

Vasile Baltac: Atunci când a fost creată bomba atomică, mulți oameni de știință s-au temut că reacția în lanț nu se va opri. După aceea, s-a constatat că există forțe de frânare, că o reacție în lanț poate fi oprită. Din punct de vedere al tehnologiei informației, acum cincizeci de ani nici vorbă să se fi gândit cineva că se va ajunge unde s-a ajuns azi. Cu alte cuvinte, nimeni nu și-a închipuit ce reacție în lanț se va genera. Sigur că există forțe de frânare și pentru această reacție. Ele constau din indiferența umană, obișnuință etc. Să vă dau un exemplu. România se mândrește că are opt milioane de utilizatori de Internet. Sunt aceștia cu toții cu adevărat utilizatori în sensul de a folosi Internetul la ceva? Nici pe departe. Majoritatea lor au telefoane de tip smartphone, pe care le folosesc ca să intre pe rețelele de socializare, iar asta se numește utilizare a Internetului. După părerea mea, factorul de

[1] Club IT&C 24 mai 2012

frânare principal este instruirea. Instruirea oamenilor privind utilizarea tehnologiei informației. Cred că și atâta vreme cât nu va exista instruire, explozia de acces la Internet va continua. Numai că această explozie va însemna acces la niște lucruri elementare din Internet. La nivel european, s-au definit câteva nivele de acces la tehnologie. Primul nivel este reprezentat de „analfabeții" digitali. Din cele șapte miliarde de locuitori ai planetei, aproape cinci nu folosesc deloc tehnologia informației. După aceea este faza de conștientizare digitală. Omul știe să acceseze rețele sociale și să trimită emailuri. A treia fază este cea de alfabetizare digitală, definită ca faza în care omul, conștient de tehnologie și dispunând de instrumente, le folosește pe acestea ca să își îmbunătățească productivitatea personală. A patra fază este cea a competenței digitale. După mine, am face un mare pas înainte dacă majoritatea oamenilor ar fi măcar la faza de alfabetizare digitală. Un al doilea mare factor de frânare este legat de lipsa de înțelegere a celor care ar trebui să facă investiții în acest domeniu. Ca să fiu mai explicit, am să exemplific printr-o metaforă. În covârșitoarea majoritate a cazurilor, un manager care investește 50.000 de euro într-o mașină știe exact de ce o face și la ce se așteaptă. Dar, prea des un manager care investește 50.000 de euro în IT nu prea știe de ce o face. Să știți că mă gândesc și eu foarte des la impactul tehnologiei informației asupra vieții oamenilor. Ei bine, eu cred că avem nevoie de noi descoperiri științifice, de un nou impuls la nivel macrosocial. Și vă spun și de ce. Volumul de informație care a ajuns să fie stocat și procesat este fantastic. Nu știu cât de mare era acest volum acum 2000 de ani stocat pe piatră și pergament, probabil sub 1 MB, dar acum a ajuns pe medii digitale la 3,5 ZB și explozia este atât de intensă, încât foarte repede se va ajunge la 35 ZB. Întrebarea mea este: Cum se va face căutarea informațiilor utile în acest uriaș volum de date? Ce algoritmi? Cine va reuși să mai stăpânească acest imens „potop digital"? Avem nevoie din nou de un Turing. Sper că s-a născut și este la grădiniță sau școală pe undeva prin lume, minunat ar fi să fie în România.

Club IT&C: Nu credeți că, din acest punct de vedere, companiile născute digitale, precum Google sau Facebook, au un avantaj competitiv față de companiile tehnologice de gen IBM?

Vasile Baltac: Să nu uităm aici Apple. Dacă nu ar fi existat iPhone și iPad, probabil că nici Facebook nu ar fi fost ce este acum. La urma urmei, explozia digitală este generată de mobilitate. Iar legătura dintre dispozitivele mobile și conținutul digital a fost ideea genială Apple/Steve Jobs. Asta se întâmplă acum și se afirmă că în câțiva ani vom avea 15 miliarde de dispozitive digitale mobile. Nu ştiu ce se va întâmpla exact în viitor, dar lucrurile nu pot continua în felul în care se desfăşoară acum. Cred că am ajuns la un punct de inflexiune pentru o nouă evoluţie digitală şi implicit umană. Unii spun că am ajuns la punctul „omega". Punctul care pentru unii înseamnă sfârşitul lumii, pentru alţii începutul unei noi lumi. Eu unul cred că suntem martorii naşterii unei noi lumi. În universul IT, această naştere va avea loc undeva între 2012 şi 2020.

Club IT&C: Ce rol a jucat şi eventual joacă România în acest context?

Vasile Baltac: Din nefericire, România şi Europa joacă un rol minor. La început nu a fost aşa. Marile idei, de la fundamentul ştiinţei calculatoarelor, provin din Europa. Babbage, Boole, Zuse, Turing, von Neumann, Odobleja, sunt nume mari din istoria IT, care au fost toţi europeni. Conflictele armate de pe teritoriul european din secolul XX au dus la plecarea multor nume mari din domeniu în Statele Unite. Aşa se face că această ţară a devenit locul unde s-a concentrat o fantastică putere de inovare, cam singura care contează. La ora actuală, unii susţin că Asia ar veni din urmă, dar, după părerea mea, doar tehnologic. Asia este departe de a veni puternic din urmă din punct de vedere al concepţiei. Eu cred că din Statele Unite va veni schimbarea de paradigmă existenţială umană. Iar România a reflectat acest tipar evoluţionist. În România au existat matematicieni de mare calibru, cum a fost Grigore C. Moisil, care au făcut cercetare în algebrelor booleene, şi au existat pionieri constructori de calculatoare, cum a fost Victor Toma. La acel moment, decalajul României faţă de occident era mic. Era , cum bine se ştie, o perioadă de restricţii, în sensul în care s-a tăiat accesul la resurse, inclusiv documentare şi contacte internaţionale. Cu toate astea, şi în acea perioadă s-au realizat cercetări de natură experimentală valoroase în România. În anii '60 s-a luat decizia de a se trece de la cercetarea experimentală la producţie. Iar pentru asta era nevoie de o licenţă. Poate părea curios acum, dar atunci chiar s-au efectuat studii cu echipe pe teren trimise în ţări precum Statele Unite, Japonia, Anglia sau Italia, pentru a se decide care ar fi cea mai bună licenţă. Aşa a apărut Institutul de Tehnică de Calcul, ca loc de concentrare a competenţelor din domeniu. În paralel, s-a decis şi înfiinţarea unui institut similar pentru aplicaţii şi informatizare, şi aşa a apărut ICI. Cum însă factorul politic a contat întotdeauna enorm, a venit şi anul 1980, când Ceauşescu a hotărât să taie importurile din vest. Nu cred că a fost domeniu mai grav afectat de această decizie ca domeniul tehnologiei informaţiei. Dincolo de toate astea, baza umană creată în tehnologia informaţiei din România a fost de o certă calitate. Dovada stă în calitatea celor care au părăsit România să lucreze în occident, în puzderia de firme private înființate după 1989, fiind înființate de oameni care au avut o legătură mai mult sau mai puțin strânsă cu cele două institute menționate mai devreme. Din punct de vedere al concepției, din 1990 încoace diferența între România și Occident a crescut.

Club IT&C: În acest context, se mai poate pune problema de producție în România?

Vasile Baltac: Valoare adăugată sustenabilă în România și în toată Europa în mod clar nu se poate obține decât din aplicații. Deși și aici sunt probleme. Din nefericire, în România suntem încă sclavi pe plantația marilor firme, deoarece creierul românilor în continuare se folosește în regim de lohn. Concepția și conducerea de proiecte sunt în afara țării.

Club IT&C: Ce s-a pierdut după 1990?

Vasile Baltac: Părerea mea este că este o chestiune în principal de piață. Înainte de 1990 piața era închisă. După 1990, piața s-a deschis și inteligența strânsă în ITC și celelalte institute și fabrici IT s-a disipat în cele patru vânturi. În plus, piața fiind deschisă, aici au pătruns și multinaționalele din domeniu. Nu putem vorbi de o legislație necorespunzătoare, căci legislația privind domeniul tehnologiei informației este la nivel european, dar odată cu pătrunderea acestor multinaționale s-a intensificat folosirea creierelor românești preponderent pe partea de servicii și suport în IT. Eu atrag însă atenția că nici o asemenea situație nu va mai dura mult. Dacă nu se va găsi o cale de export de IT din România, perspectivele nu sunt deloc roz. La est de România apar noi țări concurente cu tineri talentați și plătiți mai puțin ca ai noștri.

Club IT&C: Sub Ceaușescu a existat un bici care a adunat creierele laolaltă. În democrație așa ceva este practic imposibil de făcut. De ce nu se poate crea o comunitate de interese în România?

Vasile Baltac: Vă dau un răspuns indirect. Eram într-o stație de autobuz și autobuzul a întârziat. E o poveste de demult. În fine, după o lungă așteptare, autobuzul a sosit în stație. Nervoși, călătorii s-au urcat bombănind. O doamnă s-a întors spre șofer și a început să-l admonesteze. După ce a răbdat cât a răbdat, șoferul i-a replicat: Ce vrei cucoană, tocmai la RATB te aștepți mata să meargă lucrurile bine? Uitați-vă la politica românească și spuneți-mi dacă acolo există ceea ce s-ar putea numi o comunitate...

Club IT&C: Categoric nu.

Vasile Baltac: Şi atunci? De ce ar trebui în alte zone economico-sociale să existe spirit de comunitate? Să fim serioşi. Interesul personal este cel predominant acum în societatea românească. Iar din acest punct de vedere lucrurile nu stăteau, pe fond, diferit nici înainte de 1990. Credeţi că dacă ar fi fost permisă crearea a şapte institute nu ar fi existat o luptă dusă cu toate mijloacele între aceste institute pentru a se ieşi în faţă? Eu nu sunt un adept al dictaturii, nici comuniste, nici capitaliste, dar privind lucrurile din perspectivă istorică pot afirma că uneori o dictatură luminată pe termen limitat poate să ducă la realizarea unor lucruri mult mai bune. Iată, de pildă, democraţia în România. Democraţia înseamnă dictatura legii. Ei bine, legile sunt foarte bune în România, dar nu sunt aplicate. Iar asta este valabil şi pentru universul IT. În plus, în IT se simte îngrozitor de tare lipsa unor proiecte mari şi foarte mari, care ar putea să polarizeze multe interese şi să capaciteze generarea de spirit de comunitate. Priviţi în urmă exemplul bulei dot.com de acum mai bine de zece ani. Dezastrul din sfera IT americană a fost mare. Ei bine, atunci administraţia a intervenit şi a generat proiecte mari de autostrăzi informaţionale care au salvat situaţia şi au repus industria pe picioare. De aşa ceva e nevoie şi în România. Marile companii care pot realiza ceva pentru România sunt străine. Iar decizia în aceste companii se ia în afara ţării. N-am înţeles niciodată de ce marele capital autohton s-a ferit întotdeauna ca de dracu de IT.

Club IT&C: Poate că oamenii din spatele acestui capital autohton nu au simţit gustul şi potenţialul IT-ului...

Vasile Baltac: Posibil, deşi cunosc şi exemple de astfel de oameni care măcar au avut intenţii de a investi în IT. Că au rămas la nivel de intenţii, este cu totul altceva. Cert este însă, şi vreau neapărat să revin la asta, că România are o imensă nevoie de mari proiecte. Îmi aduc aminte că la momentul când fostul ministru Gabriel Sandu anunţa o nevoie de 500 de milioane de euro pentru proiectul eRomânia, multă lume a sărit în sus. Sunt convins că o bună parte din cei care au sărit în sus s-au gândit imediat la chestiuni legate de hoţie. Eu însă am spus şi spun şi acum un lucru: Un astfel de proiect este necesar ca aerul, iar investiţia în el ar trebui să fie nu de 500 de milioane, ci de cel puţin 2 miliarde de euro! Transpunerea lui în practică însă ţine de voinţa celui din vârful piramidei executive. Aşa cum o companie privată devine eficientă IT dacă CEO-ul înţelege avantajele informatizării, aşa şi o administraţie publică se va informatiza eficient dacă CEO-ul acestei administraţii, adică primul ministru, va înţelege ce înseamnă informatizarea şi va avea voinţa de a lansa şi urmări proiecte pe scară mare. În Marea Britanie, de pildă, există aşa-numitul e-Envoy, adică un organism responsabil de proiectele de informatizare naţională şi care lucrează condus direct cu primul ministru. În România există un minister de resort IT, dar care este unul din multele ministere de la masa Guvernului. Îmi vine foarte greu să cred că acest minister ar putea avea vreodată un cuvânt mai greu de spus decât au ministerele socotite tradiţional ca importante, cum ar fi Internele, Economia sau Finanţele.

Club IT&C: Credeţi că poate să existe o presiune de jos în sus?

Vasile Baltac: Nu. Şi vă spun şi de ce. Eu îmi puneam, de pildă, mari speranţe în noua generaţie de politicieni. Am constatat, cu dezamăgire, că această nouă generaţie are absolut aceleaşi metehne ca şi vechea generaţie. Acelaşi lucru s-a petrecut şi în IT. Ba chiar e mai rău. Ne-am rugat să vină multinaţionalele ca să începem şi noi să facem export de software. Ele au venit, dar de petrecut s-a petrecut un singur lucru. Salariile au crescut, piaţa de distribuţie s-a dezvoltat şi am ajuns la o criză de resurse. Mai ales umane.

Club IT&C: Putem să vorbim şi de o criză morală?

Vasile Baltac: Ohhh...Nici în visele mele cele mai negre din 1990 nu îmi imaginam că vom ajunge unde am ajuns acum. Este o criză morală care a cuprins întreaga societate. Acum câţiva ani, când am fost martor al schimburilor de acuzaţii de minciună între preşedintele şi primul ministru al ţării, am avut realmente un şoc.

Vedem multe alte aspecte ale degradării. Poate, personal, cel mai mare şoc l-am avut la două încercări de privatizare, inclusiv la cea a ITC. În naivitatea mea credeam că prezentând un plan de afaceri solid şi având o experienţă demonstrată poate conta. Rezultatele "licitaţiilor" mi-au produs nu sentimentul eşecului în afaceri, ci o imensă amărăciune.

Ca profesor, sufăr văzând cum universităţile s-au transformat, în mare parte, în fabrici de diplome şi că plagiatul a devenit o regulă, şi şocul s-a intensificat. Nu mi-am imaginat niciodată că voi ajunge să trăiesc într-o asemenea societate.

Club IT&C: Ce v-ar determina să vă mai implicaţi activ într-o construcţie socială?

Vasile Baltac: O oportunitate de construcţie de calibru la nivel de proiect cu mare impact social, dar dublată de voinţă politică.

UNIVERSITATEA POLITEHNICA DIN TIMIȘOARA LA ANIVERSAREA A 90 ANI DE EXISTENȚĂ(2010)[1]

Onorată asistență,

Îmi exprim imensa bucurie de a putea fi prezent la sărbătorirea a 90 ani de existență a iubitei noastre Politehnici din Timișoara.

Pot spune cu mândrie că Politehnica din Timișoara este pentru mine mai mult decât o simplă universitate pe care am absolvit-o. I-am pășit pragul în 1957, înainte de a împlini 17 ani, ca student al Facultății de Electrotehnică. Erau ani grei, de privațiuni de tot felul, gândiți-vă ca am venit la Timișoara la un an după evenimentele din 1956.

Am constatat imediat că intru într-un mediu care promova valoarea înainte de orice. Chiar din primul an de studenție am avut posibilitatea de a reprezenta cu cinste Politehnica timișoreană la concursurile naționale de matematici pentru studenți din 1958 și 1959 ocupând locul 1. Amintesc acest fapt deoarece atunci, aici, s-a trezit în mine dorința de autoperfecționare care nu m-a părăsit toată viața.

Profesorii facultății, dintre care cu emoție îi amintesc pe legendarii Plauțius Andronescu al cărui asistent am avut privilegiul să fiu ulterior, Emanoil Arghiriade, Toma Dordea, Alexandru Rogojan, alături de mulți alții dintr-un lung șir de cadre didactice care au făurit prestigiul Politehnicii și al facultății, ne-au transmis nu numai cunoștințe valoroase, dar mi-au însuflat atât mie cit și colegilor mei convingerea că numai prin muncă și perseverență poți reuși în viață. La alte facultăți predau profesori care erau , de asemenea, legende ale Politehnicii. Amintesc numai de Cornel Micloși, care mi-a și fost președinte al comisiei de licență sau Koloman Bakony, devenit și erou iubit de studenți pentru umorul său inegalabil.

---

[1] Cuvânt rostit ca reprezentant al absolvenților Universității POLITEHNICA din Timișoara la aniversarea 90 ani de existență la 11 noiembrie 2010

Devenind în 1962 preşedinte al Uniunii Asociaţiilor Studenţilor din Politehnică am avut ocazia să colaborez cu rectori ai Politehnicii, profesorii Constantin Avram şi apoi Ioan Anton, personalităţi de prestigiu ale învăţământului universitar românesc, de la care am învăţat să fac primii paşi în management. Adresez un omagiu academicianului Ioan Anton, care, cunoscându-mi activitatea, m-a recomandat în anul 1969 ca director ştiinţific al Institutului Naţional de Calculatoare Electronice, - o ocazie extraordinară pentru mine de a participa la noua revoluţie digitală în România şi în lume. Mi-am dorit întotdeauna ca prin activitatea mea să nu-l fi dezamăgit.

Personal, de câte ori trec prin nordul Bucureştilor şi văd cupola Romexpo, îmi amintesc de calculele pe care le-am făcut cu MECIPT-1 în vara anului 1963, proiectul cupolei refăcute după un accident fiind al Catedrei de construcţii metalice din IPT sub conducerea profesorului Dan Mateescu.

Tot o premieră caracterizând spiritul mereu inovator al Politehnicii, a fost şi crearea primei specializări din România de calculatoare electronice la Facultatea de Electrotehnică. Este indiscutabil meritul profesorului Alexandru Rogojan care a luptat pentru crearea specializării şi apoi a secţiei de calculatoare electronice. Echipa MECIPT s-a alăturat entuziastă, inclusiv cu lucrări de laborator la MECIPT-1 şi am avut satisfacţia să vedem în 1966 primii absolvenţi din România pe diploma cărora este scrisă specializarea calculatoare electronice.

De numele Politehnicii din Timişoara este astfel legată declanşarea revoluţiei digitale în România, atât prin MECIPT şi prin Catedra de calculatoare, cât şi prin Filiala Institutului de Tehnică de Calcul creată pe structura MECIPT şi care a generat industria de profil din Timişoara, industrie simbolizată acum după investiţii succesive de Alcatel. Industrie la care Politehnica a adus în continuare contribuţii cu importante conotaţii naţionale.

La dezvoltarea acestei industrii naţionale şi-au adus contribuţia numeroşi ingineri absolvenţi ai Politehnicii timişorene. Politehnica în sine, prin facultăţi şi secţii de profil, a continuat să fie un pol de cercetare-dezvoltare cu rezonanţă naţională şi internaţională.

Profesia şi responsabilităţile profesionale m-au purtat pe multe meridiane. Peste tot am constat recunoaşterea de care se bucură Politehnica din Timişoara, înaltul nivel de pregătire al absolvenţilor ei.

O primă recunoaştere pentru mine a fost în 1966 când faimoasa Cambridge University din Anglia la care am fost înscris la un program pre-doctoral mi-a comunicat că îmi recunoaşte studiile universitare de la Institutul Politehnic Timişoara! Şi astfel de recunoaşterii, poate mai puţin formale ca aceasta, au fost nenumărate.

Sunt mândru, de aceea, că mă număr printre inginerii şi doctorii acestei prestigioase universităţi şi adresez Politehnicii urarea de viaţă lungă şi succes, iar cadrelor didactice şi studenţilor felicitări şi succes în a menţine cit mai sus nivelul acestei prestigioase instituţii.

La Mulţi Ani Politehnica şi să ne vedem sănătoşi la centenar!

GUVERNUL SĂ EXPLICE IMPACTUL ÎN AGRICULTURĂ AL BANILOR DIN LICITAŢIA TELECOM(2012)[1]

Baltac, SoftNet: Guvernul să explice impactul în agricultură al banilor din licitaţia telecom. Guvernul are dreptul să dispună alocarea banilor ce vor fi încasaţi din licitaţia telecom către agricultură sau orice alt domeniu, însă dacă nu va şi explica ce rezultate sunt obţinute prin alocarea celor aproximativ 200 mil. euro, atunci măsura va părea una strict electorală, a declarat pentru ZF Vasile Baltac, proprietarul grupului de firme IT SoftNet şi unul dintre cele mai cunoscute nume din industria IT locală.

"Guvernele au dreptul să folosească banii obţinuţi prin astfel de vânzări după cum apreciază că este o prioritate. Seceta şi situaţia economică pot justifica investirea banilor obţinuţi acolo unde se poate obţine impact maxim. Nu se precizează în niciun fel ce se obţine concret în agricultură prin plăţile făcute agricultorilor. Decizia, până la alte explicaţii, este aparent pur electorală. Să ne amintim şi de redirecţionarea penalită-ţilor de la o autostradă către sănătate. Nici acolo nu am aflat ce efect s-a obţinut", a declarat Vasile Baltac pentru ZF.

În vârstă de 71[2] de ani, Baltac a avut legături cu industria IT încă din anii '60 şi a fost înainte de 1989, printre altele, secretar de stat pentru cercetare şi investiţii în Ministerul Industriei de Maşini - Unelte şi director general al Centralei Industriale de Electronică şi Tehnică de Calcul. După 1990, el a fost adjunct al ministrului industriei electrotehnice, secretar de stat în Ministerul Industriei şi membru în Consiliul de Administraţie al Fondului Proprietăţii de Stat.

---

[1] Impactul în agricultură al banilor din licitaţia telecom; un articol de Adrian Seceleanu în Ziarul Financiar din 30 august 2012
[2] La data interviului

Întrebat dacă Guvernul nu ar fi trebuit să aloce măcar o parte din această sumă către proiecte IT&C, Baltac a afirmat că impactul ar fi fost foarte mic, în condiţiile în care suma totală ce ar trebui investită este de ordinul miliardelor de euro.

"O parte înseamnă nimic faţă de lipsa de fonduri pen-tru informati-zarea ad-mi-nistraţiei publice din Ro-mânia. Esti-ma-rea mea este de un necesar de 2-3 miliarde de euro, cheltuiţi raţional, deci o dublare, dacă parţial banii se mai şi risipesc după tradiţia ultimilor 22 ani. Sumele rezultate din licitaţii sunt mici faţă de miliardele nece-sa-re în proiecte de eGuvernare pentru a scoa-te România de pe locurile 26 sau 27 la in-di-catorii IT ai UE. Curând vom fi pe 27 sau 28, deoarece Croaţia stă mai bine la aceşti indicatori."

Baltac afirmă că Guvernul ar trebui să inves-tească bani cu prioritate în informati-za-rea administraţiilor din mediul rural şi în şcola-rizarea funcţionarilor în utilizarea computerelor.

"Indiferent de unde, aş investi cu prio-ritate bani pentru ca toate primăriile, nu nu-mai cele din marile oraşe, să fie informatiza-te şi să actualizeze eficient bazele de date din co-muna lor. Câteva zeci de milioa-ne de euro le-aş investi imediat în in-stru-irea şi certificarea IT obli-ga-torie, de exem-plu ECDL ("per-mi-sul eu-ro-pean de condu-ce-re al com-pu-te-ru-lui" - n. red.), pentru ca-re există şi o bază le-galã HG 1007/2001, comple-ta-tă de Ordi-nul 252/2003 al MAI, unde se prevede ca toţi funcţionarii publici să fie atestaţi IT prin programul ECDL. Nu peste mult timp, va trebui ca toţi adulţii să posede competenţe ebusiness. Personal, cred că asistăm la o cerere de competenţe di-gitale de bază prin dublare la fiecare doi ani şi jumătate. Deci la cele câteva zeci de milioane euro pentru instruirea şi certifi-ca-rea funcţio-na-rilor din ad-ministraţie, aş mai adău-ga zeci de milioa-ne pentru şcoli. Sunt pro-fesor la Fa-cul-tatea de administraţie pu-blică din SNSPA şi asist la prezenţa în anul I a multor "anal-fa-beţi" digitali cu toată in-tro-ducerea compe-ten-ţelor digitale ca probă de bacalaureat".

Premierul Victor Ponta a declarat săptă-mâna trecută că toţi banii care vor fi încasaţi în acest an din cea mai mare vânzare de licenţe de comunicaţii mobile din istoria României - aproximativ 200 mil. euro - vor fi cheltuiţi integral pentru agricultură şi ajutoare pentru fermierii afectaţi de secetă şi nu pentru proiecte IT&C. "Toţi banii proveniţi din această licitaţie vor merge pentru sprijinirea agriculturii şi în special, sigur, a agricultorilor care au fost afectaţi de secetă", a spus premierul.

România scoate la vânzare luna viitoare cea mai mare cantitate de spectru radio din istorie, iar o parte dintre licențe le va permite câștigătorilor să lanseze pe piața locală și servicii de date 4G.

Licitația ar putea aduce României peste 700 mil. euro din taxele de licență - dacă toate blocurile de frecvență vor fi vândute.

Banii vor fi plătiți de câștigători în două tranșe - o parte de aproximativ 200 mil. euro până la data de 30 noiembrie, iar diferența - o sumă ce poate fi de peste 500 mil. euro - până la jumătatea anului viitor.

EDUCATION AND THE SECOND GENERATION DIGITAL DIVIDE(2009)[1]

Digital Divide

One of the definitions of Digital Divide is as the "Gap between people with effective access to digital and information technology and those with very limited or no access at all" [1]. Digital Divide has many aspects: continents, regions, countries, intra-country: older vs. younger, urban vs. rural, rich vs. poor, educated vs. less educated people, etc. It has been a preoccupation at a large variety of society levels and proactive policies and approaches to bridge Digital Divide abound from personal level to highest governmental levels. A simple Google Search[2]for Digital Divide shows 5,050,000 returns only in English.

Many questions arise when talking about Digital Divide:

- Is Digital Divide a real threat or a myth?
- Bridging Digital Divide is a Catalyser of Growth?
- Non-Bridging is an Inhibitor of Growth?
- How bridging Digital Divide is a controllable process?
- What are the best bridging construction elements?
- How we measure the size of the Divide?
- How big is the success of public policies?
- Is globally Digital Divide narrowing or widening?

Especially, the answer to the last question has to trigger an alarm signal to policy makers, in the context that will be outlined below. We may notice also that too many times an oversimplified approach to the topic is taken,

---

[1] Comunicare la The 4th IT STAR Workshop on ICT Skills, Education and Certification: The Multistakeholders Partenership, 27-28 November 2009, Rome, Italy
[2] December 2009

considering the access to Internet as the main indicator for the digital divide. The quality of the access has been often ignored.

Bridging Digital Divide: The Four Pillars

In previous papers [2] [3], the Four Pillars of the bridge over Digital Divide were defined.

- Appropriate ICT Infrastructure
- Accessible and Affordable Internet Access
- Generalized Ability to Use ICT
- Availability of Useful Content

No real Digital Divide bridge can be built without taking into account all 4 pillars.

ICT Infrastructure

Internet access is overwhelmingly considered the most important indicator of the digital divide level. A lot of money and efforts are spent for infrastructure investments aimed to improve Internet access. While is important to recognize this efforts one may ask if Digital Divide is really being bridged by infrastructure investments?

Is it important to judge the size of Digital Divide by number of PCs in a region and Internet access points available?

Access: Availability and Affordability

Due to huge investments the indicators taken into consideration by most policy makers, computer availability and Internet penetration, show a great dynamics. In almost a decade 2009 vs. 2000 Internet users grew 380.3% with a world penetration of 25.6%, ranging from 6.8% in Africa to 74.2% in North America [4].

However, these investments have in many respects a limited impact, wealthy nations command 90% of Internet hosts while having only 16% of world population. Not only North America, for example, has a much larger Internet penetration, but the nature of this penetration is different compared with many countries.

The developed countries enter the generalized broadband access; most applications are developed for broadband. Less developed countries have still poor infrastructure and narrowband is still prevalent.

Even with an existing poor ICT infrastructure, many countries, regions, population layers are confronted with affordability as the price of access represents a prohibiting barrier in relation with the average net earnings of people.

On the other hand, it is true that technology helps boosting of availability and affordability by continuous price reduction of Internet access. The Moore's Law will be still operational for a number of years and Open Source software makes applications cheaper.

New chances for bridging digital divide are related to the new cheaper to implement and operate technologies: mobile telephony, Wi-Fi, WiMAX, ADSL et al.

We may see, then, that the indicators based on number of accesses are not fully relevant for Digital Divide evaluation

Ability to Use ICT: Digital Literacy

If the world common illiteracy defined as the ratio of people of age 15 and over that cannot read and write is 23% [5], we may estimate the world digital illiteracy to 70-75%. Very basic digital literacy range from 0,0..% in a few countries to 80-90% in developed countries. The process of eInclusion is the object of many national and international policies and there are catalysts like European Computer Driving Licence - ECDL project. These policies encourage certifications and promote awareness of the need of generalized basic ICT skills.

eInclusion by education faces in middle and high income per capita countries challenges like understanding the needs for basic digital skills, fight with mentalities, difficulties of mass literacy dissemination with additional problems in low income countries: digital illiteracy brings new inequalities, lack of access to information/knowledge/education. Web learning, including free web learning, is a tool with impact on education at large, not only in the digital environment.

A particular aspect is the digital literacy of managers, people with impact on others to acquire the basic skills. Drucker [6] beliefs that infoliteracy of managers is an outdated concept, a way to state that is compulsory.

It is time also to recognize the need for a second step in Digital Literacy: from basic skills to superior ICT skills for quite large layers of population. A step we may compare with going from grammar school to high school.

Content

The Internet content is rapidly increasing. This increase helps to bridge digital divide as applications are encouraging users by friendly interface and their variety.

Much content developed for the rich, becomes available for the poor. Internet sites with terabytes of data or precious knowledge are available to billions of people.

The main problems are related to language divide, cultural divide, broadband accessibility, lack of user awareness and training to use the content and the slow access in many regions.

Digital Divide is more than only Access

We can see than Digital Divide is more than the number of people that access Internet. It is important what kind of access people can have or afford. Broadband generalizes and makes simple presence not enough relevant, quality of access having an decisive role. On the other hand, the cost of broadband brings affordability problems.

One may question if we may consider real full and useful access without broadband. The facts show that at present most applications are developed for broadband. The new Digital technologies like Web 2.0 and incoming Web 3.0 require broadband access.

We may conclude that broadband access and the new technologies add new aspects to Digital Divide and develop new skills requirements.

Broadband Divide

Broadband Divide is an increasing new aspect of digital divide. The reported 1.7 billion Internet users in mid-2009 are unequally distributed by continents as in Figure 1 [7], despite a bigger growth in less developed area as in Figure 2[8]. The worst affected are South East Asia, Middle East and Eastern Europe.

Enablers & Barriers to Broadband adoption

The broadband adoption increases, but the monthly prices do too in some areas, while decreasing in others. A US study mentions a 13% increase of broadband cost 2009/2008[9], while broadband becomes cheaper as an European trend.

Within broadband a distinction between high speed broadband of over 1 Mbps and broadband starts to appear even in official documents.

Enablers of broadband are the increasing income per family, college education and the presence of child/children in family.

Barriers are low Income; unemployment, age, living in rural areas, not having at least a high school degree and apartness to some ethnic or disabilities groups.

Broadband: only academic interest?

Generalization of broadband is recognized as a priority by many governments. The European Commission believes that the roll out and development of high speed broadband internet could create around one million jobs in Europe, broadband-related growth in economic activity to the tune of €850 billion and Internet broadband to be assured for all Europeans by 2010, followed by high-speed internet broadband for all Europeans by 2013 [10]. A World Bank study shows that 10% of additional broadband penetration yields 1.3% extra growth.

Technology Divide

The use of the new technologies creates a technology divide. This is related to use or ignorance of technologies like Web 2.0 in business and public life, blogs, podcasts, social networks, presence on Internet with own websites, cooperation platforms, SOA (Service Oriented Architecture), grids, Enterprise 2, document management, CRM, cloud computing e. a.

A Second Generation Digital Divide spreads in all areas of Digital Divide

The increase of the number of people accessing internet is encouraging. It is over 25% of the world population at 2009 end. We may question what people are doing accessing internet. A person writing emails, browsing the net and chatting is completely on the right side of Digital Divide? In many cases new technologies are simply ignored or people are not aware of their existence.

A survey published in Romania by BCS (Social Research Office) in August 2009[11] shows how many and what are the main activities of people accessing Internet. The study shows that 45.8% Romanians access Internet, 18% each day, in average 4 times per week, 3 hours daily.

They are mostly doing: forum or blog comments, chat, news reading, access educational information, interacting on social networking sites, doing email, playing games. Email and news reading seems to be the most frequent activity.

Internet Banking, eCommerce, using cooperation platforms, accessing eGovernment applications is done by yet few people and the survey has not detected these more sophisticated activities.

Survey of ICT Awareness: A Case Study

The author has conducted a survey on ICT awareness. It has been done on an Internet site assuring anonymity of responses for unconstrained answers.

People were asked if they know or they do not know or guess the meaning of terms or notions in modern ICT public use.

152 responses were recorded to date[1] from all categories of education levels from high school to Ph.D. as in Figure 3. Questions referred to terms like ADSL, Certification Authority, B2B vs. B2C, Bluetooth, CDMA, Digital Certificate, Public Keys, Private Keys, Bar Codes, Encryption 128 vs. 64 bits, CRM, Digipass, Document Management, ECDL, EDGE, ERP, Outsourcing IT services, GPRS, IPv6, Java (in ICT), Kbps vs. KBps, Pixel, TCP/IP, RFID, UMTS, URL, Wi-Fi, WiMax.

The answers are sorted in 3 categories: General ICT knowledge, Telecommunications and IT, Major ICT applications, and the ration of "I know" answers are shown in Table 1.

Question	% I Know	Question	% I Know
RFID	27,6%	Pixel	86,2%
IPv6	35,5%	Bar Codes	86,8%
Encryption 128 vs. 64 bits	37,5%	UMTS	27,0%
Certification Authority	38,2%	CDMA	32,9%
Public Keys	42,8%	WiMax	36,2%

Question	% I Know	Question	% I Know
Private Keys	43,4%	EDGE	38,8%
Digipass	57,2%	ADSL	44,7%
Digital Certificate	59,2%	GPRS	73,0%
TCP/IP	63,2%	Wi-Fi	76,3%
Kbps vs. KBps	69,1%	B2B vs. B2C	23,0%
Java in ICT	79,6%	ERP	31,6%
URL	80,9%	Outsourcing IT services	42,1%
Bluetooth	82,2%	CRM	42,8%
ECDL	83,6%	Document Management	54,6%

Table 1 Percentage of I Know What It Is Answers

It is worth noting that many participants do not master basic knowledge in data protection and encryption, applications and mobile applications, standards, procedures, etc., all related to basic use of ICT.

2nd Generation Digital Divide: Skills not onlyAccess

Digital Divide is broadening – a Second Generation Digital Divide emerges and deepens the gap between people and nations. Counting accesses is important, but not always relevant. Skills are more important.

The effort for eInclusion by promoting digital literacy is only a first step. Additional Digital training is needed mainly in Internet apps, cloud computing, network security, eGovernment, eCommerce, eBanking.

European Computer Driving Licence – ECDL created and promoted by CEPIS/ECDL is a good start. Stepping forward is,however, necessary. Additional modules are developed and some of them are to become basic, not supplementary.

Change of mentalities by training is also needed as more and more digital savvy people are required by society.

References

[1] Wikipedia http://en.wikipedia.org/wiki/Digital_divide
[2] Baltac, V. GPPC 2005

[3] Baltac, V. in L'Europe dans la société de l'information, Editeur : Larcier, 03/2008

[4] Internet Usage Statistics, http://www.internetworldstats.com/stats.htm, Dec. 2009

[5] World FactBook https://www.cia.gov/library/publications/the-world-factbook/

[6] Drucker magazine, Infoliteracy, Spring 1995

[7] Internet World Stats, , http://www.internetworldstats.com/stats.htm, Dec. 2009

[8] Vanier, Fiona Point Topic, http://point-topic.com , London, 2009

[9] Trendwatch, http://www.newmediatrendwatch.com , June 2009

[10] Reading, Vivianne The Digital Europe Strategy, The Ludwig Erhard Lecture 2009, Lisbon Council, Brussels, 9 July 2009

[11] Matei, Sorin Adam, Purdue University, Indiana, USA http://pagini.com/blog/

EUROPEAN UNIVERSITIES AND THE ICT INDUSTRY(2008)[1]

Vasile Baltac, Information Technology and Communications Association of Romania, Romania, vasile.baltac@atic.org.ro

Abstract: Information and Communications Technologies (ICT) have a distinct and unique role to contribute to the overall advancement of Europe, in its efforts to ensure economic and social success. Europe needs continuous progress in information and communications technologies and its industry and universities contribute to this progress. The demand for professionals increases constantly and exceeds the offerings. Both in the industrial and university communities persists an opinion about a divorce between the formal existing educational institutions and the needs of ICT professionals by the industry. This divorce is considered by some to be at the origin of the scarcity of ICT professionals in many ICT specialties. While preparation of eSkills for basic ICT use is not the task of universities, but of high-schools, we may note also that there are still in several EU countries university graduates that do not have all the necessary basic skills to use ICT or E-business at work or at home. Policy makers, universities and industry have to increase investment in universities for preparing the right ICT skills. Europe has to bring its universities at the level of expectancy of the i2010 strategy.

Keywords: ICT industry, European universities, eSkills, certifications, CEPIS

---

[1] Comunicare la Congresul IFIP World Computer Congress 2008, Milano, 8 septembrie 2008

1 Why a Paper on Universities and ICT Industry?

Information and Communications Technologies (ICT) have a distinct and unique role to contribute to the overall advancement of Europe, in its efforts to ensure economic and social success. This progress is based on the large deployment of technologies, a highly sophisticated workforce and the general training of users to fully exploit what the technologies offer. Entrepreneurship is fully embraced by enterprises in the ICT sector and the role of small and medium enterprises (SME) is remarkably important for the development of the sector, where challenge and competition are the main engines of growth.

Europe is under pressure from both the American and Asian continents. Higher salaries in Europe can be counterbalanced only by innovation and skills. The fresh developments in Eastern Europe hardly compensate the impact of new sources of ICT manpower in Asia and South America. Europe needs continuous progress in information and communications technologies and its industry and universities contribute to this progress. Industry delivers the technologies and applications, but the core elements are the skills, and professionals having these skills. There is no other industry with such a high rate of evolution reflected in changes in the skills, and in the need for retraining, during the working life of a person.

It is the role of European higher education institutions, generally called universities, to produce the needed skills. Universities have the primary distinct role in producing the professionals needed by the ICT industry and they have to continue to strengthen their vital role in this respect. Despite a significant quantitative and qualitative offering by European universities, the demand for professionals increases constantly and exceeds the offerings. Estimating supply and demand levels in 2010 and 2015, CEPIS believes that Europe would face shortages of up to 70,000 ICT practitioners (CEPIS, 2007).

The cooperation of European universities with the ICT industry is very important and is of interest not only to the two actors, but public authorities should also be actively engaged. CEPIS notes that there persists both in the industrial and university communities an opinion about a divorce between the formal existing educational institutions and the needs of ICT professionals by the industry. This divorce is considered by some to be at the origin of the scarcity of ICT professionals in many ICT specialties. Other opinions take into account the fact that too few young people in developed countries want to study engineering subjects, to supply the needs of the industry. On the other hand, ICT professional educational background needs to be multidisciplinary to address student needs and highly specialised to address industry needs, a hard to reconcile dilemma.

While preparation of eSkills for basic ICT use is not the task of universities, but of high-schools, CEPIS notes also that there are still in several EU countries university graduates that do not have all the necessary basic skills to use ICT or Ebusiness at work or at home.

Policy makers, universities and industry have to increase investment in universities for preparing the right ICT skills (Lamborghini, 2007). Most ICT graduates now come from Asia, a fact with deep impact on the future of the ICT industry.

Europe has to bring its universities at the level of expectancy of the i2010 strategy.

1.1 University – ICT Industry Partnership

The best way to interact between universities and the industry has been a much debated topic in Europe for decades. Universities enjoy, in general, a good relationship with the ICT industry. This is reflected in the high level of training of European Universities and the ICT Industry ICT graduates and in the various forms of cooperation between university and industry.

There are still voices that affirm that universities and industry do not cooperate at a sufficient level. There are similar opinions in the USA, even if for European observers the US university-industry relations seem to be an ideal (Bavec, 2007).

It is certain that universities and industry have different objectives and they might be naturally on different sides. But as industry is an important stakeholder of the university world it is worthwhile finding a compromise for the mutual benefit of all (Rovan, 2007).

European universities must be effective in their competition in information and communications technologies with the US and other world universities. This effectiveness can be achieved only through better cooperation with the ICT industry, in partnership with the relevant authorities.

1.2 Universities in a Changing World

Universities are moving in a changing world. Students are now less ready to accept what university delivers them if this does not fit with their set of values.

There is a growing trend towards part-time studies. This is particularly true for computer related studies. The Digital Era started first in the universities bringing worldwide access to information and limiting the ex-cathedra approach to learning.

ICT is a vital element of the universities' infrastructure and courses tend to become world assets through Internet postings. In this way, and in many other ways, ICT has increased competition among universities. Europe should not be satisfied in this respect as US and Asian universities are making significant steps to update their courses and infrastructures.

Students have now unparalleled access to information and services and their expectancies are harder than ever to fulfil. The fast changes brought by on-line available teaching information changes the demographics of students. People may become students at any age and universities have to be prepared to offer them what they need.

Students are influenced in their demands by industry job offers. Skills need to be changed often, even in the same decade. ICT students graduating before 1995 were not exposed in university to some of today's concepts and technologies during their studies. Today, probably very few universities in the world still prepare skills in several old technologies, but the industry still needs them for legacy systems.

Universities are facing their most dramatic challenge yet, a highly connected, 24x7 digital worlds (Carrey, 2006). Industry creates competitors to universities, the so called 'infomediaries' (composite of information and intermediary) operating on-line 24/24 with very user-friendly portals, financially attractive for students needing more skills and less formal diplomas. Online course use is growing with a double digit figure.

Universities preparing ICT skills are confronted with even more increased reliance on technology. There is a discrepancy between universities that may afford the technological change needed without industry support and universities that need this support. One of the barriers to updating technological equipment in universities is the cost. Most European universities cannot afford to update their hardware, software and telecom infrastructure on an annual basis.

2 Universities and the ICT Industry

2.1 Universities and ICT High Innovation Rate

Universities keep up with the new technological wave and new applications. Any lack of adaptation creates or widens the gap between the level of skills industry expects from fresh graduates and the actual skills produced by universities. The ICT industry innovates fast and it is not quite clear to many to what extent the institutions of higher education should adapt to new trends and technologies. This does not imply that universities should follow every industry hype blindly; they have to be able to look "beyond the hype".

Many universities rely on research as a primary focus. From a simplified perspective universities would focus on science and reflective research, while leaving the ICT industry to handle the applicative angle. Nevertheless, one might question whether the professors and instructors should remain focused on fairly narrow PhD subjects for decades, while possibly excluding new market-relevant features from their research and their classroom lectures. This seems to be the present state of the differences between what European Universities offer and European ICT industry needs in the work force.

There is a natural trend for universities to favour basic research and leave applied research to industry. In some cases, European universities have researchers able to perform any kind of project and seek industry contracts as an additional source of funding.

This is why one solution might be for the universities to grant easier access to more practical expert personnel. This would require that universities set up expert panels to evaluate the way in which new technological waves could add to the knowledge of existing research fields or even constitute the basis for entirely new research grounds. These panels should be affiliated with ICT industry personnel who would support the integration of academic studies with practical up-to-date exercises. Similar models have been initiated, with quite some success, in the past.

CEPIS is in the position to act as catalyst of such panels.

2.2 Universities and Entrepreneurship (SME)

ICT industry growth is fed by innovation carried out in small and medium enterprises. Most large ICT companies in the world, including Europe, started as

SMEs. The SMEs act as innovation poles, they gather the skills and entrepreneurship attitudes that make ICT grow.

Universities are the main source of entrepreneurs. Most start their ventures, even before they graduate. European universities will better contribute to the increase of the SME sector in ICT, first by giving the students a solid scientific and technical background to allow them to innovate, and second by preparing them with the managerial skills needed in a small enterprise.

The universities are also the catalysts of entrepreneurship through technology parks established in the universities. This allows entrepreneurs to keep in contact with professors and benefit from their research output.

CEPIS believes that governments and the EU Commission should encourage, in any form, the development of such entrepreneurial centres around universities, nuclei of birth for many ICT companies in the industry.

2.3 Research in Universities

Universities are actively engaged in research. The research activity is the most important pillar sustaining teaching and bringing educators close to technology levels. The European R&D framework programmes have largely succeeded in bringing universities and industry together in funding research that is useful to both (Katsikas, 2007). Speeding up the application of the research characteristic to ICT is seemingly benefiting the industry and forcing the universities to industry like time scenarios.

Universities accelerate innovation in learning and research as they understand the marketplace and develop new types of learning systems. This report is focused on the educational role of the universities and the research aspects will not be further developed.

2.4 Universities and ICT skills

Universities are the main supplier of ICT skills demanded in the marketplace. ICT skills are divided into 3 categories by the European Commission (EU, 2007):

- ICT practitioner skills: these are the capabilities required for researching, developing, designing, strategic planning, managing, producing, consulting, marketing, selling, integrating, installing, administering, maintaining, supporting and servicing ICT systems.
- ICT user skills: these are the capabilities required for the effective application of ICT systems and devices by the individual. ICT users apply systems as tools in support of their own work. User skills cover the use of common software tools and of specialised tools supporting business functions within industry. At the general level, they cover "digital literacy".
- E-business skills: these are the capabilities needed to exploit opportunities provided by ICT, notably the Internet; to ensure more efficient and effective performance of different types of organisations; to explore possibilities for new ways of conducting business/administrative and organisational processes; and/or establish new businesses.

The ICT industry counts on universities to produce professionals with ICT practitioner skills.

It is not the task of universities to prepare the people to use ICT applications, i.e. to have the user or E-business skills. However, Europe is not uniform as regards the level of digital literacy throughout the various countries and Ebusiness development. There are significant differences in levels of digital literacy among the 27 EU countries and also compared with non-EU countries.

All universities, due to the high mobility of students, should ascertain the level of ICT skills that their junior freshmen students have on admission and bring all students to the necessary levels of basic user and eBusiness ICT skills. CEPIS considers ECDL to be an appropriate tool to asses this level.

This implication of universities in assessment or creation of basic skills is important as ICT is no longer a product or service for the elite, but as EU's eEurope states "Information Society is for all".

2.5 Universities and the increasing scarcity of ICT professionals

The strategic importance of the contemporary eSkills for Europe is widely recognized. Estimating supply and demand levels in 2010 and 2015 CEPIS believes that Europe would face shortages of up to 70,000 ICT practitioners, because of inadequate qualification and certification infrastructure (CEPIS 2007).

Other reports confirm the gap in ICT skills preparation in Europe and underline that there is another gap in the so called e-business skills that mean effective competencies in using ICT and web technologies for business applications and for e-government applications.

Universities have the responsibility, not only for the qualitative aspects of ICT skills needed, but also to adapt and provide solutions for the increasing scarcity of ICT professionals within the market. The foreseeable lack of ICT skills in a few years shows that universities and policy makers are far from agreeing on what actions are urgent, both as diversification of ICT profiles and annual output. In some countries the supply/demand disequilibrium of ICT students is expected to deepen even more dramatically as the number of accepted ICT students continues to increase only marginally, or in some cases even drop. This contradicts the general trend for higher salaries and elite status of ICT graduates.

The different approaches of the universities and industry to the graduate skills required increases the gap between what universities offer and what the industry needs are. Industry has pragmatic goals and expectations. They look for young employees that are immediately employable and functional without much additional investments into their professional formation. So, they would like to influence curricula and make them more practical and relevant. Industry would like to identify the most promising students and potential employees in advance.

An appropriate preliminary selection of graduates would significantly lower industry's risk in investments into new employees. In many companies this is the main objective in their relationship with the universities.

Within the university environment, especially in the new European Union states, there are still calls for a high level of student training for everybody. This is why some professors criticise the fact that very good students are hired by companies during their second or third grades, therefore neglecting theoretical education and moving away from a potential scientific career.

Conciliation among these divergent tendencies is vital for reducing the gap between the demand of industry and the offer of ICT graduates of the universities.

2.6 Profile of ICT graduates

The universities aim to produce well-qualified scientists and engineers with a strong scientific background in the basic sciences, thorough knowledge of current and emerging technology, coupled with communication skills, the ability to effectively interact and interoperate with scientists of other disciplines, and with management and leadership skills.

Normally this is what industry would need. This is not always the case and we see a gap between what ICT industry wants as a profile of graduates and what universities deliver. In fact, even industry has no homogenous requests. Large ICT companies ask for a solid scientific background as they have resources to further train their staff to undertake a broad range of tasks and projects. Smaller ICT companies prefer specialised ICT graduates ready-to-work providing return without further human resource training expenses. It is impossible to reconcile the two opposing requirements of the industry to have ICT graduates who are both flexible and immediately usable.

European universities train their ICT students in a variety of ways and a continuous process of interaction of universities with industry and society is of paramount importance. Every university has to decide what kind of professional they want to offer to the industry and adapt the curricula to best fit to that requirement within the type of profession chosen.

As regards non-ICT graduates, the industry (both large and small companies) demands graduates with basic ICT skills, e.g. having the ability to use ICT tools for simple tasks, and as an educational tool without further training. The same demand is presented by society at large, the administration, educational system, media, etc.

2.7 Graduate level vs. certifications

The industry needs highly skilled people ready to perform specific tasks and projects. A possible solution to this demand is the process of certifications. The ICT industry has developed a full series of vendor certifications asking people to pass examinations and tests. Most certifications are related to a particular company and product and are not suited for new graduates who will specialise later after some activity in the industry.

ICT graduates of European universities are characterised by a variety of specialisations and further certification is the only way of specialising them for specific tasks. It would be ideal if a graduate would have a certification, but this would mean a serious change of university role and duties towards students, making universities simply an industry service provider. This does not exclude a student to take a vendor certification while working in the industry or as an extra optional subject.

The main advantage of certifications can become their main drawback. From one side, a certification ensures that the defined competences are actually possessed by the certified (with a credibility given by the reliability of the certifying body). This increases the mobility of the certified, whose competences are easily recognised even abroad. From the other side, the certification hides any difference among certified people: it just tells the user that all certified people possess at least the competences defined by the syllabus, nothing about possible deeper levels of knowledge by one certified person with respect to another (Scarabotollo, 2007).

Universities have a natural tendency, for a variety of reasons, to keep away from vendor oriented industry certifications.

Industry vendor oriented certifications will continue when they relate to specific proprietary technologies in the ICT field, but those not related with proprietary technologies will end. Even in the USA it is viewed by many that industry certifications are useless from an employment point of view.

However, a more general certification based less on a specific company competence and more on general professional competence would possibly build a university-industry bridge.

Such a certification is proposed by CEPIS through EUCIP and in trying to bring closer graduate skills to EUCIP–like skills seems one obvious step to harmonise university-industry needs.

2.8 Curricula - is the Bologna process moving in the right direction?

Curricula are what differentiate universities and define the level of professionalism of the future graduate.

The rapid advance of information and communications technology and the specific high rate of innovation bring industry to ask universities, almost unanimously, to update frequently their ICT curricula. The present curricula are judged by many in industry as not being adaptive enough to the new trends in ICT industry.

A major consideration is that the university curricula give too much attention to the theoretical training and less to industry internships and thus tend to produce super-skilled graduates (Baltac, 2007). The industry needs such people, but in a small number, as those being too highly skilled become unsatisfied with routine work, predominant in many companies.

Universities should produce both practitioners and research oriented people.

The practitioners' level would be set through graduate and post-graduate master programmes. The research oriented students will benefit from PhD programmes.

The Bologna process which has just started may solve this problem, but it is still on the table. The Bologna agreement is expected to be implemented all over the European Union by the year 2010 and hopes to eliminate obstacles to the free circulation of people and help them to find jobs consistent with their education, regardless of their original country.

In general, universities claim to have adapted their curricula to the requirements of the Bologna recommendations. While some of them consider revisions to be made at the end of cycles (3+2+3), others consider a curricula revision every year.

In some EU countries it is true that in ICT specialisations the new Bologna type scheme (3+2+3) does not yet produce the best results. The first 3 years are filled with many courses repeating high school topics and students are not given the specialisation skills required by the industry, with dissatisfaction on both sides.

There are many opinions that the European tendency to move toward three-year bachelor degree programmes, may be alright for the humanities, but is certainly not acceptable for those areas of study which cannot be imagined without serious internships (medicine and engineering, including computing). Several universities in various countries declared that for computer science or engineering they will continue with 4 or 5 year bachelor programmes.

The Bologna process has to be continued with curricula updated for ICT graduates in the best interests of European universities and industry. Curricula have to be revisited systematically for the best harmonisation of graduates with market demands in Europe. This is related to continuing education and mobility.

2.9 The role of continuing education and mobility

As an industry with short technological cycles, the ICT industry is particularly appropriate for lifelong learning. This is essential for e-skills competence-building and certification, as businesses face the need to respond to the shortening of the technology life-cycles in ICT and the accompanying obsolescence of related knowledge, skills and competences of their employees (Lueders, 2007). This opens new horizons to work based and non formal learning. Updating professional training via a continuous educational process is not always undertaken by universities of most European countries, with some noted exceptions.

Master and doctoral studies are mostly aimed at students with high potential for research and rarely universities engage themselves in adult ICT education through university courses. One exception is represented by Executive MBA courses with ICT specialisations.

However, continuous education with short cycles is a necessity in ICT. On one hand, people who graduated 10-15 years ago received an education based on technologies that are now obsolete. Training in the new technologies, frequently requiring revising basic concepts, is left to industry training schools. Universities should be encouraged to offer master courses to students or graduates of other disciplines as a conversion course. Many of these could be offered through elearning.

On the other hand, the lack of skills brings into the ICT field an important number of non-ICT university graduates, mostly in emerging countries. They enter the field mostly retrained through industry certifications lacking basic training in computing concepts.

Universities could play a major role in the ICT education of people who have already been working in the industry for years or are under professional reconversion.

They have to be opened to all groups needing ICT education.

New advances in e-learning technologies allow and favour distance learning, transforming the industry is a serious competitor of universities for adult and continuous education.

Proper financing can lead universities to offer high level free courses on new technologies, an approach reserved for the moment to several companies and professional associations. CEPIS believes that universities have to play a more important role in the post-graduate training of ICT professionals.

Mobility in the sense of movement of people between universities and industry is to be encouraged. Universities enjoy a large autonomy, but this should encourage people from industry to bring their fresh innovative ideas and experience to students and to people from universities to apply their ideas in industry.

This could change the opinion existing in many European universities, that the educators are civil servants with good and bad features, among which immovability, even when incompetent and lacking a business approach, and insisting on universities as essentially a scientific and research environment. This has a negative impact on updating with the needs of human resources by the ICT industry in particular, but one could say with the needs of industry and services in general.

CEPIS believes that mobility of people between universities and ICT industry is beneficial, will promote innovation, and has to be encouraged by a proper framework.

3 Universities and ICT basic skills

eEurope cannot be achieved without overall dissemination of basic ICT skills. Not only citizens are required to possess these skills, but the lack of these skills has profound economic impact especially for SMEs. Due to their limited resources, SMEs cannot invest in basic ICT education of their personnel and they have to be helped in this direction. e-Inclusion has different levels in the different countries of the European Union. There are still cases where not only secondary school graduates do not have these skills, but also some non-ICT university graduates do not have them (Baltac, 2008).

Training for basic skills for ICT and E-Business is not the task of universities, but belongs to secondary education. The largest part of the target group for spreading digital literacy is at an age where going back to secondary school is impossible. Universities cannot be asked to participate in the effort to disseminate basic ICT skills after student graduation, due to their highly qualified staff and their main research and education priorities.

Universities will bring a notable contribution to basic ICT skills dissemination, if all non-ICT graduates in Europe will have these basic skills. ICT and web technologies have to be considered as main enabling technologies for the preparation of all professions and in all industrial and social activities. Secondary and high schools should refocus their education programmes around these enabling technologies and redesign new partnerships with industry and public services for the dynamic preparation of the right skills in a permanently changing environment. Universities may help them with developing curricula and teaching materials.

The e-business skills are not also generally covered by universities; because they require a deep context knowledge originated by on the job experience and is frequently offered by some IT vendors as consultancy service. This is a category of professionals most appreciated by the market and it is also the most inclined to the certification approach.

CEPIS has developed a programme called European Computer Driving Licence - ECDL, now at Syllabus 5, based on the contribution of experts of national computer associations. We may strongly conclude that all European secondary school and university graduates have to be digitally literate, at least at the level of ECDL.

The role of universities in this area will end when all high school graduates will be at the required level of basic ICT skills.

4 Role of EU and Governments in university-industryrelationship

Governments are the catalysts that can influence the 'universities/ICT industry' relationship. In Europe, a high number of universities are public universities, the role of the EU and Governments going far beyond being only catalysts of relations of the education system with industry. Particularly in the EU, where in addition to national governments the European Commission plays an important role with its financial incentives and different R&D and regional programmes. Their regulatory role has an important function to maintain and support an educational infrastructure that would provide a sufficient number of educated people for all social and economic needs.

Governments and the European Commission can dramatically change universities/industry relations with focused incentives, mainly derived from their funding schemes.

ICT skills now have a well defined impact on economy and society. The lack of e-business and ICT skills at country level could lead to a potential loss of at least 1% of the GDP (Lamborghini, 2007) and the delay of major national or European e-projects. A focus on ICT skills is therefore an action of paramount importance for national Governments and the European Commission.

5 CEPIS Call to action

CEPIS is the most representative non-governmental body of ICT professionals in Europe with 37 member association from 33 European countries representing more than 300,000 professionals.

CEPIS recognises the main role of the universities in ICT education. Universities and the ICT industry are partners and the success of this partnership is sought by all. CEPIS believes that some actions are bringing closer the universities and industry expectations.

• CEPIS offers its services with the participation of the European Commission in a multi-stakeholder partnership as a pan-European mediator between universities and industry to define requirements for ICT skills at graduate, postgraduate and distance learning levels. CEPIS is the right group to bring together academia and industry in order that the output from the educational institutions satisfies the needs of the industry.

• CEPIS offers its assistance in standardising and homogenising European mutual recognition of professionalism in the ICT sector.

• ICT curricula have to be adapted to reflect the actual needs of future graduates as industry employees. CEPIS offers its mediation through its EUCIP certification model that can be used as a tool for levelling up curricula of ICT studies in European universities.

• CEPIS believes that governments and the EU Commission should encourage, in any form, the development of entrepreneurial centres around universities nuclei of birth for many ICT companies in the industry.

• CEPIS supports the use of e-learning as a continuing professional development methodology.

• CEPIS considers that universities should be encouraged to offer master or other post-graduate conversion courses to non-ICT graduates.

• Universities have to check that their non-ICT students have the minimal ICT skills to act in the Information Society. CEPIS considers that its ECDL certification tool is very appropriate for checking the level attained by a non-ICT student.

• While recognising the positive role of the Bologna process, CEPIS asks for a review of the present content of curricula for ICT studies that could affect the future of the ICT industry by producing graduates without the proper theoretical background and practical training.

• CEPIS considers that the ICT vendor oriented professional certifications should be organised outside universities, offering graduates, after a certain experience gained in the field, a professional status. CEPIS offers its vendor neutral EUCIP certification programme enabling a unified assessment, across Europe, of professional level of ICT skills. Such vendor neutral certifications could be undertaken by universities at their evaluation.

- CEPIS believes that mobility of people between universities and the ICT industry is beneficial and it will promote innovation. This should be encouraged by a proper framework.
- CEPIS highly appreciates the e-Inclusion initiative of the European Commission. CEPIS thinks that all non-ICT students should be tested for their basic abilities to use ICT technologies at workplaces and at home. CEPIS considers its ECDL tool as an excellent solution for this assessment to be generalised in universities.
- CEPIS recognises the role of new countries that became EU members. They represent an important reservoir of ICT skills with proven competences and competitiveness. However, the e-Inclusion is not at the level of older members of the EU and ICT skills emigration affects these countries. CEPIS asks the European Commission to pay special attention to the ICT development needs of these countries, by implementing special programmes for ICT infrastructural development and ICT basic skills dissemination. CEPIS has member associations in all these countries and can define the actions and their implementation.

Acknowledgements

The above position paper was developed by the author during September 2007 – April 2008 as the chairman of a Task Force on Education set by the Council of the European Professional Societies CEPIS.
Contributions by comments and ideas by Fernando Piera – ATI Spain, Anders Linde - Dansk IT, Mary Sharp – ICS, Ernst Mayr – GI, Jos Baeten – NGI, Michael Schanz – VDE, Giulio Occhini – AICA and Andrew McGettrick - BCS are acknowledged. Special acknowledgment is to be done to members of CEPIS Execom, especially Geoff McMullen, Past President and Niko Schlamberger, President, who encouraged me and the work of the task force.
Debates at IT STAR 2nd IT STAR Workshop on Universities and ICT Industry UNICTRY 07, Genzano di Roma, 26 May 2007 and EU University Business Forum, Brussels, 28-29 February 2008 (European Commission 2008) had an important contribution to the clarification of the above ideas.

UNIVERSITĂȚILE ȘI INDUSTRIA TIC(2008)[1]

Așa cum este menționat în altă parte, ca vicepreședinte CEPIS am finalizat în 2008 un raport privind EDUCAȚIA UNIVERSITARĂ ȘI INDUSTRIA DE TEHNOLOGIE A INFORMAȚIEI ȘI COMUNICAȚIILOR. Raportul este prezentat ca document de poziție al asociațiilor profesionale europene TIC. Raportul integral a fost publicat de CEPIS pe site www.cepis.org și a făcut obiectul unei comunicări la World Computer Congress 2008, Milano, 8 septembrie 2008

Tehnologiile informației și comunicațiilor (TIC) au un rol distinct și unic pentru progresul general al Europe în eforturile sale pentru succes economic și social. Acest progres se bazează în mare măsură pe răspândirea largă a tehnologiilor, pe o forță de muncă înalt calificată și pe instruirea generalizată a utilizatorilor în folosirea a ce oferă tehnologiile. Firmele din sectorul TIC sunt caracterizate prin spirit antreprenurial și competiția și provocările pieței sunt principalele motoare ale creșterii.

Europa este sub presiunea continentelor american și asiatic. Salariile mai mari din Europa pot fi contrabalansate numai prin inovare și calificări. Dezvoltările recente din Europa de Est compensează cu greu impactul noilor surse de forță de muncă din Asia și America Latină. Europa are nevoie de progres continuu în tehnologiile informației și comunicațiilor și universitățile și industria TIC contribuie la acest progres. Industria furnizează tehnologii și aplicații, dar elementele cheie sunt calificările și specialiștii care posedă aceste calificări. Nu există o altă industrie cu așa o rată de creștere reflectată în schimbări în calificările necesare și recalificări în timpul unei perioade de viață productivă a unei persoane.

---

[1] Postat pe platforma autorului Despre tehnologia informației și nu numai ... http://vasilebaltac.blogspot.ro/ la data de 31 iulie 2008

Calificările necesare sunt în sarcina instituțiilor de învățământ superior, numite în continuare universități. Ele au rolul primar, distinct, de a produce calificările necesare și ele trebuie să continue și să-și consolideze acest rol vital de a furniza specialiștii necesari industriei TIC. Cu toată oferta semnificativă calitativă și cantitativă a universităților din Europa cererea de specialiști crește permanent și depășește oferta. Pe baza estimării nivelelor de cerere și ofertă până în anii 2010 și 2015, CEPIS (Consiliul European al Asociațiilor Profesionale de Informatică) estimează că Europa se va confrunta cu o criză de până la 70.000 specialiști TIC (E-Skills in Europe: Matching Supply to Demand, a CEPIS Report 2007).

Cooperarea universităților cu industria TIC este de aceea importantă nu numai pentru cei doi parteneri, dar și pentru autoritățile publice care trebuie să se implice activ.

Se poate constata că atât în industrie, cât ți în mediul universitar persistă părerea că există un divorț între instituțiile educaționale formale existente și necesitățile de specialiști TIC ale industriei. Acest divorț este considerat de unii ca fiind sursa lipsei de specialiști în multe domenii TIC. Alte păreri exprimă lipsa de interes a destul de mulți tineri din Europa de Vest de a studia științele tehnice, contrar necesităților industriei. Pe de altă parte există dihotomia necesității unei formări multidisciplinare în favoarea pregătirii studentului în contract cu îngusta specializare cerută de industrie, conducând la o dilemă greu de reconciliat.

În general în Europa, pregătirea calificării de bază de utilizare a TIC este sarcina liceelor și nu a universităților. Se constată însă că în mai multe țări europene, inclusiv România, nici absolvenții de facultate nu au toți pregătirea de bază pentru a folosi tehnologiile informației la locul de muncă, pentru aplicații informatice sau acasă.

Responsabilii cu politicile publice, universitățile, industria TIC au multe de făcut pentru a asigura Europei calificările potrivite TIC. În prezent, cei mai mulți specialiști TIC sunt pregătiți în Asia, un fapt cu impact important asupra viitorului industriei TIC.

Europa are o strategie i2010 și universitățile sale trebuie să se alinieze așteptărilor acestei strategii.

Cooperarea între universită⬛i și industria TIC

Universitățile și industria TIC nu colaborează la un nivel suficient de ridicat. Universitățile europene trebuie să fie eficiente în competiția lor în domeniul TIC cu universitățile din SUA și alte universități de renume. Eficiența poate fi atinsă numai prin o mai bună conlucrare cu industria TIC, în parteneriat cu autoritățile relevante.

O lume în schimbare

Universitățile activează într-o lume în schimbare. O tendință în creștere este spre studii part-time. Acest lucru este adevărat în mod particular în studiile referitoare la TIC. Era Digitală a început prima dată în universități aducând accesul total și pe toate meridianele la informație și limitând abordarea ex-catedra în învățare.

Cercetare fundamentală și aplicată

Tendința universităților de a favoriza cercetarea fundamentală și a lăsa cercetarea aplicativă pe seama industriei este naturală. De aici apare principala diferențiere între ce oferă universitățile europene și ce are nevoie industria TIC în materie de forță de muncă. O soluție ar fi ca universitățile să accepte un personal cu expertiză mai aproape de necesitățile practice. Cercetarea în universități, atât fundamentală cât și aplicată, este pilonul cel mai important care susține educația și aduce cadrele didactice mai aproape de practica industrială curentă. Programele cadru R&D ale UE au avut un rol important în aducerea împreună a universităților și industriei și în finanțarea unor cercetări utile ambelor părți. Accelerarea aplicării cercetării caracteristică TIC aduce beneficii industriei și forțează universitățile spre scenarii de tip industrie.

Mobilitate

Mobilitatea, în sensul deplasării persoanelor între industrie și universități, trebuie încurajată prin orice metode. Această mobilitate în TIC este benefică, promovează inovarea și este necesar să beneficieze de un cadru potrivit.

Antreprenoriatul în TIC

Universitățile sunt principala sursă de antreprenori. Universitățile europene vor contribui mai bine la creștere sectorului dinamic al i.m.m. în TIC, în primul rând dând studenților o solidă pregătire științifică și tehnică pentru a le permite să inoveze, şi în al doilea rând pregătindu-le calificările manageriale necesare într-o întreprindere mică. Universităţile catalizează, de asemenea, antreprenoriatul prin parcurile tehnologice create în universităţi. Este de dorit ca guvernele şi UE să încurajeze prin orice formă posibilă dezvoltarea de centre antreprenoriale în jurul universităţilor, nuclee ale naşterii multor firme TIC ale industrie.

Criza de calificări TIC

Universităţile sunt preocupate de aspectele calitative ale calificărilor TIC necesare, dar pe de altă parte sunt presate de industrie să se adapteze şi să ofere soluţii al criza ce se accentuează pe piaţa muncii de profesionişti TIC. Abordările diferite din universităţi şi industrie în problema calificării absolvenţilor creşte decalajul între ce oferă universităţile şi ce necesităţi are industria. Concilierea între aceste tendinţe divergente pentru reducerea acestui decalaj este greu de obţinut, dacă nu imposibil. Este probabil cel mai bine ca universităţile să ofere o mare varietate de absolvenţi pe baza cererii pieţei şi industria să ia aceşti absolvenţi şi să adauge instruirea suplimentară necesară scopurilor lor particulare. Universităţile tind să producă cercetători şi ingineri cu calificare superioară cu o bază ştiinţifică puternică. Normal exact aceasta ar trebui să fie cerinţa industriei. Totuşi, numai firmele mari TIC solicită absolvenţi cu o bază solidă ştiinţifică, ele având resurse pentru instruirea în continuare a personalului. Firmele TIC mai mici preferă absolvenţi mai specializaţi gata să lucreze şi să producă fără instruire suplimentară. Este imposibil de reconciliat aceste două cerinţe contradictorii de avea absolvenţi flexibili şi pe de altă parte uti-lizabili imediat. Fiecare universitate va decide singură ce fel de profesionişti doreşte să ofere industriei şi îşi va adapta curricula pentru a se potrivi cel mai bine cu tipul de profesionist ales. Este vital ca pregătirea absolventului să cuprindă perioade de practică în industrie (internships or industrial placements), care pot fi integrate cursurilor sau adăugate cursurilor.

Certificări

Industria TIC a dezvoltat o serie completă de certificări de tip vendor solicitând solicitanţilor să treacă prin examene şi teste. Tendinţa normală a universităţilor este să se ţină departe de acest certificări, dintr-o varietate de motive. Pe de altă parte, o certificare mai generală bazată mai puţin pe competențe specifice unei companii și mai mult pe competențe profesionale generale ar putea reduce decalajele universități-industrie.

Curricula

Curricula sau programele universitare diferențiază universitățile și definesc nivelul de profesionalism al viitorului absolvent. Actualele curricula sunt apreciate de mulți în industrie ca nefiind suficient adaptate la cerințele noilor tendințe în industria TIC. Procesul Bologna poate rezolva problemele, dar este încă în desfășurare. În general universitățile și-au adaptat curricula la recomandările Bologna. În mai multe țări UE specializările conform recomandărilor schemei Bologna 3+2+3 nu dau rezultatele cele mai bune. Tendințele europene de a se adopta o licență de tip bachelor de 3 ani pot fi potrivite pentru științe umaniste, dar sigur nu sunt acceptabile pentru inginerie, inclusiv tehnologia informației. Procesul Bologna trebuie continuat cu curricula actualizate pentru absolvenți TIC în cel mai potrivit mod pentru interesele universităților europene și industriei. Curricula trebuie actualizate sistematic pentru armonizarea cu cererile pieței în Europa.

Educația continuă

Industria TIC este în mod particular potrivită pentru educația permanentă. Educația continuă cu cicluri scurte este necesară pentru TIC. Pe de o parte, absolvenți de acum 10-15 ani au primit o educație bazată pe tehnologii acum depășite moral. Universitățile ar trebui încurajate să ofere masterate studenților sau absolvenților alor specialități ca și cursuri de conversie profesională. Universitățile pot astfel juca un rol important în educația TIC a persoanelor care lucrează în industrie de mulți ani și se află în curs de reconversie profesională. Progresele tehnologiilor e-Learning favorizează învățământul la distanță. Rolul universităților poate fi mai mare în instruire post-universitară a profesioniștilor TIC.

Cunoștințe TIC de bază

Instruirea pentru cunoștințe de bază pentru utilizarea TIC nu reprezintă o preocupare a universităților., aparținând învățământului secundar. Dar cel mai numeros grup care este ținta răspândirii alfabetizării digitale este la o vârstă la care revenirea la învățământul secundar nu mai este posibilă.

Universitățile vor aduce o contribuție notabilă la diseminarea calificărilor de bază ITC dacă toți absolvenții non-TIC vor avea aceste calificări. Şcolile secundare şi colegiile trebuie să-şi refocalizeze programele pentru a folosi aceste noi tehnologii şi să stabilească noi parteneriate cu industria şi serviciile publice pentru obținerea de calificări potrivite într-un mediu continuu schimbător. Universitățile pot ajuta mult prin definirea curricula, pedagogie, definirea şi explicarea nucleului de cunoştinţe.

Cunoştinᐁe e-Business

Nici cunoştinţele de utilizarea aplicaţiilor e-Business nu sunt în general acoperite de universităţi. Ele cer o cunoaştere adâncă de context bazată pe experienţă practică şi sunt oferite adesea de către firme ca servicii de consultanţă. Este o categorie de profesionişti apreciată de piaţă şi înclinată spre certificări.

Rolul autorităţilor publice

Guvernele şi Comisia Europeană pot influenţa dramatic relaţiile universitate –industrie cu stimulente focusate, derivate în principal din schemele de finanţare. Focalizarea pe calificările TIC este de o importanţă majoră pentru autorităţile naţionale şi Comisia Europeană. Noile ţări care au intrat în UE au adu un rezervor important de calificări TIC cu competenţe şi competitivitate demonstrate. Pe de altă parte, UE trebuie să acorde atenţia cuvenită dezvoltării TIC în aceste ţări, prin programe speciale de dezvoltare a infrastructurii şi diseminare a cunoştinţelor de bază de folosire TIC.

ON ROMANIAN EXPERIENCES RELATED TO UNIVERSITIES AND ICT INDUSTRY(2007)[1]

General framework

Romania is now a EU member. With a population of 22 million and an area of 237.000 sq. km., Romania is the second largest in Central and East Europe.

Economy

Whether GDP per capita of Romania is still rather small, its rate of growth of GDP has been remarkable in the last 5 years, the economy showing healthy trends. The labour force is not hit by unemployment (5.5%). The average salary is slowly rising.

The productivity is still low, but local investments and FDI start showing their fruits. ICT

IT in Romania has deep roots in the past. Romania was the first country in Easter Europe to build first generation computers: CIFA-1957, MECIPT–1961, and DACICC-1962. A competitive industrial base was built in the 1970s with licenses from Western Europe, USA and Japan. But technologies became obsolete in the period 1980-1989 due to lack of investments in hard currencies. After 1989 almost all world major ICT companies have arrived in Romania in a sector now practically 100% private or privatized. They discovered the Romanian ICT best assets, human resources and a quickly developing market. There are more than 8.000 software and IT services companies in Romania. Most of them are

[1] Baltac, Vasile and Mihalca, Dan, On Romanian Experiences Related to Universities and ICT Industry, Proceedings of the 2nd IT STAR Workshop on Universities and ICT Industry UNICTRY 07, Genzano di Roma, 26 May 2007

small, but a process of acquisitions has started and the entry in EU will probably accelerate this process. Instead of only hiring Romanian experts in their research and production facilities in USA and Western Europe many multinationals have started create rather large R&D, production or service centres in Romania,

A look at the ICT market in Romania reveals a very high rate of all IT sectors in the period 2003-2006. The Internet penetration is explosive. The country is able to participate to the Digital Economy; the market is increasingly big, human resources are still abundant; the education system is very performing, eBusiness offers a chance to leapfrog stages; foreign languages skills are largely available, protection of intellectual property is enforced [Baltac 1].

Universities in Romania

Romania has an extensive network of 116 universities; both public and private. All universities have to be accredited by a special body belonging to the Ministry of Education. Universities or faculties that fail accreditation are dissolved. Most universities have appeared after 1989 and university network cover all major cities of Romania.

Universities in Romania	Total	Engineering	Economy, Humanistic	Medical, Agriculture	Military	Arts	Theology
Public Universities	56	5	26	12	6	7	
Private University with accreditation	32		27				5
Private University with temporary accreditation	28		20			1	7
Total	116	5	73	12	6	8	12

Universities with ICT specializations

ICT studies have a long time established reputation in Romania. The first graduates of computer engineering left Politechnica University of Timisoara in 1966 and Politechnica University of Bucharest in 1967, followed quickly by University of Bucharest and Academy of Economic

Studies in Bucharest. Before 1989 they were completed by universities or technical universities in Cluj-Napoca, Iasi, Craiova.

After 1989, both state and private universities organized faculties or specializations in ICT. The 46 specializations are of four categories:

1. Computer, telecommunications and electronic engineering with graduation in engineering - 9
2. Informatics with graduation in economics - 14
3. Accounting informatics with graduation in economics - 11
4. Informatics with graduation in mathematics - 12

ICT specializations are now present in 36 universities, 20 of them have one or two faculties of ICT profile. All of the universities with ICT specializations are located in cities with tradition in the field and good professors.

Every year 5,000 graduates leave the universities for the ICT industry or education system. Their theoretical and practical skills are considered to be quite satisfactory. This puts Romania at 13th place in the world as number of IT graduates. On per capita base Romania has more IT graduates than the United States, Russia, India or China. These people have language skills as a result of a traditional good foreign languages education in universities. One study found that 80% of the IT work force speaks English, 25% speaks French and 11-12% speaks German including native speakers. [PA]. One IT vendor certifier lists Romania as the fifth in the world after India, the United States, Russia and Ukraineii as total number of IT certified individuals and on the same place as percentage of the population.

However, the decade of 1990-2000 marked a serious exodus of the IT experts, most of them to North America and Western Europe. In the last 4-5 years, the trend stopped, the percentage of emigration decreasing from 90% to 40-50%. ICT multinationals have opened and the trend continues centres in Romania, mostly in software, ICT applications and support. Among them Alcatel, Siemens, Solectron, Oracle, HP, IBM, Infineon, Huawei, Adobe Systems, Microsoft, SAP and many others. Salary increases vs. high quality of individuals and Romania's consolidation of its status of near-shoring country make majority of graduates now to stay in the country.

Romanian ICT industry has become in the last 10 years a very human resources demanding industry. The creation of large R&D ICT centres for export and the high rate of growth of demand of ICT professionals for domestic ICT companies and IT departments has determined a pressure on the specific HR market both in quantity, mainly for several specializations, and quality and experience. As a result many individuals followed retraining programmes and joined the industry as software programmers, network administrators, project managers. Their number is estimated at 2,500-3,000.

ATIC Survey

A survey was conducted by ATIC under the coordination of authors in April-May 2007 to asses what are the expectations of the ICT industry from universities and the expectations of the universities from the industry. The questionnaire asked the opinion of respondents on the following topics:

1. Number of IT professionals needed annually in Romania in the next 3 years, by type of activity
2. The distribution of demand by programmers, analysts, system architects, data base administrators, security experts, salespeople, CEO/CTO, etc.
3. Estimation of losses by emigration and choice of different career path.
4. Opinion on the present university offer, quantitative and qualitative
5. Opinion on the present curricula
6. Specializations in critical demand

The survey was conducted both in industry and in universities. The next considerations reflect both the opinions of authors and opinion selected from surveyed persons/organizations.

ICT Industry Expectations

The general opinion in the ICT industry is favourable to universities. The graduates of various ICT faculties or specializations give satisfaction to employers and the quick development of foreign investments in ICT industry in Romania is a proof of this satisfaction. A relative high percentage of graduates from non-ICT faculties or specializations proves also the good training of engineering, economics and mathematics education, the largest part of these non-ICT graduates come from.

The survey pointed out, however, several improvements sought by the industry in the education system. This regards both education of professionals and education at the level of basic knowledge to use ICT.

Education of ICT Professionals

The respondents could not agree on the number of graduates universities should produce annually to satisfy the needs of the ICT industry. The opinions varied from 5,000-10,000 each year for the next 3 years. The losses by expatriation were evaluated from 10-40%, with 1-5% going to non-ICT jobs.

As statistics lack on this indicators, our evaluation is that the need of new entries to ICT HR market will be around 9,000-10,000 each year, ICT graduates counting as 90% of this figure.

The distribution of job profiles of the new entries shows the importance given to programmers, system architects and product/services sales.

1. Software programmers   30-60%
2. System analysts   10-30%
3. System architects   2-10%
4. Administrators of data bases, application, services   7-15%
5. Applications security experts   2-10%
6. Product, application, services sales   10-20%
7. CEO/CTO   1-5%

Similar estimations were made by respondents from universities.

Among the specialities claimed by ICT industry to be missing or insufficient covered in universities the survey pointed out: telecom network topologies, data base administration, UNIX, software testing and integration, C++, IT Storage Manager, IT Asset Manager, Information Services Manager, mobile devices programming, project management. One opinion from a major ICT consumer stated that the present list of job types in ICT in completely outdated.

Universities were asked to cover these new job types with master degrees and/or other post-graduates courses. Partnerships with foreign universities were considered to be a solution.

Almost unanimously, universities were asked to update annually their ICT curricula. The present curricula are judged by many as obsolete, not adapted to the new trends in ICT industry. A major consideration was that the universities insist too much on the theoretical training and tend to produce super-skilled graduates. The industry needs a small number of such people, the rest being too highly skilled become unsatisfied with routine work, predominant in many companies. Universities should produce normal skilled people; the super-skilled should be trained by post-graduate programs. The Bologna process started may solve this problem, but still it is on the table..

Education at the Level of Basic Knowledge to use ICT

The ICT industry counts on universities and education system at large, not only to produce ICT professionals, but to prepare the people to use IT applications, i.e. to have the basic knowledge to use ICT. This is important as ICT is not anymore a product or service for an elite, but as EU's eEurope states "Information Society is for all".

The most important tool today is ECDL (European Computer Driving Licence) promoted by CEPIS (Council of European Professional Informatics Societies) through ECDL Foundation. ECDL provides a curricula and test certifying that a person achieved the basic level of skills to use ICT in their professional or private life.

Licensee in Romania is ATIC (IT&C Association of Romania) and ECDL Romania is in charge with all ECDL activities. The results so far are encouraging. More than 75,000 skill cards have been issued and 35,000 licensees were granted to date (May 2007). Universities have responded with enthusiasm: there are 35 accredited ECDL test centres in Romanian universities. Several universities adapted IT curricula to ECDL and accept ECDL as a proof of practical ICT abilities. One university ("Gheorghe Baritiu" University, a private university from Brasov) asks for ECDL license before graduation.

The high schools are also targeted by ECDL in Romania. An agreement with the Ministry of Education sets the target of 200 accredited test centres in schools. Despite efforts the figure to date is 128 and ECDL is included now in the curricula, but only 36-72 hours are provided, obviously insufficient.

A serious effort is still to be made to improve the ICT infrastructure in schools and universities and even more important to train the "trainers". The following case study shows how big the impact of non-basic ICT training is.

Case study of ICT basic knowledge

A survey was conducted by Vasile Baltac on a group of post-graduate students in management, all of them graduates of non-ICT faculties. They were asked to answer by "I know and I can explain to others", "I may know" or "I do not know" to 40 basic words or syntagms related to ICT. The term are common or used currently by the non-IT media or advertisers.

Most of the "I know and I can explain to others" proved to be "I may know". The charts 2-5 show the percentage of "I may know" (merged with "I know") versus "I do not know".

In the Basic IT Knowledge Section, while barcodes and pixel used in consumer products made respondents to believe that they know what is about kbps vs. kBps, POS, URL, FTP and RFID (0%) are less known.

In the General IT Section, only web services, ECDL and eGovernment seem to be known. In fact web services were confused with Internet services.

Quite surprisingly telecom and security terms largely used by general public when subscribing to Internet services or Internet banking like ADSL, TCP/IP, public keys, 128 bit encryption were known by less than 50% of respondents. No one knew what CDMA, UMTS, Wi-Fi, WiMAX, Digipass (token) means.

The case study emphasizes the need to:

1. Generalize in all universities and high schools ICT curricula that bring next generation at an appropriate level to have all benefits of Information Society.
2. Renew ECDL and other general basic ICT skills curricula at short intervals Universities Expectations

Universities at their turn have some important messages to the ICT industry. At first, they need industry support as the infrastructure they possess is not easily kept up-to-dated. It has to be said that the answer of the industry was positive and not only universities are sponsored with hardware, software, applications and know-how, but a new form of partnership emerged: partnerships in the form of Centres of Excellence. Such centres have been created by IBM, Oracle, Microsoft, SAP, Alcatel and others. This help despite the overall good impact on the training of students have produced a certain polarisation of ICT faculties, a few of them becoming leaders with the best points in HR recruitment:

1. University Politechnica Bucharest for system support

2. University of Iasi for application software
3. Academy of Economic Sciences Bucharest for banking applications, ERP and data bases
4. University Politechnica Timisoara for system applications.

These universities are responsible for 40-50% of graduates each year.

Within university environment there is still a reminiscence of the old concept of high level training for everybody. This is why some professors criticize the fact that very good students are hired by companies during their 2-3rd grades and neglect theoretical education and they are not any more motivated for a scientific career. On the other hand foreign companies want middle educated workers not highly educated experts. The authors of the present paper do not agree with such an approach.

On the other hand, it is true that the new Bologna type scheme (3+2+3) does not produce the best results yet. The first 3 years are filled with many courses repeating high school topics and student are not given the specialization skills required by the industry, with dissatisfaction on both sides.

Curricula

Universities claim to have adopted their curricula 75-100% to the requirements of the Bologna recommendations. While most consider revisions to be made at the end of cycles (3+2+3), others consider a revision every year. Universities now are defining their strategy to be "clashed" with the strategy of the Ministry of Education based on European standards to be issued in September 2007.

Probably the most important issue related to curricula is the industry demand which is not clearly defined: large companies require narrow specialized graduates to produce immediately results, smaller companies and the IT departments in non-IT organizations want a broad specialization to solve a variety of task with the same person. It seems that this problem is not particular to Romania.

VULNERABILITATEA SISTEMELOR ÎN CONTEXTUL INTERNET[1]

Internet becomes the largest man-made system, a global event with direct implication on globalization. The information content of Internet rapidly grows. Despite of the fact that routings, apparently chaotic, show a certain degree of connectivity and some self-organizing features, numerous elements of vulnerability are present. The paper reviews some of the research directions in Internet studies and an approach to reduce vulnerability is proposed.

At Internet micro level vulnerability is mainly under control as the complexity is not too big. Vulnerability at macro level results from the architecture of Internet as a network of unreliable elements and from induced incidents. The latter grow exponentially and the attacks are in the forefront of vulnerability. The eBusiness development brought the necessity of a much higher level of security.

The quick development of Internet has not allowed countering the human factor in vulnerability. This is why the paper raises the question on the study of human society as a source of solutions for vulnerability control. Solutions may be found by analogy with human society confronted itself from the early stages with vulnerability. Various solutions have been found from fortified constructions to sophisticated alarm systems. But to the alternative to safe-proof every house the society opted for laws and law enforcement at community level. This is why the author considers that the Internet has to go from almost an absence of regulations to local and global laws. Regulations could reduce vulnerability at much lesser costs than the technical solutions. The Internet world will become global, democratic a safe through both technical approach and national and international laws.

(Abstract)

---

[1] Comunicare în Secția de Știința și Tehnologia Informației a Academiei Române

Fenomenul Internet

Rețeaua de rețele Internet este în devenire cel mai mare sistem creat de om. Cu zeci de milioane servere, sute de milioane de utilizatori și cu un trafic de date ce va depăși traficul de voce în SUA încă din 2002 se poate vorbi de Internet ca un fenomen care reflectă în plan științific, tehnic și comercial evoluția societății umane la sfârșitul secolului XX, începutul secolului XXI.

Este de remarcat că în sistemul de telecomunicații mondial s-a ajuns la o densitate de linii telefonice de 17% după peste 160 ani de evoluție, în timp ce numai după 20 ani densitatea globală a utilizatorilor Internet este de 7%.

Se poate deci vorbi fără îndoială de Internet ca despre un fenomen global și care accentuează globalizarea. Există numai accidental pete albe pe harta din figura 1 care arată răspândirea mondială a tehnologiilor informației, comunicațiilor și Internet (Nua /1/), pete albe care se datorează în principal unor considerente de natură politică și socială și nu unor dificultăți de natură tehnică (Coffman /2/, Digital Planet /3/).

Cercetările privind Internet

Cu toată evoluția rapidă a Internet s-au abordat numeroase teme de cercetare care se referă nu numai la noi tehnologii, soluții arhitecturale, standarde și interacțiune cu și intra sistem(e), ci și lucrări care se referă la aspecte vitale pentru viitorul Internet, în principal topologii, stăpânirea complexității și vulnerabilitate.

Volumul de informație în Internet

Volumul de informație stocată și accesibilă pe Internet crește cu repeziciune. După calcule ale autorului aceasta ar putea fi estimată la 10^{16}-10^{17} bytes. Din informație circa 50% este în mișcare, din care 40% local și 10% la distanță în rețele de arie largă.

Aparent rutările în acest ocean de informație ar apare dispersate. Cercetări recente arată totuși că se manifestă o concentrare a conectivității. Centrul CAIDA de la University of California at San Diego a demonstrat o concentrare a conectivității providerilor Internet.

....

Preocupări pentru studiul vulnerabilității

Un sistem de tip Internet este vulnerabil. Ansamblul Internet fiind un sistem de sisteme care creşte rapid şi cu o infrastructură destul de puţin fiabilă există numeroase elemente de vulnerabilitate care au generat preocupări pentru studierea acestora. Vom evidenţia câteva dintre elementele de vulnerabilitate.

Elemente de vulnerabilitate

Vulnerabilitatea sistemelor Internet este mai mare decât cea a sistemelor care le-au precedat. Afirmaţia se justifică în primul rând deoarece volumul informaţiei este mult mai mare decât la celelalte sisteme. În al doilea rând creşterea Internet a fost rapidă şi fără a fi însoţită de preocupări deosebite pentru asigurarea unei limitări a vulnerabilităţii. Important părea la un moment dat să fi prezent în Internet şi mai puţin să te asiguri.

În afara vulnerabilităţii clasice în Internet a apărut atacul informatic ca element provocat sau declanşat întâmplător. Primul incident în 1988 şi anume aşa numitul Morris Worm (CMS /7/). A urmat o creştere exponenţială a incidentelor de acest tip şi ulterior şi a unei diversităţi de alte tipuri.

Vulnerabilitatea Internet este de 100%, nefiind posibil să se conceapă un sistem total nevulnerabil.

Este cunoscut că informaţia poate fi pierdută, furată, modificată, folosită necorespunzător şi decriptată ilegal. Este posibilă pierderea integrităţii, confidenţialităţii şi disponibilităţii datelor.

Elementele de vulnerabilitate pot fi evidenţiate la nivel micro- şi macrosistem.

Elemente de vulnerabilitate la nivel microsistem

Complexitatea fiind suficient de mică, vulnerabilitatea este controlabilă la nivel de microsistem. Sursele de risc sunt echipamentele, software-ul şi bazele de date.

În cazul echipamentelor principalii factori de vulnerabilitate, în afara problemelor normale generate de fiabilitatea intrinsecă a componentelor sistemului, sunt dezastrele naturale (furtuni, inundaţii, cutremure, etc.), căderile sau întreruperile de alimentare cu energie şi actele de vandalism.

În software, aplicaţii şi date putem evidenţia factorii furt, alterare / distrugere de date, viruşii informatici şi accidentele neintenţionate.

Diminuarea vulnerabilităţii la nivel microsistem se poate face prin măsuri de control al accesului şi creşterea robusteţii programelor. Toate acestea se fac cu un anumit cost care este cu atât mai mic cu cât măsurile sunt luate mai din timp în fazele de proiectare şi realizare a sistemului aşa cum se prezintă în figura 4.

Metode de creştere a securităţii

Există numeroase metode de reducere a vulnerabilităţii microsistemelor prin proiectare cu elemente de securitate, separarea funcţiilor, controale de reţea, criptare şi creare de firewall-uri.

În bună măsură folosirea acestor metode contribuie la creşterea rezistenţei la perturbaţii şi atacuri a sistemelor.

Planuri de recuperare a daunelor

Problemele de vulnerabilitate fiind imposibil de eliminat, apare ca necesară adoptarea de planuri de recuperare a daunelor. Aceste planuri se pot dovedi extrem de eficace atunci când din motive diverse au loc căderi sau atacuri asupra sistemelor.

Din păcate, asemenea planuri se întocmesc foarte rar.

Costul măsurilor de securitate

Elementele reţelelor ce compun Internet la nivel de microsistem sunt nesigure şi vulnerabile. Costul măsurilor de securitate apare, de regulă, mare pentru beneficiarii sistemelor şi chiar este mare în funcţie de nivelul de securitate dorit aşa cum este ilustrat în figura 5.

Costul daunelor potenţiale descreşte însă funcţie de nivelul de securitate. El poate exprimat prin formula:

$$C_t = \Sigma \ (C_1 x P_1 + C_2 x P_2 + ... + C_n x P_n)$$

unde Ct este costul daunelor potenţiale, Ci costul şi P_i probabilitatea de apariţie a daunei i.

Un optim economic poate fi găsit prin calcularea costului combinat al asigurării securităţii microsistemului conform celor reprezentate în figura 5.

Elemente de vulnerabilitate la nivel canale de comunicație

Rețeaua Internet s-a dezvoltat în principal pe rețelele de comunicație

Mediu	Capacitate	Vulnerabilitate la interferență electromagnetică	Cost comparativ	Disponibilitate globală
Fire	mică	mare	mic	generală
Cablu coaxial	medie	mică	mediu	slabă
Microunde	mare	mică	mare	mare

existente. Canalele de comunicații tradiționale de dovedesc cea mai vulnerabilă componentă a Internet. Fiabilitatea redusă este accentuată și de protocoalele nesigure de schimb de informație. În tabelul 1 se prezintă o comparație a diverselor medii folosite în rețelele de comunicații, inclusiv pentru Internet, din punct de vedere al capacității, vulnerabilității la perturbații electromagnetice și disponibilității.

Elemente de vulnerabilitate la nivel macrosistem

Vulnerabilitatea Internet la nivel macro este o consecință a arhitecturii sale ca rețea de elemente vulnerabile la nivel microsistem și a perturbărilor prin incidente. Sursele de incidente sunt atacuri involuntare sau provocate.

Sunt cunoscute tipurile clasice de incidente: încercări, scanare, compromitere cont utilizator, compromitere rădăcină, captura de date din pachete, blocarea serviciului, înșelăciune, folosirea de coduri maligne, atacuri asupra infrastructurii.

Creșterea incidentelor este exponențială. Este adevărat că sistemele se caracterizează intrinsec prin robustețe (Reka /7/). În multe situații funcționarea parțială reduce vulnerabilitatea.

Principalul element actual de vulnerabilitate au devenit atacurile. Numai în SUA în anul 2000 s-au cheltuit 337 mil. $ pentru repararea daunelor produse de atacuri.

Factorii favorizanți ai acestui tip de vulnerabilitate sunt nodurile nesigure și folosirea comunicației necriptate. Este adevărat că în fazele primare ale dezvoltării Internet nu au existat aplicații majore care să ceară vulnerabilitate redusă. Creșterea a fost rapidă, fără măsuri de securitate deosebite. Personalul de exploatare era și el insuficient instruit.

Din punct de vedere tehnic viteza de creștere și mai ales timpul scurt nu au permis contracararea eficientă a influenței factorului uman în sporirea vulnerabilității Internet.

Dezvoltarea afacerilor electronice de tip eBusiness a introdus un nou nivel necesar de securitate, mult mai ridicat. Criptarea a devenit instrumentul folosit de sute de milioane de utilizatori față de un număr restrâns în era pre-Internet.

Interacțiunea umană în Internet ca factor de vulnerabilitate

Sisteme fără oameni se comportă diferit față de sistemele cu interacțiune umană puternică. În Internet sunt peste 50 milioane servere și 410 milioane oameni[1]. Acțiunea umană devine astfel factorul principal de vulnerabilitate. Dimensiunea Internet devine comparabilă din punct de vedere al complexității interacțiunilor cu colectivitățile umane.

Se pune justificat întrebarea dacă studiul organizării societății umane nu este o sursă de soluții   pentru scăderea vulnerabilității?

Vulnerabilitatea societății umane este și ea foarte mare. Societatea reprezentată ca sistem are în noduri oamenii care sunt extrem de nefiabili. Societatea umană are multe are asemănări cu sistemele din Internet și anume multă redundanță, comunicare vulnerabilă și vulnerabilitate a informației stocate în creștere în timp.

Globalizarea intensifică forța atacurilor și asupra societății, la fel cum în mod pregnant se manifestă și în Internet.

Un punct de vedere privind reducerea vulnerabilității sistemelor în contextul Internet

Este un fenomen necontestat că vulnerabilitatea sistemelor în contextul Internet este mare și în creștere. Soluții tehnice există, sunt însă scumpe, greu de generalizat și vor avea succes limitat.

---

[1] 2009

Soluții pot fi însă găsite prin analogia cu societatea umană. Societatea a fost confruntată încă din fazele incipiente cu problema vulnerabilității ei. Soluții găsite au fost diverse, de la construcții și comunități fortificate la folosirea de sisteme de alarmare eficiente.

Nu este o dilemă să decizi dacă se pun uși blindate la toate casele dintr-o

Lumea Internet va trebui să evolueze de la absența reglementării la reglementări naționale și globale

comunitate sau se folosesc forțe de ordine eficiente. Societatea umană a optat de timpuriu pentru o organizare prin legi și reguli și instituții de aplicare a acestora.

Reglementările pot reduce vulnerabilitatea cu costuri mai mici decât măsurile tehnice. Lumea Internet poate deveni globală, democratică și sigură și prin măsuri tehnice și prin reglementări internaționale.

Opozanții unei asemenea abordări pot invoca spiritul de liberă inițiativă (free enterprise) care a contribuit mult la creșterea Internet și piedicile pe care reglementările le-ar putea pune dezvoltării în continuare.

Trecerea la utilizarea Internet în ample aplicații economice, de învățământ, culturale, de administrație publică face ca ignorarea problematicii vulnerabilității să devină un factor de frânare chiar mai mare decât acela al unor reglementări insuficient fundamentate.

Prin caracterul său global fenomenul Internet cere reglementări globale transfrontaliere.

INDEX

272

Editura EXCEL XXI Books
vă prezintă:

De același autor

Lumea digitală. Concepte esențiale

Cartea se adresează unui cerc larg de cititori interesați în stăpânirea sau numai înțelegerea competențelor digitale.

Format: 17×24 cm
Nr. pagini: 264
Coperta: broșată
ISBN: 978-606-94101-0-3

Disponibilă în librării.
- *Elefant.ro*
- *AGIR*
- *Depozit de carte*
- *Editura Excel XXI Books*

... acest volum este unul foarte "proaspăt", dacă ne putem exprima așa, întrucât informația (foarte densă de altfel, dar în egală măsură accesibilă) este extrem de actuală și de utilă ...

iBusiness 20 ianuarie 2016

www.ingramcontent.com/pod-product-compliance
Lightning Source LLC
Chambersburg PA
CBHW071105050326
40690CB00008B/1126